国学、足球与艺术

庄孔韶自选集

中国社会科学出版社

图书在版编目(CIP)数据

国学、足球与艺术：庄孔韶自选集 / 庄孔韶著. —北京：中国社会科学出版社，2020.9
ISBN 978-7-5203-6273-3

Ⅰ.①国… Ⅱ.①庄… Ⅲ.①国学—文集②足球运动—文集③艺术—文集 Ⅳ.①Z126.27-53②G843-53③J-53

中国版本图书馆 CIP 数据核字(2020)第 059458 号

出 版 人	赵剑英
责任编辑	王莎莎
责任校对	赵雪姣
责任印制	张雪娇

出　　版	中国社会科学出版社
社　　址	北京鼓楼西大街甲 158 号
邮　　编	100720
网　　址	http://www.csspw.cn
发 行 部	010-84083685
门 市 部	010-84029450
经　　销	新华书店及其他书店
印刷装订	北京市十月印刷有限公司
版　　次	2020 年 9 月第 1 版
印　　次	2020 年 9 月第 1 次印刷
开　　本	660×960　1/16
印　　张	15.5
插　　页	3
字　　数	214 千字
定　　价	88.00 元

凡购买中国社会科学出版社图书，如有质量问题请与本社营销中心联系调换
电话:010-84083683
版权所有　侵权必究

西郊世纪城寓所

足球赛一瞥

接受学术采访

《金翼山谷的冬至》法语版海报

前　言

这本自选集的第一篇，是请读者回首历史的往昔，对早期儒学之"过化"做一个人类学式的检视。因早期儒学重在"自我教化"与"为仁由己"，导致了非强力推进型的、如墨渍弥散式的、成功的过化特征。圣贤儒者"过化"之所以感人而获得认同，还关乎他们出使布扬和讲学的态度、德行和内容，以及特有的行动方式。这些方式还借助文字刻印交互传布，最终成为早期儒学得到大面积认同与成功"过化"的主要特点。这可能是当代情感人类学转向与反观的最古老的样本之一。

因有悠久的思想与文献传承，中国人类学的古今关联特性总要特别关注，而中国多样性文化在田野调研中的无限展示，也同样意味着横向学科并置研究的重要性。一纵一横，需要促进对每一个研究事项的古今理念做整体性的理解。

本书把国学和足球平列在一起，好似风马牛不相及。在历史的长河中，如对儒学一些经典的误读，竟会极大地影响民风民俗，笔者早就注意到了，不过真是没有机会说，或者说了也没人理。这一机会刚好落在了千夫所指的足球上。有一阵子，看到一些不着边际的对中国足球的病因分析，那么，可不可以试试人类学的观察呢？于是收录了笔者两篇足球的研究论文。一边讲述德国哲学的历史性影响及其足球"机器美学"实践的案例，意在说东道西；一边指出中国足球运动的研讨要从单纯技术层面扩展到制度、哲学与教育特征上。这就包括要对一些跨越时空的重要儒学原理做中肯的整体性解读。

国学中最贴近现代哲学和人类学的关注点是"文武之道"。文武原本是一个整体，儒家引申其为能文能武的文武之道。"文武之道"究竟和现代意义上的体育精神有何种关联？文武之道的基础在于教育，而教育的内容《周礼》提及有六艺：礼、乐、射、御、书、数。可以看出这六项既有文，又有武，或文武兼修，总体接近现代教育意义上推崇的人的全面发展的多项内容。

宋代陈亮《酌古论》早就指明"文武之道，一也"，然而他看到"宋朝立国之初就有尚文轻武的倾向，家法既立，代代因循，故兵备不饬，其渊源有自"。比较文化大家梁漱溟，也指出中国文化的特点之一就是"和平文弱"和"重文轻武"。[①] 如果我们进一步引申，重文轻武的历史积习造成民间武功与身体技艺被轻视，一直延续到现代中小学里。百年来"体（育）音（乐）美（术）"被民间贬为"小三门"，大大低于语文和数理化的地位，体育课当然也不受重视，所谓"重文轻体"。为保证"考试战车"通行顺利，时有体育课被文理科挤占和"放羊式"上体育课的现象，加上体育教学监管松弛，以及锻炼身体意识淡漠，或许都和古今一脉相承的"重文轻武"的民风与积习相关。

从今日足球追索其儒学原委，从"文武之道"导引出中国民风民俗的文化选择，实在有着真真切切的关联。这里还须提醒人们反思一些学术究竟何以回报社会？总是觉得整个学界的研究园地过于狭窄，几十年间有一些蜂拥的宏大课题，只是看到一再重复和仿效的结论而了无新意。因此笔者总是希望学生的研究选题要分散开，寻找自己更多的兴趣所在，开发新的领域，展现学术创新的前程。最近我介绍一位博士候选人到云南丽江一带调研，看一看那里的几支山地民族足球队的体育精神从何而来？上个月她告诉我，她已经痴迷于那里粗犷的民风民俗，和那里的球员球迷混在一起了。

---

① 梁漱溟：《中国文化要义》，载《梁漱溟全集》第三卷，山东人民出版社2010年版。

从足球再跳跃到人类学诗学,其实"德国战车"的进攻韵律就可以解读为体育人类学的一种历史性的英雄诗学表达。在那些长时段的著名的人类学田野研究点,已经渐渐显出诗学的魅力。例如人类学家让·鲁什和他的师生团队,他们关于非洲马里多贡人的人类学著作与电影系列已经延续了八十年;瓦努努教授前两年带来让·鲁什的《安拿依的葬礼》电影,描写一位受人尊敬的多贡人长老的葬礼,结尾以一段近乎冗长的诗朗诵进入画面,也携带着忧伤、尊敬和情感的寓意。假如遇到电视台的后期切片师,恨不得马上删去大半,可人类学却需要这段融入多贡人内心的情感、诗学和文采。"人类学家让·鲁什发掘了它们,并在影片中扮演'乐巫'的角色,将它们吟唱、赞颂;并通过独特的视听语言提升影片的文学性和审美意境。"①

掐指一算,林耀华先生的人类学小说《金翼:中国家族制度的社会学研究》调研点也超过了八十年,到笔者这一代,除了大部头续本《银翅:中国的地方社会与文化变迁:1920~1990》,在"金翼"同一发生地的其他回访作品,还增加了新的写作文体,歌谣、诗作、绘画、戏剧与电影(如新近拍摄的《金翼山谷的冬至》),其特点是金翼之家及其后辈主人公在电影和文字作品中交替亮相,互为表里。年复一年冬至的厨房《搓圆》歌谣是文化互动瞬间和灵感触发的产物,而地方长久流行的歌谣则是民俗群体真情感知之精粹;冬至晚上的北斗祭,是传达天神降福的伟大中转,多位黑头道士手擎火炬,冒雨绕坛游行,整个仪式都是以古老的道教科仪的动感美学实现的;当冬至传奇闽剧被无缝衔接的数字电影技术"引诱"出舞台到森林、溪水、道路和庭院,延长和扩大了戏剧生成的时间与空间,使我们的冬至神话能以戏剧的形式为整个纪录片的重心,而人民的冬至活动反倒成了戏剧所携带的礼仪、孝道与仁爱的社会文化实

---

① 张敬京:《让·鲁什〈安拿依的葬礼〉中的人类学诗学》,《广西民族研究》2019年第6期。

践。如乡村露天戏剧"抛撒汤圆"的做派和电影实景抛撒紧紧结合起来，于是因戏剧和电影的学科并置状态而分别改变了彼此，创立了新的人类学诗学的表达效果。这里有三篇论文都是围绕上述金翼山谷的冬至节令生活展开的讨论。

对戏剧、电影、歌谣、诗作、小说等多种手法并置意义的研究过去很少见，这是因为传统重视对纵深而非并置的研究，而并置无疑具有不可多得的触类旁通的意义，尽管兼收并蓄增加了学问的难度。

进一步的"不浪费"人类学的新实验总结，已经没有理由再把诗学的研究仅仅限于文学。人类学诗学可以在多种民族志手法中展现，其广义上包括使个体内在的生命如何被他人体验的问题。只不过我们的民族志和论文受到科学逻辑实证主义的长久影响，于是我们在写作时放不开，或完全没有空间将社会结构及关系里的美学、哲学与情感的成分包含进去。对于当今很多人类学家来说，他们越来越像政治家了，很多人类学研究已经失去了民族志和生活中诗学的关联。虽说田野人类学家可能比比较文学和文学批评专业的学生们更为注意研究对象主位表达的内部观点，但他们在处理材料和撰写论文时却很少在哲学、美学意义上思考自我与他者的流畅互动。

三十年前笔者发现了这一点，努力将《银翅：中国的地方社会与文化变迁：1920~1990》这一学术论著容纳多种混生的论说与文学笔法，特别是力图捕捉在田野工作时的"文化的直觉"。然而，笔者发现还不够，于是开始邀集志同道合者尝试在金翼山谷内外继续调研并创作人类学诗集、随笔、散文、小说、绘画、戏剧、摄影和纪录片作品，它们均是基于艺术、哲学和美学的人类学诗学思考。

此外，这本书选登了一些在不同学科、不同专业场景的学术采访内容，以及笔者学术生涯中的田野经历和闲谈话题，或许这本书的编排就是为了学术新观和说东道西。不过学术与生活的内在联系尽显其间，也靠了中国社会科学出版社编辑的智慧，在看完几篇学术论文之后，口述和问答较为轻松，好让读者休息一下。

现在，摆在读者面前的这本自选集正是为了表达人类学学术的新面向，因古老国学而发现新意，在足球中寻找古今关联的精神、态度和组织原理，以及在大的政经与权力观察之时，展现一下人类学诗学的生存体验与情感何以生成。

特别感谢中国社会科学出版社慨允出版，总编辑魏长宝和责编王莎莎的细致审读；由衷感激张景君先生的专业足球摄影、毛珍妮（Jeanne Moore）特意为作者素描和三联书店首席美工蔡立国先生的精心装帧设计，使本书得以光彩面世。

庄孔韶
2019 年 6 月 29 日于昆明

目录

早期儒学"过化"
　　——古今跨学科诸问题之人类学研讨　　1
何谓足球的人类学研究
　　——一个中德足球哲学实践的对比观察　　54
"男子汉"精神与特质从哪里来?
　　——2018世界杯足球赛体育人类学聚焦　　75
绘画人类学的学理、解读与实践
　　——一个研究团队的行动实验(1999—2017年)　　101
流动的人类学诗学
　　——金翼山谷的歌谣与诗作　　119
金翼山谷冬至的传说、戏剧与电影的合璧生成研究
　　——一个跨学科实验的人类学诗学　　141
静水流深,君子不器
　　——庄孔韶教授采访　　159
行旅悟道
　　——和云南大学媒体人类学研究所师生座谈　　200
生活与学术闲谈　　226

早期儒学"过化"[*]

——古今跨学科诸问题之人类学研讨

在中国人类学的众多研究主题中,有一些明显不是现代切割式单一专业所能应付的。其中,人的生物性与文化特性之整体性观察;地理环境、生计与生活方式之关联;技术与民间协作组织惯习之选择异同;农耕、亲属关系与精英哲学;特定理念先在之原理;伦理本位诸解释模型;早期儒学"过化"的区域文化特征、行动、后果,以及新考古人类学印证等,需要我们在历史而今的诸多场景中加以关注并得到合理解释,不断推进相关分支人类学之间的整合性研究。

一 慈乌与报本的生物—文化整体性认识

早期儒学过程中有许多问题耐人寻味,例如祭祖与孝悌的文化观念总是需要从人类延伸到动物界的共有的生物性本源上去思考。这种联系性探讨的做法似乎是很少见的,不过颇有益处。

孔子解释礼何以出现不是从天命而是从人性。例如《论语·阳货》中的"问三年之丧"问答,是关乎人类道德本性的重大问题。那么,为父母服丧三年,实际上是对父母养育之恩的

---

[*] 本文原载于庄孔韶主编《人类学研究》(汉人社会研究专辑)第壹卷,知识产权出版社2012年版,第1—43页。

报答,为于心不忍。孔子认为,供养父母和侍奉君长,最关键的也是要有恭敬之心(《论语·为政》)。因此,礼缘于孝行,而孝行在于人的内心情感,是众德之本。

从这里不由得会想起白居易《慈乌夜啼》的诗句:"慈乌失其母,哑哑吐哀音。……声中如告诉,未尽反哺心";他的另一首《燕诗示刘叟》也有"衔泥两椽间,一巢生四儿。……须臾十来往,犹恐巢中饥"。诗人描述鸟类亲情和失去亲本照顾之悲凉状可谓惟妙惟肖。众所周知,常常呈现在天上和树上的鸟类行为虽可望而不可即,却总是容易处在从古到今人类世代的相仿的经验性与积累性观察之中(就古人而言,对丛林中的猿猴等灵长类社会习性反而不能处于经常和仔细的观察之中)。现代社会生物学对鸟类的研究,注意到鸟类和一些昆虫(如蚂蚁)的相似性,即它们因需要反复远行和给幼鸟搜寻食物而导致连续的亲本照顾,即这两个因子——亲本照顾和幼鸟守巢在一起,就构成两亲本间紧密联系广泛发生的基础。[1] 白居易还把慈乌比作"鸟中之曾参"[2]。在古人看来,慈乌反哺是尽孝报本,具有感恩的道德价值,而乌鸟、乌哺也因此成了一种固定的语言喻象,用来指代奉养父母的情怀。[3]

这种动物亲本之间与人类亲族之间爱怜的秉性有何种关联呢?我想,上述古人已经早有在不同种群之间"比德"的意味了。如果我们这里不继续深入讨论动物的"本能"和在某些非人灵长类[4]中的"学习"能力与社会亲缘构成的话,那么,人类是唯一将自身生物性附加自创的亲属关系文化制度的种群。

---

[1] [美]爱德华·O. 威尔逊:《社会生物学——新的综合》,北京理工大学出版社 2008 年版,第 421 页。

[2] 曾参,字子舆,鲁国武城人,少孔子四十六岁,与其父曾点同在孔门受业。性情鲁纯以至孝闻名,《孟子·离娄上》云:"若曾子,则可谓养志也。事亲若曾子者,可也。"《史记·仲尼弟子列传》称:"孔子以为能通孝道,故授之业,作《孝经》。"

[3] 潘兰香、姚立江:《慈乌反哺与鸱鸮食母——兼论中国古代的兽德观》,《求是学刊》1998 年第 3 期。

[4] Jane Van Lawick-Goodall, Tool-using in Primates and Other Vertebrates, *Advances in the Study of Behavior*, 1971, (3): 195-249.

如慈乌反哺这类生物性亲本之间爱怜之本能，成为人类亲属制度的文化特征认识素材之重要来源。人类亲属制度之亲近文化内涵——由生物性之"比德"，延伸进包括汉人亲属关系文化的特征中，即世界各地各种人伦之礼均包含了人类学意义上的生物—文化整体性的混生的和整合性的思路。

　　假设动物按照亲缘关系行事，你会看到，具有合作倾向的个体，或至少是具有亲缘关系的个体，其适合度得到了提高。在群体中这种"血缘—网络"繁荣的增强作用称为"血缘选择"（kin selection）。[①] 可见，动物世界存在这种同类群选择中最有力的模式——血缘选择，以及可见的准则：对亲属友好。[②] 应该说，特别是人类的亲属制度的文化规定不管有多少差异都可以同样看到动物界——昆虫、鸟类，特别是非人灵长类亲属关系的生物性衔接，如血缘选择；而所谓人类亲属制度的文化的规定性显而易见地导源于动物亲属关系上的某些萌芽。人类亲族相互包庇和"父为子隐，子为父隐"[③] 这种关系在后世得到历代帝国法律的保护和强调。[④] 这大概就是一种生物性的亲属关系特性向人类亲属忠诚与认同表现的延伸与文化表现。因此人类生物性与后天的区域性亲属关系文化负载之整合性关联是显见的。例如古代中原九族与五服的范畴的文化规定性，也是建构于亲属群体远近亲

---

　　① ［美］爱德华·O. 威尔逊：《社会生物学——新的综合》，北京理工大学出版社2008年版，第102、108—109页。

　　② Jane van Lawick-Goodall, 1967, My Friends the Wild Chimpanzees, National Geographic Society, Washington, D. C. and Jane van Lawick-Goodall, 1968, The Behaviour of free-living Chimpanzees in the Gombe Stream Reseve, *Animal Behaviour Monographs*, 1 (3)：161-311. 以及 ［美］爱德华·O. 威尔逊《社会生物学——新的综合》，北京理工大学出版社2008年版，第327页。关于亲本抚育与异亲抚育。

　　③ 《论语·子路》；同样可参阅《孟子·尽心上》。

　　④ 从汉宣帝地节四年诏书开始，"亲属相隐"便正式载入帝国法律条文，其"亲属得相首匿"的范围包括父子、夫妇、祖孙。到东汉班固《白虎通义》中又增添"兄弟相为隐"内容。至《唐律·名例律》相隐范围进一步有所扩展："诸同居，若大功以上亲及外祖父母、外孙，若孙之妇，夫之兄弟及兄弟妻，有罪相为隐。"至明清律例，妻妾、女婿及无服亲都列入相隐范围。

疏关系的生物性基础之上的。

笔者想强调其中最有意义的提示是，人类的亲缘关系还为集体记忆和文字记录所固定，扩大和超越了更广阔地域中不同代际本家和姻亲的亲缘关系。对于那些有悠久历史的，以及拥有文字的国家与地区，人类文字系统相对稳定地携带并扩散了某种主流亲属制度的文化规定性，例如在西周。

一般来讲，没有文字只靠口传的小型地方族群，他们的亲属制度尚不具备过于复杂的系统。而古代中国以文字记载并加以实施的亲属制度则是一个重要的和复杂的系统。例如钱杭把"九族"理解成了"两类宗族集群"：一种是"同姓宗族集群"，另一种是"异性宗族集群"。[1] 在钱氏看来，它们是中国世系群的两种历史形态和实践形式。芮逸夫利用现代人类学的亲属理论从血亲和姻亲两个范畴来解读九族制，[2] 认为《尔雅·释亲》反映了西周末年至汉初中原人的九族概念。[3] 芮逸夫发现《尔雅·释亲》的亲属称谓可大致分为父方亲属、母方亲属、妻方亲属和妇方亲属，这四个大类亲属中又分为九小类，即九族：父族四、母族二、妻族二、妇族一，即"我们现在所行的以自我为中心的亲属范围"[4]。

可见，《尔雅·释亲》的解释避免了单纯从父系的角度理解汉人社会的亲属关系，而且从乱伦的亲属关系警示限度，到在实际生活中较为宽泛地涵摄因婚姻关系结成的亲戚范围，因此，该解释使阅读者和身体力行者有了九族亲属关系从悬空到落地的感觉，如同体验了某一生命个体周围生活半径的亲属群伦常，以及

---

[1] 钱杭：《中国宗族制度新探》，中华书局1994年版，第100—105页；钱杭：《中国宗族史研究入门》，复旦大学出版社2009年版，第76—87页。

[2] 芮逸夫：《九族制与尔雅释亲》，载《中国民族及其文化论高》（中册）（具体在第736页），1989年，第723—745页。

[3] 芮逸夫：《九族制与尔雅释亲》，第723—745页。

[4] 石磊：《中国古代亲属体系研究的回顾与检讨》，《考古人类学刊》1991年第47期。

一个地区亲属关系具体分布的理念原则与生活实践框架。其实，九族群体的亲属活动，即本家与姻亲之间多样式的互动在很大程度上也勾画了这个亲属群范畴。①

作为第一部词典性质的《尔雅》，为古代语言文字的一致性提供了标准——雅言。由于当时地理、交通、联系与方言的不便与困扰，以及"古今"词语的变化，妨碍了人们的交往，因此需要标准的雅言统一和规范社会生活。可以想见，如若在公共交往中使用一致的雅言来超越这些隔阂，往往需要求助于《尔雅》。其中《释亲》属于人伦类，包括对各种人伦关系的称谓都可以查到。例如释亲篇称父亲为考，称母亲为妣，称祖父为王父，称祖母为王母，不一而足。尽管古今亲属制度的诠释在不同的年代、不同的学派和不同的地域很早就有差异，但《尔雅·释亲》的用意就在于实现表述独特九族制的统一的中原文化的伦理规定性，而有了文字系统方便了精英群传播他们的中原亲属制度体系，并且得以"过化"向四围传递，成为伦理文化过程的重要成分和依据。

在学术界，伦理直觉主义（ethical intuitionism）被特别地加以注意。"认为意识拥有具有直接知晓真正的正确和错误的认知能力，并通过逻辑可以将其形式化而转化成社会行为的准则。"②威尔逊还特别提到西方世界最为纯粹的指导原则就是洛克、卢梭以及康德所表述的社会契约论。③似乎是人类拥有"公义就是公平"的理性选择。但人们很清楚，世界上并不存在一套单一的道德标准可以用于人类所有群体。因此，需要讨论的是伦理判断是有可能具有中性机制的伦理行为主义（ethical behaviorism）。

---

① 杜靖：《五服姻亲与宗族——来自山东闵村的亲属实践报告》，载上海社会科学院《传统中国研究集刊》编辑委员会编《传统中国研究集刊》第六辑，上海人民出版社2009年版，第485—501页。

② [美] 爱德华·O. 威尔逊：《社会生物学——新的综合》，北京理工大学出版社2008年版，第528页。

③ [美] 爱德华·O. 威尔逊：《社会生物学——新的综合》，第528页。

其观点是，道德信仰是从学习中获得的，即儿童只是把社会行为规范内在化。

其实上述关于伦理的直觉主义与行为主义都有其文化存在的理由与古往今来持续的社会实践，甚至表现了二者的联系。

你看，孔子儒学认为必须发现一个大的原则以贯通所有知识，即所谓"一以贯之"（《论语·里仁》），而"一以贯之"的大原则即仁。仁本质上根于人性，"尽其心者知其性也，知其性则知天矣"（《孟子·尽心》），因此尽心知性是人生活的最高境界，也是一个直觉的过程。①"当吾人说'本心'时即是就其具体的呈现而说之，如恻隐之心、羞愧之心，是随时呈现的。比如孟子所说，'见父自然知孝，见兄自然知悌，当恻隐则恻隐当羞恶则羞恶'等"。如是，人在其有限的存在中，"智的直觉不但理论上必肯定，而且实际上必呈现"②。

伦理直觉主义似乎和伦理行为主义并不矛盾，以学习和教化为主要思想传习形式的中国古代社会，如孔子《论语》那样非训导式儒学解说，本质上是古代温和的大君子的循循善诱式的濡化过程，而孔子及其弟子四处奔走讲学，以及习于背诵和温习式的学习与记忆（含集体记忆），则是古代中原流行至今的教育与教化特色与模式，其古今伦理之传习本质上是最终实现"文化的直觉"，因此说直觉实际上是可教的，即可以 teaching intuition。这里，显然伦理的直觉主义和伦理的行为主义之间在一个地理区域是相辅相成的。

让我们再次提到本节开端白居易的"慈乌夜啼"诗句，似乎正是从西周延续至作者时代（唐代）儒学教习与"过化"的人性烙印。这里包含《论语》仁的精神与直觉，也有孝的理念与了悟，是来自常年世代持续性的仁和礼的教化过程之结果。其

---

① 庄孔韶：《银翅：中国的地方社会与文化变迁：1920~1990》，生活·读书·新知三联书店2000年版，第494页。

② 牟宗三：《智的直觉与中国哲学》，商务印书馆1971年版，第193页。

中伦理直觉主义和行为主义常常叠压在一起。

梁漱溟又进一步提道,"礼乐不是为了别的,是专门作用于情感的。他从'直觉'作用于我们的真生命"①。这又是一个问题。这里我们特别关注到社会生物学者唯恐人文社会学者忽视了伦理的遗传进化(genetic evolution of ethics)问题。认为"只有通过把情感中心的活动(指针对人的下丘脑边缘系统的情感中心研究)解释为一种生物适应性,才可以破解伦理准则的意义"②。虽然我们仍然不甚明了其内涵,但他们已经关注了人类地方群体从部落组织、农耕和对城乡生活的变化性适应。如果我们定位在讨论西周前后中原农耕社会的道德哲学的生境适应性,在一个相对不变的农耕环境中,如果礼崩乐坏,各行其是,伦理的一致性更为脆弱和混乱时,就会加速社会的灭亡。孔子正是在这个历史的当口游说礼所包含的社会秩序。人类学所承认的古代中原仁的伦理过程与仁的本心直觉呈现,其实已经包含了社会生物学者基因微观的外在表现,或许至今还没有太多的人出来直接讨论人脑伦理生物性的跨学科研究。

在人类学界,当讨论族群认同之原生性情感的时候,范·登·伯格(Pierre L. Van den Berghe)受到社会生物学家理查德·道金斯(Richard Dawkins)的影响,已经使用"亲亲性"(nepotism)③概念参与解释。这里的亲亲性,即上面提及的人类本源性的亲属选择(kin selection),实际是由生物性决定的,社会生物学发现群体中这种"血缘—网络"繁荣的增强作用及其普遍展现是用以解答族群原生情感的问题,要点涉及了亲属发端时刻的优先血缘结合现象。因为,人们已经普遍看到了人类生物学理性的类同的外化或表现。显然,先在的人类生物性血缘选择

---

① 梁漱溟:《东西文化及其哲学》,太平洋图书公司1922年版,第141页。
② [美]爱德华·O. 威尔逊:《社会生物学——新的综合》,北京理工大学出版社2008年版,第529页。
③ Pierre L. Van den Berghe, *The Ethnic Phenomenon*, xi, pp. 5 - 8, 17 - 27, New York: Elsevier, 1981.

才是族群认同的认识根基,至于后天的文化雕琢发展出的被认可的地方亲属(关系)制度,无论是事实的,还是建构的,都是由初起的血缘选择现象呈现之时或随后的文化附加物。格尔兹(Clifford Geertz)的主观认知的、来自亲属传承的"既定资赋"(assumed givens),[①]以及凯斯(Charles Keyes)的"造成族群的血统传承,只是文化性解释的传承"[②],都是在强调文化的建构。然而难以躲闪的问题是,需要进一步关注人类生物性基础上的文化建构是如何混生运作的,的确需要交叉学科得以在一个知识平台上交接。例如,如果我们顾及人类生物性的"血缘选择"与优先形成血缘网络聚合的事实,那么包括早期中国九族五服制已经不止于讨论古代中原人伦层位之文化建构这一点,也应包括探讨其亲属关系上的生物性世系。

总之,承认人类生物性的"亲亲性",又承认人类的族群认同深受社会现实与文化的影响,这二者之间似乎并不矛盾。其根本就是在于探讨人类生物性—文化混生性与整合性的整体论特点。举例来说,其中就包括本节讨论的中国人祭祖与孝悌的文化观念建构究竟在多大程度上受到常见动物亲本之间爱怜秉性的影响,以至古人早已在不同种群之间"比德"了,或许其本身就是为了扩展人类亲本照顾与亲情的生物性—文化伦理转换。

农业社会,特别是中原文化区,四季轮转,社会若要保持相对平稳,首先需要建立稳定的亲属关系,乃至社会关系。而中原发达的文字系统记载并推广了精英们的社会建构思想。在广大的农业地域,生产力的限定,亲属与邻里群体性耕作的必要性,亲属结合是率先的选择。应该说,九族与五服的本家与姻亲的纵与横的亲属关系理念与实践是这种群体性合作的重要发明、选择与

[①] Clifford Geertz, The Integrative Revolution: Primordial Sentiments and Civil Politics in the New States, in *Old Societies and New States: The Quest for Modernity in Asia and Africa*, ed. by Clifford Geertz, New York: Free Press, 1963, pp. 105 – 157.

[②] Charles Keyes, The Dialectics of Ethnic Change, in *Ethnic Change*, ed. by Charles Keyes, Seattle: University of Washington Press, 1981, pp. 4 – 30.

延伸。显然，其分布依据了生物—文化整体性的思考，从五服和九族的层层反推，可以看到反本的孝的和人情的文化实践过程，从本家到姻亲的系统和地缘分布，再加上所谓"服国"的理想模式与文化实践，从作为亲属发端中心到远近亲疏的外展层次，展示了当时从血缘到地缘、从近及远、修齐治平更大的文化的与政治的图景。

二 技术与组织：西周与近现代民族志

应该说，西周是中国历史上一个重要的朝代。耦耕耜耕、九族五服、分封制等都是那个时代闻名于世的。学界总是不断关心农耕工具质地、技术与组织构建的关系及其判断。

中原一带，自仰韶文化时代到西周初年，年平均气温高于现在2℃，1月气温要高于现在3℃—5℃，①那里有出没于森林草莽之间的象和犀牛（《吕氏春秋·古乐》《孟子·滕文公下》），这是现在看不到的现象。

从西周延及春秋早期，那里的青铜器铸造技术同商代不相上下，但主要用于制作礼器、兵器、酒器、乐器和少数手工工具。在考古发掘中，西周的农具绝大部分仍为木、石、兽骨或蚌壳制成，而墓葬出土的青铜工具太少，这可能和青铜工具可以回炉再造有关。②

青铜较软而铁器晚生，以及中原土地上林木丰饶，分布多种动物种群，这和人口相匹配，土地也并不紧张。然而，清除林木，使用石木骨农具，需要集体行动。在平地上使用木质耒耜也适于协作，成对成对的耦耕，形成所谓集体性的"千耦其耘"（《诗·周颂·载芟》）。因此早期公社制的家族

---

① 竺可桢：《中国近五千年来气候变迁的初步研究》，《考古学报》1972年第1期。

② 李瑞兰：《中国社会通史》（先秦卷），山西教育出版社1996年版，第53页。

集体协作劳动是一种生态与技术适应性的选择，也是文化的选择。许倬云也认为，"周初农耕的方式，似是大规模的集体耕作"①。

从考古与文献资料看，春秋中后期，特别是战国时期铁器有了应用与推广，最后普遍用于农业、手工业等生产部门。相对于青铜工具，铁器的种类有所增多，主要有锄、犁、镰、臿、斧、凿、耙、削、镢等。一方面反映了铸造技术的提高，推动了播种、除草、中耕、收获、加工等环节复杂化；另一方面反映了生产技术的进步和生产分工的日益细密。②

这里我们需要讨论一下工艺技术的问题。从某种角度讲，似乎"技术价值中立"（value‑neutral），这是说，技术不分好坏，然而需要注意它的社会属性，在于使用技术的人如何加以运用。但如果我们作进一步的思考，技术的改进除了可以预见的益处以外，却"不可能预见到技术行为的全部后果"，其中包括伴随着的"负面效应"。③ 因此，从技术史观出发，代之以"超出必要即是负担"的合理态度，是异化技术史观的逻辑结论；④ 如果我们从早期农耕社会多样性上看，在不同的地理环境区域，技术及其伴随的生计合作选择乃至协作惯习，就是文化适应性的生存表现。

如果我们转入哲学层面上看，亚里士多德早就想过这样的问题，他认为，"一切技术均以善为目的，追求善就是人类技术活动的一般目的：一切技术，一切规划以及一切实践和抉择，都以某种善为目标"⑤。这样我们也可以回到早期儒家的见解，原来

---

① 许倬云：《西周史》第八章"周人的生活"，生活·读书·新知三联书店 1994 年版。
② 李瑞兰：《中国社会通史》（先秦卷），山西教育出版社 1996 年版，第 53 页。
③ Jacques Ellul, *The Technological Society*, Vintage Books, 1964, p. 106.
④ 王佩琼：《论异化的技术史观》，《自然辩证法通讯》2011 年第 5 期。
⑤ ［古希腊］亚里士多德：《尼各马可伦理学》，载《亚里士多德全集》，中国人民大学出版社 1997 年版，第 12 页；王佩琼：《论异化的技术史观》，《自然辩证法通讯》2011 年第 5 期。

孔子同样是向善观，不过孔子的向善观的含义更接近今日社会学与人类学的关注点："人而不仁，如礼何？人而不仁，如乐何？"（《论语·八佾》）他是以"仁"代表善，而这种向善观尤为包含在"人与人之间适当关系之实现"和"为仁由己"的后天选择向善态度上。①

因此，顺便可以判定，当代现代技术异化论在价值观上已经同儒家早期向善论背道而驰。看来，回到孔子的时代，由亲族结合、技术与农耕，以及地方哲学构成的区域文化系统中，向善即是有序的协作与和谐完满的社会关系状态，包含被文化所认同和推崇的民风。以今日人类学的观点，从农耕社会产出的儒家向善论是一种更为稳固的文化适应性。它包括，寻找适当的人与人的关系（为仁），相信道德"互待互成"（成己成人），相信道德教化与习得（好学与问俗），和善于在各种人际关系中抉择（择其善而从之）。②因此农耕社会的儒学向善论是实践以家为基点的五伦关系理想，即"入则孝，出则弟，谨而信，泛爱众而亲仁"（《论语·学而》）。③

俞伟超先生考证，西周的村社组织，根据金文中的徽号，至少在中期以前，仍然叫"单"，《周书·大聚篇》也称"弹"。《大聚篇》有"合旅同亲，以敬为长。饮食相约，兴弹相庸，耦耕俱耘"，是说二人一起耕地，而且是整个村社的人协作。④但你仔细阅读，这种集体耕耘组合不是别的，而是同血缘的亲族组织，这是一种人类经常选择的亲属血缘协作适应方式。西周分

---

① 傅佩荣：《儒家哲学新论》，中华书局2010年版，第134—137页。
② 傅佩荣：《儒家哲学新论》，第16—17页。
③ 从"向善"一词的英文翻译看，亚里士多德的"善"固定译法是"good"，但应该指的是真善美之类的个人品质；孟子的"向善论"或"性善论"常译成"ameliorism"，但仍是字面的意思，并不妥，因为它还是指代一般的人性，没有儒家朝向人伦和谐的完满状态的意思，而"moralization"也只能说明"道德教化"这一层面。
④ 俞伟超：《中国古代公社组织的考察——论先秦两汉的單—僤—弹》，文物出版社1988年版。

封,大宗之族和小宗之族可能都在其内,至少是其分支。封地之诸侯和大夫的大小宗人数也都不在少数。《诗·周颂·载芟》写道:"载芟载柞,其耕泽泽。千耦其耘,徂隰徂畛。侯主侯伯,侯亚侯旅,侯强侯以。"是说家族长、带领长子和众子弟老少人等全族集体耕作。《良耜》的"以开百室,百室盈止",更反映了由数百个小家构成的家族公社(应在三百人、四百人、五百人之谱)齐心劳作的生动写照。米迎梅认为,按照《礼记》的"百世不迁"之大宗,家族成员的数目自不待言,即使是"五世则迁"的小宗,根据古人的早婚的惯例,五代同堂是可能的(这有点疑问,如果考虑到当时的寿命较短,五代同堂机会应不多——笔者注),一般情况下,三代同堂为多。米迎梅还注意到西周盛行多妻制,如果考虑进去,显然一些家族成员更多。① 但没有更多的资料加以支持。这种劳动协作"起源于家族共耕制度,后来便发展为井田制。所谓井田制,从某种意义上说,便是一种共耕的生产单位"②。因此在宗法制下的基层社会血缘关系组成的集体是早期农耕工具的使用者。他们按照时令大面积耕作采纳的多是同宗血缘集体协作形式。"百室者,出必共洫间而耕,入必共族中而居,又有祭醋合醵之欢"(《毛诗正义》卷十九之四),这已鲜明反映了同族劳动、协作、共居、祭祀和会饮的生活方式。无论整个集体同族的范围有多大,是同居共爨,还是分而食之,反映了同宗之下亲亲尊尊秩序与融合的协作。

我想无拘束地讨论,或许这个问题可以加以比对,似乎人类技术总是需要注意其文化的属性。直到20世纪上半叶,在高加索南奥赛梯山区使用木犁,用牛牵引,男子和牛并排拉犁,耙用干树杈制成。③ 在格鲁吉亚,那里厚厚的黑土层要花费四个男劳

---

① 米迎梅:《论西周家族组织存在的原因、规模及在当时的影响》,《鲁东大学学报》2007年第4期。
② 田昌五:《古代社会断代新论》,人民出版社1982年版,第127—129页。
③ М. О. Косвен, Этнография и история Кавказа, Иследования и материалы. Издательство Восточной Литература, 1961.

力和几头牛牵引,另外,还需要不少劳力花费在葡萄园。① 阿尔巴尼亚人也类似。南斯拉夫的重犁需要两人使犁一人赶牛,共同耕作和联合收割,尤其是犁耕组合是必需的。那里小家庭胜任不了农业,而只有家族公社才有这个能力。在巴尔干,院落式家族公社常常是40—80人,而多的达到200—300人。② 有意思的是,从语言学上看,那里古代没有"小家庭"的说法,晚近以来才出现这个单词。还有,这里不称村落,而只叫某某家族公社。这种数十、数百人的、带有公共院落、公共餐桌、公共会议和习惯法的家族公社是这里的民俗风习,南部斯拉夫人的"扎德鲁嘎"(Zadruga)的古老含义是"合作的家族",由于他们的传统是甚至父亲死了也不分家,因此这里的另一种家族公社称为兄弟公社(Bratstvo),含义是"谦和的兄弟们"。保加利亚的家族公社达到250人(80个劳力)。③ 他们没有出现过继承权问题,无我、占有土地和享受劳动成果的平等精神维系着保加利亚农村公社的民主精神,④ 这其中显然已经包含了那里拥有一种大规模亲属和谐合作的至善与无我哲理,并形成民风。可以说,地貌、土层、犁锄工艺、技术协作、亲属制度、伦理与哲学、信仰以及风习之结合成了地方文化适应系统的组成部分。科瓦列夫斯基的民族志认为"扎德鲁嘎"家族公社的协作特征为:共同生产消费;为一个血缘与亲族集团;以及宗教崇拜的一致性。⑤ 诚然这也是在

---

① Р. Л. Харадзе проблемы грузинской семейной общины в литературе 19 века, СЭ, 1954, 2.

② М. О. Косвен, Семейная община и патронимия, Москва, 1963.

③ H. C. Darby:《南斯拉夫简史》(从古代到1966年),1976年;以及 С. С. Бобчев, Българската челядна задруга в селашна и минало време, 1907.

④ Жак Натан, Стопанска история на България, 1955, 以及 С. С. Бобчев, Българската челядна задруга в селашна и минало време, 1907.

⑤ М. М. Ковалевский, Современный обычай и древний Закон, Т 1 又见庄孔韶《关于塞尔维亚和保加利亚的家族公社》和《科瓦列夫斯基与家族公社》,载林耀华、庄孔韶《父系家族公社形态研究》,青海人民出版社1984年版,第22—151页。

论证一种区域型的向善亲属组合方式之缘由。

根据笔者 1979—1983 年在西南山地亚热带林地（请对照西周时期中原的气候与动植物种群和这里颇有相似处！）专题调查家族公社形态，考察本世纪中叶基诺族龙帕寨有干栏长 35 米，内有 27 个火塘，住一个父系大家族，共 125 人。他们采纳少则三四家，多则十一二家的共有地共耕方式。西北怒、独龙、基诺多数非坝区民族的铁器进入仅仅有 200 年的历史，主要从外地传入，有的才几十年。在极小的铁器数量和大量的石器、木竹器农具情况下，只能以集体的协作为主要劳动组合方式。特别是西南山林中的普遍流行的砍倒烧光的大面积游耕方式，需要整个家族公社的协作、家族长的指挥和协调；而他们对天与人关系的看法倾向于"天人和解"的宗教生态整体观。①

从中国西南山地、巴尔干和西周的集体协作农业相对照，尽管它们的地貌、土质、农具有一些差异，但以木石骨竹用具的古今农人，应该说，不仅在使用少量铜质工具的情况下，甚至少量铁质农具的情况下，农耕、收获的集体协作也是必要的。而且请注意，他们的共同点都是以多代人亲属组合的生活与生计方式，其中最普遍的亲属团体组合方式是父系宗族公社、家族公社。

这样我们可以说，类同的工具技术为人类一些地理区域的类同的亲族组合和类同的农耕组合找到了区域集体智慧的相似性，这里讨论的"主要是指共产主义的耕作，而非所有权"②。这样，技术便被各个地理区域的人民做了社会与文化的相似性选择，例

---

① 林耀华、庄孔韶：《父系家族公社形态研究》，青海人民出版社 1984 年版，第 151—160 页；庄孔韶：《远山与近土》，湖北教育出版社 2001 年版，第 16—26 页；罗维萍：《基诺族传统信仰的生态伦理价值》，《黑龙江民族丛刊》2010 年第 1 期，第 142—147 页。

② 韦伯：《农业组织和农业共产主义问题》，《经济通史》第一编第一章，上海三联书店 2006 年版。

如男人（为主）的协作共耕和父系（为主）宗族与家族公社形态的选择。当然，这种相似性的选择之外，还有多样性文化的不同选择，例如共耕搭配的不同的亲属组织范畴选择，以及因不同的制度设计所引起的共耕的地方性特点，如"扎德鲁嘎"院落、基诺族长屋和西周共族共耕不等。应该说，需要注意到人类地方群体协作方式的向善的和适应性的选择，以及亲族组合的地方性特点。

西周具有强大的精英思想导向，将物质、技术、农业协作、长幼有序与远近亲疏的血缘亲属系统结合起来，是宗法理念与农业协作和分封制的有机结合，使之数千年后之中原的农耕哲学与实践一直延续并扩展着，而仁者向善的传统理念始终渗透在汉文化的民俗生活之中，尽管我们有时需要讨论某些文化变异的影响因素。

三　农耕理念：文字传递与循环论

从农具质地、耕耘方式和人力搭配的类同结合，以及原初共产共耕组合的比较研讨，父系亲属组织选择有着广泛的地理分布。不过从世界上无文字社会的基层组织看，家族主义和祖先祭祀有其朴素的象征形式。例如云南基诺族曾拥有的大家长领导的"长屋"干栏的家族公社式生活与生计协作方式。屋内有总火塘为家族公社象征物、祭祖仪式和长屋祖先供处以外，人人可以熟悉背诵的父子连名制（他们的男人可以背诵50余代），实际上也是大家族和同世系群分布地点同族的重要认同源泉。他们在每逢节日，晚间竹楼上老人的口传叙事诗演唱和道德说教，涉及现代意义上的生态循环观念（游耕的规矩）、烧荒的男女分列队式、平时与收获季节的文化禁忌（同姓不婚，与男女关系在平日与收获季节的差别惯习与舆论）、互助与平等分食制、敬畏大自然所体现至善的"天人和解"观，以及人、植物、动物之间的整体性生态观照伦理。① 世界各地的农业族群文化,由生计、社会组织和信仰连接的经验、实践、世界观和道德伦理,确保了各个族群社会稳定运转的可能性。这样看起来孔子礼制恢复的意义不完全是因"礼崩乐坏",而是伦理、制度需要符合循环农耕系统。因此,我们需要从农耕生活方式思考文化传递的特点。

(一) 口传、方言与文字意义

众所周知,口传的时空范围是有限的并充满变异,有文字的民族通过文字共同识别和传递理解和再行转换理解,方便了生计经验、组织、伦常、仪式和信仰的推广,也包括促成理念传播一致性的后果。对照而言,古代西周的社会制度与理念在实践中因文字的传递,更便于在精英中间交流与完善而形成精致的思想框架与制度,并在社会与文化实践选择中成为中原文化的主要类同特点。从农业耕作的生计轮转,进而通过思想家和精英(包含现代意义上的哲学家)的适应性"礼"的发明与推崇,以及长久"仁"的濡化、集体传递和文化的直觉教化,政治家之选择性确认与推动,从贵族到庶民之定位实践,终创造了中原乃至随后更大历史范围的中国区域农耕与亲属关系整合后的儒家(主要的)理念系统与社会文化制度。

雅为西周之音,以西周京都之音为"雅言",所以求知者必须学雅音,这一学习是使用方言的俗民上就士大夫精英层的必经之路。如先师孔子是鲁国人,他当会方言鲁语,但阅读先王法典、正规教育和礼制场合必须用雅言。故而《论语·述而》篇说:"子所雅言,诗书执礼,皆雅言也。"后来,汉儒继承先秦儒家雅正思想以及写作体裁恪守雅体,更是精英文化即儒学正统

---

① 林耀华、庄孔韶:《父系家族公社形态研究》,青海人民出版社1984年版,第151—160页;庄孔韶:《远山与近土》,湖北教育出版社2001年版,第16—26页;罗维萍:《基诺族传统信仰的生态伦理价值》,《黑龙江民族丛刊》2010年第1期,第142—147页。

的表现。①

　　这样，我们考察的古代雅言与俗民方言大体代表了大小传统的两个文化层。然而方言差异并未能隔断中国上下层文化的连接。首先，雅言不过是地方话的雅化并成为官话，但士大夫说雅言并不排除说本地方言。还有，虽说地方口语难以划一，但中文书面语和文字的发展从一开始就走上了趋于统一的体系，周之雅言达于书便打开了中国文化上下开放和普及之路，因此中国没有前现代欧洲拉丁文带给俗文化层的坚硬的文字壁垒。② 可以说，中国统一文字的文化认同意义是最重要的标志，其中方言和汉字的文化意义不在一个水平上，而是前者被后者所涵摄。③ 那么，实际上早在西周中原社会已经明显开始了一个扩大崇化导民的历史—地理的时空范畴，理念通过铭文、竹简上的文字交流达成认同，以及容易使儒学得以流传。在一定的意义上，这一稳定的儒学文化理念从古至今影响长久。

（二）农耕与人事的循环论

　　古代中原农业人口周而复始的四季轮转、耕种与收获、出生与死亡是农人以循环论看待宇宙的物质与思想基础。例如《夏小正》反映了夏和三代以来按月份排列记载着每个月的物候、气象、天文和不同的生产事项与经验。然而关键在于《夏小正》"把天地宇宙的大循环与人类活动（农业生产、农事活动）的小循环联系起来"，是"整体系统思想即循环思想体系的开端"。④

---

① 孙克强：《论"雅"》，《复旦学报》1991年第6期。
② 庄孔韶：《银翅：中国的地方社会与文化变迁：1920~1990》，生活·读书·新知三联书店2000年版，第483—484页。缪钺：《周代的雅言》，载《冰茧丛稿》，上海古籍出版社1985年版，第186页。
③ 庄孔韶：《银翅：中国的地方社会与文化变迁：1920~1990》，生活·读书·新知三联书店2000年版，第483—484页；"序"第3页。
④ 胡火金：《论中国传统思维中的循环观与农业精耕细作传统》，《农业考古》2002年第1期，第31页。

《易经》则提供了天地、阴阳、人与万物的感应现象的学说，是最早的中国本土循环论。它把人与万物的来源，归之于天地透过阴阳所创造，如说，"天地感而万物化生"（《易经·咸卦》），"刚柔相推，变在其中矣"（《易经·系辞下传》）。柔属阴，刚属阳，实际也就是阴阳相互作用而产生变化。[1] 后经人加入五行说，所谓阴阳变化、五德终始就确立了，即阴阳变化、始终循环与天人合一的说法。

从早期农业的"菑、新、畲"的轮荒耕作，和"今兹美禾，来兹美麦"轮种（《氾胜之书》），到人世间"五百年必有王者兴"的朝代更迭，农业社区变迁的"三十年河东，三十年河西"，到个人命运的期待"时来运转"之类，早期农业中原与汉人社会的循环论是将天象、农业、社会、人事联系在一起的理论，在漫长的历史时期成为循环易变的华夏哲学。然而，农业循环和人生轮转都存在"察机"，人需要观象察变，生计上"与时偕行"，人事上"审时度势"，《系辞》说"神而明之，存乎其人"，强调了人的前瞻性"察机"而获得因势利导的主动性。

笔者看到汤恩比的衰老和重振的循环论和崩溃（失序）的周期性（rhythm of disintegration），其动力是挑战与回应；[2] 索罗金等强调文化成长、成熟，然后必然衰落，是同质文化三类型的循环变异，而循环变异的内部因素比外部因素重要。[3] 文崇一在对比了上述中国的循环论以后认为，易传解释人事，并形成一种盛衰循环的文化观念，其本质上"是观念改变了世界"[4]，这大体也承认，易变盛衰循环论也是经过濡化与"过化"的一种先在的理念。这种理念之"应验"总是发生在中原四季轮转的循

---

[1] 文崇一：《历史社会学》，三民书局1995年版，第131页。

[2] A. Toynbee, *A Study of History*, N. Y. : Dell, 1965.

[3] P. Sorokin, *Social and Cultural Dynamics*, Boston: Porter Sargent 1957; W. E. Moore, *Social Change*, N. J., Prentice - Hall, 1965.

[4] 文崇一：《历史社会学》，三民书局1995年版，第142页。

环生境之中，致使我们不得不承认"理念先在"的社会动力的意义。不过，依照人类学的整体性观察方式，并不是不考虑其他动力视角。循环论切合农耕社会轮转规律的秩序理念，自然、天时、节气、技术、人事、伦理等均纳入其间，导致了中原人民的宇宙观定势，而历史则积累了先在的观念和理念对行动的导向作用，并化民成俗。

四　祭祖理念先在

（一）祭祖理念先在之文化研究

笔者1986年起在福建"金翼"黄村田野调查初期，因黄氏宗谱失存而协助他们重建时就发现，那里的村民熟知整个（或部分）山谷农人的辈分、房分、墓号、墓祭和常见家礼（如祭祖与上寿之礼等），族谱中的辈分与房分原则和内容好像是印在同族人的脑子里，不须翻动族谱就对长幼、房派有清晰的认识，这"显然是认识先在的证明"[1]。于是笔者和村民重拟宗谱的工作顺利且快捷。这些化民成俗的辈分知识和上寿礼仪[2]体现了农民拥有儒学最基本的长幼有序的秩序理念；祭（拜）祖和墓祭则是儒家孝敬理念之仪式性实践。如果单纯从区域地理分析，3000年来成功的儒学"过化"，中国人孝道和慎终追远的内心已经变成了理念的、意识的和无意识的东西，深深植根于民众内心中。[3]

笔者正是从最初的人类学田野经验层面发现了农人之"先

---

[1] 庄孔韶：《银翅：中国的地方社会与文化变迁：1920~1990》，生活·读书·新知三联书店2000年版，第246—248页。

[2] 朱熹《家礼》可见"上寿于家长"句。

[3] 本文通篇探讨早期儒学文献的思想与行动，并不讨论儒学"过化"之涵化问题。

在理念"①，而后便逐步思考这些"理念先在"的文化来源。

首先，"中国人古往今来创造了一套独立的亲属制度及其结构，而中国文化哲学的实践又发展了这一套亲属制度。人口再生产和宗祧理念的相辅相成，成了中国 descent group 过程的一个永动的根源"②。早年林耀华在《拜祖》一文中解释了理念向社会化之转换："看过前面本原五服图，我们就知道从拜祖思想为根基而建立一个团结的家族；所以孙中山先生说中国人家族的观念最深刻，然推其原是从拜祖思想发扬出来的。……宗庙原始虽是专为拜祖之用，后来渐渐地变成全族的社会、政治、经济等组织的功用……一个原是崇拜的机关，就因此渐渐地社会化了。"③说明造成汉人家族宗族制度的第一原因是先在的祭祖理念，中国人的人伦行为和祭祖等宗族文化并非出于某种功利性的计算，而是一种先行存在的内化"理念"。因为"在汉人的亲属制度中，观念上的系谱架构所形成的体系先于祖产分配问题而存在，这是再清楚不过的事"④。

此外，早期人类学的田野研究地点多在无文字的部落社会，在这样的社会里，难于观察到像中国社会那样存在一个掌握文字书写系统的儒家大传统，且能够对小传统加以"过化"。其中，弥散式"感染"和谆谆教化颇具成效。这种文字携带的丰富理念，如敬祖报本、尊老爱幼、人伦差序和社会和谐等儒家理念长期以来深入人心，造成中国文化传承的重要成分。

笔者在福建的田野调研，深感继早期儒学从中原传布与

---

① 杜靖：《"理念先在"与汉人社会研究——庄孔韶人类学实践中的"理念观"》，《民族论坛》2011年第12期。
② 庄孔韶：《银翅：中国的地方社会与文化变迁：1920～1990》，生活·读书·新知三联书店2000年版，第279页。
③ 林耀华：《义序的宗族研究》，见"附"（《拜祖》），生活·读书·新知三联书店2000年版，第227—258页。
④ 陈其南：《汉人宗族制度的研究——傅立曼宗族理论的批判》，《考古人类学刊》1991年第47期，第51—77页。

"过化"之后,新儒家朱熹之理学在中国农业社会的接续性影响。朱熹把宗法伦理看作"天理之自然",并身体力行。他一面巩固宗族制度,一面借宗族组织将儒学礼制生活方式化。他所著《家礼》通过礼和冠婚丧祭四礼,申述"修身齐家之道,谨终追远之心",意图有补于国家"崇化导民之意"。① 他感于家礼久废,故主张家礼与冠婚丧祭礼,应镂版颁行传播,其《五礼新仪》,得宋朝廷批准,重印发行。直到20世纪上半叶,儒学要义在福建乡村私塾中不绝于耳,其影响实际上大于官学。不仅如此,其月旦集会读讲约礼,甚至至今在丧礼、丧服、上寿之礼等礼仪程序上仍可见到朱子《家礼》的影响。

儒家的理念是如何导入农民社会里的呢?"儒家主张文化大一统,故而'以教为本'的德治思想导致了一系列大小传统贯通的做法。关于中国人家族与宗族文化价值的思想为哲学家所发明、政治家所强化、教育家和乡土文人传播,并最终由农人所实践,从而成为中国人及其族群的精神支柱与行为准则。"② 应该说中国传统文化的高层文化从上而下输导的脉络十分清晰。这一过程中精神的儒学理念与制度得以通俗化,与乡里文化相结合,渗透民众心理,甚至铸成民族深层无意识文化成分。从三千年前早期儒学到最近八百年来朱子理学,文化传递始终和讲学、学校、文本和民俗结合在一起,是民众儒学思想内化的有力手段。

我们当然会有足够的证据表明中国东南诸省,例如像福建义序式的万人大宗族和较小些的金翼黄村宗族,似乎那时的中国学者的一些论文支持了强调族产、族田之宗族功能主义成分,并成为弗里德曼宗族说的根据之一。然而,八九十年以后,人们再度评价考察人类学的一些理论渊源及其哲学根基以后,却看到发源于英国的功能主义"除了在田野工作方法及其个案研究方面还

---

① 邱汉生:《宋明理学与宗法思想》,《历史研究》,1977年合订本,第64页。
② 庄孔韶:《银翅:中国的地方社会与文化变迁:1920~1990》,生活·读书·新知三联书店2000年版,第277页。

差强人意以外，其理论价值实在不值得恭维"①。笔者最早阅读中国老一辈学者的早期作品，就试图考察发源地的人类学理论和第三世界地方学者的研究实况的联系问题。我们看到中国学者在接受功能主义理论的同时，本土哲学诠释在一个新兴的欧风美雨的理论大潮之下，似乎躲藏了起来。然而问题并没有解决，本来单纯视角的理论就难已成通论。功能主义除了他的田野实用性以外，这一理论不能涵摄人文的道德哲学的内化部分，况且尚不包括人类生物性渊源的思考。

林耀华在他的早年《从人类学的观点考察中国宗族乡村》以外的论文《拜祖》和他的长篇论著《义序宗族的研究》（可惜弗里德曼没有看到他的注释部分）中的注释部分一再阐述他的理念先在意义。② 如他曾摘录义序大族兴起之初时（雍正十二年，即公元 1734 年），其《宗祠志》表达的族人心境之压力："祭田未备，不胜惶愧，当与吾族之尊祖敬宗者共廑于怀也。"③这是说祭祖是理念使然，而非功利使然，只是后来才渐渐完成了走向族田、族产、制度等职能多元的宗族组织。这种先在理念的社会化转换，导致没有理由把功能性的要素放在宗族田野研究的决定性地位上。

（二）祭祖理念先在之生物性—文化整合观

西周的农人都是按族聚居的，宗法制是按照血统远近以区别亲疏的制度。周天子由嫡长子继承，处于大宗的地位。对周天子而言，别宗属小宗，而在自己家族内则为族长，是大宗。宗法制对待嫡庶之分是十分严格的。班固《论五宗》（《白虎通》卷三）力言大宗祀始祖，小宗祀父祖曾高四代，大宗率小宗，小

---

① W. Y. Adams, *The Philosophical Roots of Anthropology*, CSLI Publication, Leland Stanford Junior Univ., 1988, pp. 350 – 352.

② 林耀华：《义序宗族的研究》，燕京大学影印本 1935 年版，第 51—53、64 页。

③ 林耀华：《义序宗族的研究》，第 51—53 页。

宗率群弟，成一宗统。这种一层一层的宗法关系，其源头为祭祖。这一点很重要，是拜祖的理念和风俗（请联系上述生物—文化整体性的论述，拜祖具有生物性的原始根基）造就了宗法，进而宗法也就不得不尊重祭祀。① "所谓'生则敬仰，死则敬享'，就是对祖先不忘恩，不忘本，奉祖先为神灵，而永世致以崇拜。这在伦理宗教上具有慎终追远的意义。祀祖，或祭祖，是一种礼教上的仪式，亦就是祖先崇拜的具体表示。"② 这里社会生物学的血缘网络选择力量和亲子关系友好的基因禀赋，以及人类拜祖的理念及其亲属制度的文化伦理，均不支持人类亲属系统中之追思与祭祀的功利主义优先意义。

比较而言，人类各地不同的亲属制度中都可以引申看到从社会性昆虫、鸟类、非人灵长类血缘网络的生物性关联，如血缘选择；而所谓人类亲属制度的文化的规定性显而易见地导源于动物亲属关系上的某些萌芽，以及存在人与动物界共同拥有的血缘网络与血缘选择特性。

人类对亲缘关系的判定程度要比动物世界更为肯定。"人类能建立起长期有效的契约（文字）和从事可延续数代的长期的相互利他主义活动，可把血缘选择直观地引入这些关系的考量中。他们注重血缘关系的纽带达到了其他社会物种难以想象的程度。他们利用自己唯有的句法语言使其相互交往更为有效。"③ 这不仅是由于人类个体取名方法（如显示父名，甚至如哈尼族、基诺族的父子联名制）上显示的血脉联系，正式的婚礼习俗还能分辨姻亲。而且很多民族膜拜祖先，家族成员之间表现忠诚。祭祀与宗法制是地方人类生物性根基上附加的文化特征与制度，

---

① 林耀华：《义序的宗族研究》，生活·读书·新知三联书店 2000 年版，第 72 页。

② 芮逸夫主编：《云五社会科学大辞典》第十册《人类学》，台湾商务印书馆 1971 年版，第 199 页。

③ [美]爱德华·O.威尔逊：《社会生物学——新的综合》，北京理工大学出版社 2008 年版，第 360 页。

其中，祭祖的根本渊源联系着动物与人类生物性的血缘选择内涵，其外在显示为亲属群体认同的报本理念，显然也和人类后世的功利主义无关。

在西周，宗法有祀先庙制，大宗宗子祭始祖，其庙百世不迁。小宗宗子祭及父祖曾高四代，其庙五世则迁。但层层宗法关系都是以"尊祖故敬宗"[①] 的先在的理念为出发点，这个非功利的先在的理念不是正处在生物—文化整体性的有机联系之中吗？

早期儒学布扬与"过化"，逐渐普及和内化了属于"理念先在"之孝行实践——世代祭祖、严格丧服和顶礼膜拜，不仅如此，慎终追远之心基本上是人类生物性—文化伦理整合的结果。

五　中国伦理本位模型观察

从上述祭祖理念及九族五服制来看，从西周逐渐制度化的伦理关系究竟从哪里起始加以讨论呢？

（一）丧服：伦理制度之核心示意

动物种群和人类所共同观察到的血缘选择，特别是具有血缘网络特征的群体，有助于依照亲缘关系来增强群体的适应性的合作倾向。人类各地族群之亲属与人伦之礼，都或多或少地包含了一种生物性的亲属关系特性向人类亲属忠诚与认同表现的延伸与文化表现。古代中原的五服与九族就是一种较为复杂的亲属文化规定性，也是建构于亲属群体远近亲疏关系的生物性基础之上的。然而，中原九族五服的文化性内涵，既包含了大众口传—无文字群体集体记忆特征的同时，又叠加了重要的借文字传达的亲属制度的文化意义——对地方亲属网络生物性及文化特性的承继

---

① 《礼记·丧服小记》。

性多代共识。其代际接续间,隆重的葬礼从旧石器时代的遗址中已见端倪,体现了人类亲本丧失的依恋与怀念所导致的文化仪式结果,祭祖仪式行为可以看作人类丧仪的递进性亲族追思实践。在西周,完善的丧服制和祭先祖活动,透露了在亲属伦理范畴与时间记忆上具有的文化延续意义,并且渐渐形成主流族群亲属制度的文化规定性并向四周传递。

古代中国的九族以父系为重,其亲属范围包括自高祖以下的男系后裔及其配偶,即自高祖至玄孙的九个世代。在此范围内的亲属,包括直系亲属和旁系亲属,为有服亲属,死为服丧,亲者服重,疏者服轻。古代的丧服称为"五服",指斩衰、齐衰、大功、小功、缌麻五种服制,丧服因使用粗细不一的麻布形制和不同的服丧期,严格划分了丧礼参加者的辈分亲疏关系。每逢丧服着装实际上是在展示丧礼发生地从内亲、外亲到无服亲的亲属关系内外结构;同时,也是在展示一种制度,即五服—九族关系在丧礼期间加以人人定位,从近到远将血缘、姻缘和地缘关系铺陈开来,于是地方亲属制度和社会结构便呈叠压状。其实,五服并非一个常设的社会组织,无法构成一个合作共财团体,且处于贯时的不断演变的状态中。① 因此,以己为出发点的每一个关系个体需要以九族五服的原理在每一种地方场景加以代代学习(所谓耳濡目染)、判定和最终熟悉从宗亲、姻亲到乡亲的人际亲等序列,这就是伦常的教化与实践过程。然而,发端于生物性血缘选择的古代中原亲属制度,适应稳定的农耕哲学,由作为一代精英的"古圣人"(梁漱溟语)之发明、安排,以及从贵族到庶民的社会文化实践,人们透过代代不断呈现的生离死别之丧礼(亦包括其他人生礼仪等),不断重复和强化人际伦理意识,终形成了中国伦理本位社会的这一最重要的

---

① 陈奕麟:《由"土著观点"探讨传统汉人亲属关系》,《中央研究院民族学研究所集刊》1996年第81期,第1—18页。

文化特征。中国道德濡化的目的一直是维护群体的利益、调节好人伦相对位置以及个人与集团的关系。①

上述丧服实践就是伦理本位实践，就是从社会文化的亲属伦理核心向外缘层层识别和确认亲疏关系，并将每一个地方的血缘、姻缘和地缘关系结合起来。《尚书·禹贡》的更大规模的服国模型，其理念显然来源于先秦时代中原的丧服礼制。所谓家国同构的现代表述，实际是说每个人首先在自己的家中熟悉了父母兄弟姐妹等核心的亲属关系定位，跟着就是进入地方九族五服识别范畴。可以认为古代丧服模型之放大即连接了服国模型，形成了在人伦系统中以己为出发点，依照五服九族原理，连接血缘、姻缘和地缘而延伸至天下的有机秩序与理念实践系统。也就是说，丧服是古代中原亲属伦理制度之核心圈层展示。

（二）"畿服"的层级模型含义

西周的父系宗法制，天子的伯父、叔父为同姓诸侯，伯舅、叔舅为异姓诸侯。这种姻亲关系加进来，实际不仅是宗法制实践中不得不补充的成分，而且正视了相当于现代意义上的婚媾亲戚族系交往的文化地理分布。

西周的分封把姬姓后裔、异姓姻亲与功臣分封到王畿以外的地方，而所谓封邦和"畿服"制包含了重要的伦理层层推导出的文化模型，体现了周礼的基本原理。宗法制意在血缘（宗统）收族和分封制完成地缘（天下）共主，这不是西人意义上的国家与地方之对立的关系，而是从天子中心到层层"畿服"的道德实践和开放的"过化"过程。

于是我们可以从起始于商代，完善于周代的"畿服"制度中明了，这是一种以天子居地（王畿）为中心，依照由近及远

---

① 庄孔韶：《银翅：中国的地方社会与文化变迁：1920～1990》，生活·读书·新知三联书店2000年版，第502页。

及德化程度高低划分的"服国"秩序模式。《尚书·禹贡》将从中心王畿向四围以外的亲疏关系依次表述为：甸服、侯服、绥服、要服、荒服与化外，从而构成天下共主的层级框架。根据尚会鹏、游国龙的现代国际关系的引申性研究，认为甸服、侯服、绥服、要服相当于国家的本土，而荒服和绝域则相当于现在所称的"外国"，显然这是关于中国古代"国际"秩序的一种理念和雏形或许更妥。[1] 他们进一步和滨下武志的古代中国"朝贡体制"[2] 的六个等级略可比附，即中央、地方、土司（土官）、藩部、朝贡和互市，其间体现了不同层级同中央关系由强到弱的状态，层级内涵则并不绝对对位。

然而，"服国"的同心圆秩序，可以解说为"为政以德，譬如北辰，居起所而众星拱之"（《论语·为政》）的理想图景。然而，文化上的吸引力，为"积德行义，国人皆戴之"（《史记·周本纪》）强调"己所不欲，勿施于人"，以及重在"自我教化"之"为仁由己"。就是说，"仁"的世界秩序的建立主要应依靠每个国家自己而不是依靠外力。正是由于西周之理想文化吸引力，"见行者让路，耕者让畔"，乃至有"天下闻之，归周者四十馀国"之美名（《孔子家语·好生》）。其内化仁、德和礼的"跨国"过程，就包含着早期儒学"过化"的巨大魅力与感染力。故而是以亲缘结构为出发点的一个"文化的天下"的理想。[3]

应该说，早期儒学"过化"的时间与空间概念，就体现在将居于核心地位的丧服亲属亲疏的伦理本位实践，向依照由近及远及德化程度高低划分的"服国"秩序模式转换。

---

[1] 尚会鹏、游国龙：《心理文化学——许烺光学说的研究与应用》，南天书局2010年版，第443—444页。

[2] ［日］滨下武志：《近代中国的国际契机——朝贡贸易体系与近代亚洲经济圈》，朱荫贵等译，虞和平校，中国社会科学出版社1999年版，第38页。

[3] 许倬云：《中国古代文化的特质》，新星出版社2006年版，第35—45页。

(三) 许烺光"心理—社会均衡"理论钩沉

从丧服到国服的早期儒学延伸性理念与实践，明显反映了中国伦理本位的实践特征。然而如何将其引申到大规模的区域文化比较研究中实属不易，因为首先涉及在强势英语学术圈中的文化表达和跨文化理解问题。许烺光先生的"心理—社会均衡"理论 PSH（Psychosocial Homeostasis），[1] 如今"无论是在西方还是在中国学术界，对许氏的评价似乎还没有达到与其实际贡献相符的地步"[2]。这是很遗憾的事情。如今，我们不断在大规模区域文化（或国）的具体表征中看到许氏"心理—社会均衡"理论的重要意义，而且已有尚会鹏和游国龙师徒多年从国际关系研究与区域文化研究中再次肯定许烺光先生的杰出贡献，并将其与韦伯（Max Weber）、汤恩比（Amold Toynbee）等的成就相比拟，[3] 实属至理名言。这势必引起国人在区域文化研究中，思考既不要盲目鹦鹉学舌，或落入区域文化/族群中心主义，又要从"卖中国药"（或其他药）时很好地提供某种区域文化思维与行为过程之内涵表达。

许先生在回答他的理论来源提问时说"与帕拉图和亚里斯多德二者相比，孔子高度重视人在群体中的位置"，这一点被明确认为是他提出亲属在社会发展过程中重要性的智慧源泉。[4] 的确，许烺光的"心理—社会均衡"理论是讨论人与人、人与物和人与文化规范互动的场域之中，是一个心理与社会的动态平衡体。他的 PSH 模式从内到外的圈层分别为：

---

[1] F. L. K. Hsu, Psychosocial Homeostasis and Jen – Conceptual Tools for Advancing Psychological Anthropology, *American Anthropologist*, 73（1）: 23 – 44, 1971.

[2] 尚会鹏、游国龙:《心理文化学——许烺光学说的研究与应用》，南天书局 2010 年版，"序言"，第 8—9 页。

[3] 尚会鹏、游国龙:《心理文化学——许烺光学说的研究与应用》，第 9 页。

[4] 许烺光:《彻底个人主义的省思》（许烺光著作集 9），许木柱译，第 253 页。

无意识、前意识、限表意识、可表意识、亲密的社会关系与文化、作用的社会关系与文化、远离的社会关系与文化。而其中，包含了比个人与"人格"概念要大的人（仁）的概念范畴。许烺光的模式凸显了孔子学说的影响，反映他对亲属集团和父子轴的关心。不仅如此，PSH 理论与早期儒家就强调的"修、齐、治、平"思想的联系，依照尚会鹏和游国龙的研究，如果将"修齐治平"用同心圆表示，从内到外，依次为：知、意、心、身、家、国、天下，这和许氏的 PSH 理论有很大程度上的吻合。① 他的理论还带有中国文化的"中和"思想，其中，人类生物性、社会性、文化与心理都得到了 PSH 理论的考虑。当然他也注意到失衡和失之和谐的问题。

尚会鹏、游国龙还进一步提出"伦人"② 人际关系模型，以进一步表达中国人的基本人际状态。相对于西方的个人意义上的基本人际状态，伦人社会的个体具有一个更稳定、更具向心力的心理社会均衡结构。伦人社会的个人与集团不是二元对立关系，而是差序式的放大和缩小、包容与被包容的关系。"国"与"家"高度同构意味着国家组织建立在一种更强调人的生物性联系的基础之上，因而有更稳固的基础。伦人的关系强调亲疏、远近、尊卑，但不是竞争性的，或者说这种排列以及与之相联系的一系列伦理规范的设计缓解了人与人之间的竞争性，增强了集团的凝聚性。③

为此，尚会鹏和游国龙讨论传统中国人由亲属关系出发一圈一圈外推的同心圆结构的三个圈子，即亲人圈、熟人圈和生

---

① 尚会鹏、游国龙：《心理文化学——许烺光学说的研究与应用》，南天书局 2010 年版，第 213—214 页。
② 尚会鹏、游国龙：《心理文化学——许烺光学说的研究与应用》，第 330—339 页。
③ 尚会鹏、游国龙：《心理文化学——许烺光学说的研究与应用》，第 460—461 页。

人圈。① 认为"亲人圈"由近亲组成，适用"亲情规则"；熟人圈由熟人、朋友组成，适用"人情规则"；"生人圈"由既没有"亲情"也没有"人情"的陌生人组成，交往适用"公平规则"。② 这同相关学者的结论有很多相似的思考，不过也有其扩大的思考。如所谓伦人人际关系模型的"亲人圈"被比喻为"朝贡体系"的中央与地方；"熟人圈"相当于"土司"和"藩部"；而"生人圈"相当于"朝贡""互市"及其以外的世界。当然，这只是尚会鹏和游国龙的层级示意图，其中亲人、熟人和生人有时是可以变动的。③

他们特别关注儒家的修齐治平模型、古代中国朝贡体制模型、《尚书·禹贡》服国模型和伦人人际关系模型④的大体对应或可比拟的对位圈层，却没有将丧服和五服九族的亲属关系模型纳入图表，尽管他们在字里行间提到了"国家"形式乃是从亲属关系延伸而来，以及五服的意义。笔者认为，伦人人际关系模型之"亲人"部分，倒是需要讨论因丧服制引申的亲属亲疏圈层意义，因为当我们每个人待在家里和一走出家门，我们便落在五服的文化框架中。如果思考中国人的人际关系模型的话，从丧服制展示的五服原理是处在基础和源头地位的，因为这一古老亲属制度的发生和延续至今，它的生物性和文化之整合特性均在其内。

冯尔康等根据服制，将五服结构再分为三个圈：斩衰之

---

① 类似的和相关的见解可见黄光国、胡先缙等著，黄光国编订《面子：中国人的权力游戏》，中国人民大学出版社2004年版；何友晖、陈淑娟、赵志裕《关系取向：为中国社会心理方法论求答案》，见杨国枢、黄光国编《中国人的心理与行为》，桂冠图书公司1989年版，第49—66页。文崇一、萧新煌主编《中国人：观念与行为》，凤凰出版传媒集团、江苏教育出版社2006年版。

② 尚会鹏、游国龙：《心理文化学——许烺光学说的研究与应用》，南天书局2010年版，第441—442页。

③ 尚会鹏、游国龙：《心理文化学——许烺光学说的研究与应用》，第446—447页。

④ 尚会鹏、游国龙：《心理文化学——许烺光学说的研究与应用》，第447页。

内亲为第一圈,大功之内亲为第二圈,小功及缌麻服为第三圈。此外,他们又把出离了五服的人列为第四圈。①(这好似对应和比拟于服国的荒服和化外)。需要注意的是,这是父族、姻亲和友人关系的亲疏圈层,但同死者关系的丧服圈层判定并不完全是以父族与姻亲画线的,例如父系纵向之远缘有时比不上横向婚姻近亲和长者,因此五服是以己为中心的纵横向综合性亲疏划定的,一种比较状态中的人伦波纹图,父族、母族、妻族和妇族之亲属是混合比较的,其中五服九族关系之精英判定(如《尔雅·释亲》),以及纵横交叉界面的人际情景与民俗定位等,尽管有差异,均不脱基本的伦理本位原则。

笔者和游国龙讨论他对中国之伦人与天下的国际秩序原理的时候,深感其师徒针对"心理社会均衡"理论钩沉(实在是学界多年对许先生建议以"心理人类学"取代"文化与人格"研究用心的忽视)的重要意义。许氏的 Human Constant(尚会鹏译为"基本人际状态")重视人的相互性,他的"心理社会均衡"理论由内到外的层级表述,以及许氏联系儒家"修齐治平"思想,即由内到外知、意、心、身、家、国、天下之密切关系,"是对强调人的相互性、亲族组织、动态平衡理念等中国传统经验做了"学理性的提升"。②

经过许烺光及最近几代人的递进性研究,应该说从不同角度解说中国人人际关系诸种模型,从《礼记·三年问》和《礼仪·丧服传》显示的丧服基本原则与圈层,到《尚书·禹贡》服国模型,以及从古代中国朝贡体制模型和儒家的"修齐治平"模型,其原理具有一致性。原初周天子依据亲属关系远近分封天

---

① 冯尔康、常建华、朱凤瀚、阎爱民、刘敏:《中国宗族史》(该书为《中国宗族社会》的增订本),上海人民出版社2009年版,第233页。

② 尚会鹏、游国龙:《心理文化学——许烺光学说的研究与应用》,南天书局2010年版,第68页。

下，就是建立在所谓"差等爱"的"礼"的秩序，以及从日常生活关系到天下道德政治的整合秩序，其早期儒学的理念似乎经历了三千余年仍在民间丧服和处理国家关系的原则上看到传统文化的持续性影响。

（四）九族五服之当代人类学观察

很多人在农村生活经历中，或者在乡村人类学研究中，确定九族五服制的强大的文化生命力。九族在中国历史上有着长期的亲属实践，它是指围绕在某一生命个体周围的一定亲属群。当其落在丧葬场景时，你会看到丧服象征了不同人等亲疏关系的五服层次问题。尽管古今丧服亲疏层次表达有一些出入，但丧服制度的原理是一致的。直到中华民国以前，中国法律中的亲等计算均采用五服；尤其是在民间，五服用以区分亲疏关系的功能却没有被打破。[1]

自古以来，在九族五服制的亲疏关系之间还有一些重要的限定，即父系宗亲间通婚历来被禁止，体现在周人"同姓不婚"的详细戒律上。[2]当然，世界上很多民族有类同规定，尽管在解释上还有一些歧见。不过，人类学家有自己的生物文化整体论观察。列维—斯特劳斯认为："自然通过乱伦禁律这一过程超越自身。"[3]经过对于数百个亲属关系的体系的分析已经获得证实、充实和加强；即，乱伦禁律的存在理由是"在人与人之间建立起一种联系，没有这种联系他们就无法超越生物性组织，达到社会

---

[1] 吴飞：《从丧服制度看"差序格局"——对一个经典概念的再反思》，《开放时代》2011 年第 1 期，第 115 页。

[2] 《礼记·大传》云，系之以姓而弗别，缀之以食而弗殊，虽百世而婚姻不通者，周道然也。

[3] ［法］德尼·贝多莱：《列维—斯特劳斯传》，于秀英译，中国人民大学出版社 2008 年版，第 196 页。原始出处：Claude Levi-Strauss, *Les Structures elementaires de la parente*, La Haye – Paris, Mouton, reed. 1967, p. 29。

性组织"。①就在这两个端点之间,可以看到建立起一系列无意识的工具,而且无处不在,社会因此成其为社会:这就是文化诞生的过程。②当然,古代中国人也早有自己的整体性解释。究其缘由,除了古今经验中的"男女同姓,其生不繁"(《左传》载叔詹云)的生物性顾虑以外,同姓男女相别嫌可以防止"淫佚"和关注"厚别"。(《礼记·坊记》)这全然是为了杜绝打乱嫡庶、长幼、亲疏、尊卑等的人伦秩序,并使每人定位其不同的成员身份。可以说,从西周以来禁止五服内近亲通婚之严厉,以及确保宗亲观念与伦常秩序之严格,在大量世界民族志的记载中都极为凸显,尤其是其九族五服制的结构中,生物性禁忌之上附加了极为复杂的文化制度设计与传布,并从先秦,历经唐宋明清加以法律上的确认与实践,影响于中国人认知、社会舆论与民俗生活,甚至民众文化无意识内心之中。看起来,上述列维—斯特劳斯是在讨论乱伦禁忌发生的生物性—文化转换过程的道理,而西周人早已在设计制定防止乱伦禁忌与规定九族五服的复杂礼制了。

杜靖在山东闵村所做的现代民族志调研,③偏重于对九族—五服形态及实际运作的古今关联性调研,展现了一幅生动的图景:个体因为婚姻组成一个核心家庭或基础家族,它可以渐渐生长为一个五服九族,但是到达五服群边缘时,迫于生存压力,五服九族就不再往上继续生长,相反多余的房支就会自动从这个结构上滑落下去,又裂变或回归为若干个五服群。作者把每一个五服群体比喻成一股喷泉,每股喷泉喷涌到一定高度就会自动脱

---

① [法]德尼·贝多莱:《列维—斯特劳斯传》,于秀英译,中国人民大学出版社 2008 年版,第 196 页。原始出处:Claude Levi - Strauss, *Les Structures elementaires de la parente*, La Haye - Paris, Mouton, reed. 1967, p. 565。

② [法]德尼·贝多莱:《列维—斯特劳斯传》,于秀英译,中国人民大学出版社 2008 年版,第 196 页。

③ 杜靖:《九族与乡土——一个汉人世界里的喷泉社会》,知识产权出版社 2012 年版。

落，而闵村就是一个大水池。整个区域社会看上去是由若干的村子组成，每个村子里分布着若干本宗五服九族，这些五服九族又通过个体的婚姻而联结在一起。这是一个重要的观察。作者证明了类似"喷泉社会"之普遍存在，无论在所谓的宗族社会，或是非宗族社会。①

笔者理解杜靖的意思大概是，随着地方人群代际死亡和繁衍，以个体（上述伦人含义）为中心的九族—五服范畴显示了一个动态的、其边缘不断变化的状态，然而从中心到边缘总是可以看到恪守汉人社会的层级伦理本位原理。在历史而今的实践过程中，一个地方社区每一次呈现的九族五服分布框架都体现了中国亲属制度的伦理本位和文化结构特点，而作为包括一些地理区域古今盛行的宗族或各种非宗族社会而言，宗族或非宗族则均处于地方多样化社会组织的地位。而"五服并非一个社会组织，无法构成一个合作共财团体（Corporation），且处于一个不断演变的状态中"②。杜靖进一步指出，这个群体不仅有着心理认同，也被村落内外的其他类似亲属结构有时视作一个行动的共同体。同时，我们必须意识到，帝国大传统长久地对它自上而下地推行和教化也形塑了这一文化架构。③ 杜正胜曾注意到它的重要意义，认为"根本的结构和精神则在于五服服制"④。

杜靖还从生态人类学角度加以肯定，因为这个五服九族群体的规模刚好可以应付农业生计与生育两种生产，还有在

---

① 杜靖：《五服姻亲与宗族——来自山东闵村的亲属实践报告》，载上海社会科学院《传统中国研究集刊》编辑委员会编《传统中国研究集刊》第六辑，上海人民出版社2009年版，第485—501页；杜靖：《九族与乡土——一个汉人世界里的喷泉社会》，知识产权出版社2012年版，第374—375页。

② 陈奕麟：《由"土著观点"探讨传统汉人亲属关系》，《中央研究院民族学研究所集刊》1996年第81期，第1—18页。

③ 杜靖：《九族与乡土——一个汉人世界里的喷泉社会》，知识产权出版社2012年版，第367—369页。

④ 杜正胜：《传统家族试论》，载黄宽重、刘增贵《家族与社会》，中国大百科全书出版社2005年版，第1—87页（此处所引具体在第86页）。

婚姻和丧葬，以及本家和姻亲之间的互助中（如盖房和灾年抢收抢种）履行各种日常文化角色。这些五服—九族群体的存在同各地乡土环境的资源获取总是两相契合。它们历久不衰的另一个重要原因是，这个五服—九族群体还是帝国大传统文化理念的世代携带者，因而该群体的文化与环境始终获得适应的状态。杜靖还论证，这个五服—九族群体不仅有着心理认同，也被村落内外视作一个行动的共同体，以及古今广为分布的事实。[①]

因此可以认为，汉人社会普遍存在的五服—九族制，从先秦中原传承至今，一直处于中国伦理本位的核心出发点，也处于农人的生命与生活起点。体现尊亲远近关系的五服—九族群体之构成本质，是人类生物性的优先血缘选择与亲属文化适应性结果，并铺陈成为一个个亲属层级认同的基层乡里文化地理分布与（可以伸缩组合的）行动与民风认同共同体。在中国农业社会，五服九族才是根本的的亲属活动范畴。这里可以发现，五服九族是从早期儒学发端至今数千年最为稳定与成功的"先在理念"与亲属文化制度。

杜靖对五服—九族古老群体至今普遍存在的发现，意味着当今汉人社会以宗族和非宗族乡村社会组织研究的传统焦点可以更新为：汉族农村五服九族及其姻亲才是更为根本的亲属活动框架。因而今后的田野工作重点是：探讨"宗族"对于"九族"的意义，即考察宗族如何围绕"九族"而存在，或是家庭成员的五服—九族认同与宗族认同在何种程度上可以加以比对；同时，对单纯的姻亲研究角度也力主进行反思，提出了继嗣模式和姻亲模式兼容的理论模型，将为中国汉人社会的深化理解——无论是理论上还是乡村发展研究上——转到一个新的关注点。

---

① 杜靖：《九族与乡土——一个汉人世界里的喷泉社会》，知识产权出版社2012年版，第364—367页。

历史上，很多地理区域农业文化生态的共同原因：稳定的农业周期循环状态下农人亲属组织的选择常态——南斯拉夫人（塞尔维亚人）、东斯拉夫人（俄罗斯人）、中国人（汉人）——多选择从大家庭、房分、五服—九族动态共同体、宗族、兄弟公社、不同程度和不同类型的村社公有或共有制等，然而其地方文化选择的群体范畴，其本源均以其有效安排血缘群体生计与确保生育传代、分工与共耕互助、灾变群体应对、稳定的群体延续与依存性——血缘网络与姻亲关系在上述父系民族中多处于依存状态，那里的农业哲学（安土重迁），总是肯定自己的亲属选择与文化生态选择。值得注意的是，共耕的农作需求和血缘亲属群体组合优先（如西周的九族五服）是一种常见的、适应性的人类生物性—文化搭配。因此我们的汉人乡土社会研究中，九族—五服制是居中的伦理本位动态组合，并由此可以方便对不同地理区域社会组织的可能的或约定俗成的形态（如宗族或非宗族及其他）作出解释。

六 儒学"过化"

九族五服制同农耕社会整合，成为中原主流思想与制度，而作为最重要的早期儒学及其文化制度如何得以弥散呢？

（一）何为"过化"？

中国先秦古典文论中出现的一个重要的术语叫"过化"。即指圣贤之经过某地而感化人民之谓。圣贤常指"鲁仲尼之过化"等大儒先贤。及至后世"七贤过化"，也是指朱熹等七位理学大家。在先秦，孔子和他的弟子、再传弟子和门人，以及无数追随者；进一步说，圣贤、儒者和各类智者以德服人，其所到所居之地，人民均接受儒学教化而移风易俗，并永受其精神与心理影响，所谓获得区域地方人民群体认同的人文与世事理念，正是

"过化"的基本含义。"Pass–through moralization"① 这个英文词大体可以表达"过化"这个孔夫子式的德化含义，但心悦诚服的内涵尚难以包括在内。《孟子·尽心上》较早提及这一概念，曰："夫君子所过者化，所存者神，上下与天地同流，岂曰小补之哉？"——"过化存神"就是由此提炼的中国著名成语，大概是源自中国古典文论中最能贴切地表达早期儒家开始身体力行的文化传递的过程特点，然而，其过化存神之妙很难把握。所以朱熹集注有"圣人过化存神之妙，未易窥测"。故而《辞源》解释道，"言圣人具盛德，所经之处，人人无不被感化；心所存主之处，神妙莫测"。②

"过化"除了圣贤和智者身体力行儒学理念以外，在使用语言（方言）讲习与传布（设教授徒）的同时，文字刻写（如《论语》等早期儒学经典）流传可谓有助于把握早期儒学的基本原理，成为圣贤和儒者亲身实践儒学"过化"的有力工具。这在有文字的历史悠久的大国历程中，木简帛书等显然携带了如《论语》之类无数儒学经典文书的主要思想，因此还需要注意先秦中原工具性文字"过化"的重要作用。

当然，如果从孔子时代早期儒学发展到汉代以后，③ 如星辰

---

① Charles Muller 翻译的英文版《孟子》（Mencius）中将"夫君子所过者化，所存者神；上下与天地同流，岂曰小补之哉！"一句译为："So wherever the Superior Man passes through, people are transformed; the place where he stays is spiritualized and Heaven and Earth blend harmoniously. How could you say 'he is of little help'?"由此"过化"似乎可以译为"pass–through transformation"，但此处的"化"并非简单的转化（transform），其意义属于泛指精神上与行动上，而"过化"之进一步的国学理解，是布扬与言传身教带来的由衷的仁爱与德化转换，"过化"译为"pass–through moralization"的意思可能更接近一些。

② 《辞源》（修订版），商务印书馆 2010 年版，第 3360 页。

③ 本文专于生逢其时之先秦孔夫子早期儒学创造期，凸显其充满理想的仁心仁行理念之"过化"研究。至于各朝及汉以后的儒学特征及其传布研究，请参考王钧林等《中国儒学史》，广州教育出版社 1998 年版；儒学古今关联性田野研究，见庄孔韶《银翅：中国的地方社会与文化变迁：1920~1990》，生活·读书·新知三联书店 2000 年版，第十五、第十七和第十八章。

密布的循吏就是儒学从精英层抵达基层人民的伟大的媒介和中人，他们以"仁爱"化民，把儒学教化看得高于法令。由于通经者被推崇，为吏者在民间尊师、立学、重教和礼让，于是"里落化之"。（《后汉书·本传》），其持久"过化"行动之同时，以数以千万计之地方志文献——其实就是儒学人伦礼化的史志，成为儒学大面积布扬的重要文字载体。"他们持久地执着于中国文化和作为其理想工具的儒家的文明化使命。"① 应该说他们是汉代以后重要的"过化"参与者。当然，历史上参与"过化"者还远不止于此，② 基层社会的无数粗通儒学，善风水、会合婚、懂丧服等的乡村媒介人物，被称为"文化与人事之媒"（entrepreneur or broker of culture and human relationship）。他们是广大乡村的智者兼儒道杂家，成为上下层文化交接的基本中人。③ 因此，汉代以后的循吏（相当于县级层位，偏上）、教师和民间"先生"（活跃于大小村镇，偏下）共同成为儒学"过化"的交接者。而且，从官学到书院，排字印刷之改善，结合民间礼俗、说唱、戏曲等孝悌人伦浸润，也因帝国政治布之民间，使人知典常，家识图史。说明孔子时代早期儒学理念体系从创造期到了汉代以后开始了大面积的文化地理分布，其儒学"过化"的方式方法也层出不穷。

人类学另有一个术语叫播化（diffusion），原初带有"扩散"的含义，而且常常是指一个主体向外部的传播扩散。注重通过物质文化形态的比较来构拟区域文化的传播过程。④ 这是指早年德奥之文化播化论者的先驱性研究原论，并不能表达"过化"式

---

① F. Wright Arthur, *Introduction of the Confucian Persuasion*, Stanford University Press, California, 1960, p. 5.

② 庄孔韶：《银翅：中国的地方社会与文化变迁：1920～1990》，生活·读书·新知三联书店 2000 年版，第十五、第十七章。

③ Fredrik Barth, *The Role of the Entrepreneur in Social Change in Northern Norway*, Norwegian University.

④ 庄孔韶：《人类学概论》，中国人民大学出版社 2006 年版，第 41—43 页。

的中国区域文化特征。

以笔者考察文化传布的比较文化特征，我们还需要思考人类学意义上的"濡化"意义。文化濡化（cultural enculturation），[①] 经常是指在特定的族群文化之中，个体或群体继承和延续传统的习得过程。人们通过代代承继的语言、文字、服饰、用具、饮食习惯、亲属规则、伦理、组织、人格、礼节、仪式和信仰等，在特定的族群范畴不断获得区别于他者族群的认同感。这种濡化常见于地方部落或族群头人与智者之说唱或说教、完成代际传承的各种正规或非正规的"耳濡目染"，濡化特别凸显于某个族群文化范畴内传承的时间与历史维度上，因此也不能涵盖"过化"的意思。

我们今日已能从多种民族志中看到，世界区域文化之传布过程一定具有地方文化特征，且具有各自开启与空间放大的不同原理。应该说，早期儒学从一开始就没有强力推进传播的意思，（从原初儒家经典《论语》完全可以看到这一点。）然而，又的确可以在古今历史地图上看到华夏文化的弥散过程。因此，我们今天特别地推敲早期儒学"过化"的含义，尤其包括了最为不同于强力播化的初衷。从原初儒学发展的情况看，古典文论中出现的"过化"一词，是最为贴切的儒学布扬特征术语。如果联系上述九族五服亲属制和儒学传布的文化地理分布，以及更大范围的"服国"模型，如同墨渍在宣纸上洇开似的（It is like the ink spreads and sinks in on a Chinese paper）弥散过程，似乎是最为恰当的"过化"的过程表现；而从处于人际关系核心部位的丧服到扩大的服国的空间类比则是最形象的古代儒学结构转换比喻。

不仅如此，以"过化"的本土含义为出发点，其中还充满了许多伟大儒者讲学和布扬的巨大感染力，以及一聚一散的师承

---

① M. J. Hertzkovits, *Man and His Work*, New York: Appleton – Century – Crofts, 1948.

团队传习特点，与借助竹木简与绢帛刻写文字传布儒学理念，使之恪守大体一致的系统性。而先秦中原儒学以"过化"的方式完成了向四围空间的最初的文化弥散过程。

（二）《论语》：早期儒学"过化"要义与展示特征

圣贤儒者"过化"之所以感人而获得认同，还关乎他们出使布扬和讲学的态度、德行和内容，以及特有的行动方式。

孔子关心的是"不能正其身，如正人何？"（《论语·颜渊第十二》）其核心是以身作则，和以道诲人。饱含先王道德伦理规范的《论语》是由孔子和众弟子之间论学、记录编纂而成（论语中记录的弟子名称就有 30 人），体现"修己安人"的主旨。他们在不同社会环境下或者退隐修身，或者入仕安人。修己是对自己，安人则是对他人。《论语》应该是反映早期儒家根本特质的最具代表性的文献。

教了六十年《论语》的狄百瑞教授（W. Theodore de Bary），以及一些中外学者主客位交互认同所达成的要识为：①

1. "君子若要受人尊敬，和他身为贵族的社会地位无关"，那是指"道德崇高的人"。② 《论语》推崇不断学习的态度，就是为了鼓励成为有德行的人，即使政治上不成功的人，他也是真正的社会智者。

2. 《论语》的修身之道，是一种"自我涵养成为君子的德性的道理"。"也要从生活经验中，去体现做人的理想和德性。"而学习生活经验"应直接立基于家庭的生活中"③。正如《论语》所说，"孝弟也者，其为仁之本与！"

3. 既然孝道是仁爱之德性，因而，"孝道是父母慈爱的回

---

① 以下要点仅为笔者的阅读体会。
② ［美］狄百瑞：《我们为什么要读〈论语〉？》，《开放时代》2011 年第 3 期，第 62 页。
③ ［美］狄百瑞：《我们为什么要读〈论语〉？》，第 62 页。

应"。因此,"恕"是相对性的原则。① 人类家庭内的亲情(血缘)关系获得了回报的心,导致了中原早期儒家"仁"的观念。显然,早期华夏伦理的基础已经包含了人的生物性—文化整体性观察。所以《论语》总是从人之常情不经意地提升到理念层面,从家到国,是一个道理。

4. "人无信不立",有了德行和自尊还不够,同时还要礼仪和习俗。礼俗告诉人们"如何应对进退",人与人互动的准则有了,政治的作为也会和谐圆满。② 所以儒家有中和的著名的价值观。

5. 《论语》中孔子的言行体现了对生命的尊重,也反映了对天的尊重,③ 要修己、知命和敬天。不过,《论语》并不由于敬畏天命而消极人生,它主张人在自然面前应努力而为,"发愤忘食,乐以忘忧"。④ 笔者理解《论语》倡导重生惜生,目的是与自然和谐:"知者乐水,仁者乐山。知者动,仁者静。知者乐,仁者寿。"孔子实行涵养德行的同时,寄情山水,完善人格,提升生命境界。这是赞美智者的一种全观的生态情怀。

显然,我们已经从《论语》中悟到那些"人类共同的、亘久不变的核心价值",⑤ 这已然是最为重要的体会,因为这是从东亚区域文化中发现的属于人类普世的精神遗产。孔子确是一位拥有使命感的真正的君子,以及现代意义上的言传身教和循循善诱的圣人。

我们还要看到,充满深邃儒学基础理念的《论语》是怎样表达和展示的。它之所以静静地几千百年传世不绝,其魅力究竟

---

① [美]狄百瑞:《我们为什么要读〈论语〉?》,《开放时代》2011 年第 3 期,第 63 页。
② [美]狄百瑞:《我们为什么要读〈论语〉?》,第 64—65 页。
③ [美]狄百瑞:《我们为什么要读〈论语〉?》,第 66—67 页。
④ 李零:《丧家狗——我读〈论语〉》,山西人民出版社 2007 年版,第 152 页。
⑤ [美]狄百瑞:《我们为什么要读〈论语〉?》,《开放时代》2011 年第 3 期,第 61 页。

何在？

《论语》长于简约和练达。这一最早的记言体，崇实无华，语长文简，以及多含蓄与情感。① 当时，"仅记纲目以免遗漏，而精微深远之含义则仅凭口说，未必全在布帛"②。根据下文要涉及的重要考古发掘资料，实际上，若是刻录于竹简木简之上，则更需字斟句酌。因此，早期狭窄木简之限定，古语风格之简练，这二者之间有着合乎逻辑的制约关系，以及由此生成文字节约而文采不减的文化展示智慧。

《论语》巧于直觉理解。中国古文和《论语》用句都习于类比和场合表现，以及在古文句式上缺乏系辞来辅助判断，以至有时词的概念表现出很大的不确定性。例如，《论语》关于"仁"的论述多达数十逾百，但我们找不到现代意义上的定义，也无多论证，有时还需要联系上下文加以判断和综观，方可领略。然而，实际上擅长直觉思维的华夏文化，常发现这种直觉之跳跃性句式，即便省略了许多语意环节，在相互认同的情境中，人们仍可以得到沟通和理解，以及无穷回味。

《论语》诗性之美。透过言辞、对话和故事，其艺术特色包容其间。《论语》写作当时，春秋诗性文化风韵犹存，《论语》作者的诗学修养，给人以悠然神远之感。③ 钱基博认为，《论语》二十篇，"作者神态毕出"；较之《左传》之"以曲畅为肆""以净夸为奇"；《论语》"辞以简隽称美""意以微妙见深""语约而有余于意，其味黯然而长，其光油然而幽"④。大概这就是从古至今《论语》魅力不减的多种缘由之一。

《论语》平和之口吻。这里总是可以发现存在一种诱导

---

① 柳存仁：《上古秦汉文学史》，商务印书馆1948年版。
② 柳存仁：《上古秦汉文学史》。
③ 聂永华：《20世纪〈论语〉散文艺术研究述评》，《孔子研究》2002年第2期。
④ 钱基博：《中国文学史》，中华书局1993年据前国立师范学院1939年铅印本重刊，第21、30页。

的谈吐，完全看不到权威式的训政和居高临下的说教，也找不到如宗教信仰的宣告或启示。果然，在《论语》中你根本找不到一个训字，甚至连"教"字都没有几个。这样，你不得不注意《论语》对话者所拥有的良好修养。潘光旦就说，在两三千年前，"我们似乎已经懂得政治与教育的一个基本分别，就是，政治用得着训，而教育用不着训"（潘光旦对后者教育的观察更准确些）。① 是的，《论语》的对话者总是处在平和的、婉转的和商讨的口吻之中。想一想，生命经验之中的事情很多时候都不是像今日选择答案那样要人直接填上 yes 或 no 呀，因为人类的人生经验着实充满真性情！《论语》的传世魅力还在于推崇真性情之修养，以及"人人皆可为尧舜"的公平机会的思想。《论语》可以说是悠远理念与隽美文句"互趣"，其精华谁人都可以得到。

（三）早期儒学"过化"的隐含结构

早期儒学的代表作《论语》，以其简美微深之诗性，流淌仁爱德性之修身理念，经往来过化感染万千儒生君子。那么，"过化"的结构是怎样的？

如果我们从古代中原农耕社会做一个原点观察，那里的群体"平面配置"是由产生于血缘适应性（基于群体原生的生物性基础）为出发点西周时期的亲属文化网络——五服九族制引起的。作为非独立个体的"伦人"的个人原点，则源自家。在这样的地方人类居址，仁是孔子学说的核心，孝悌是这核心的基础内容，缘于家庭伦理范围。子曰："君子务本，本立而道生。孝弟也者，其为仁之本与。"（《论语·学而》）所以钱穆看出，其先发而可见者为孝悌，故培养仁心当自孝悌始。孝悌之道，则贵能推广而成为通行于人群之大道。有子之章，所指浅近，而实乃孔

---

① 潘光旦：《说训教合一》，见潘光旦《自由之路》，上海三联书店2006年版。

门教学之要义。① 总之，在论语中许多实例和场景提问，反映了作为孝悌这一生活准则，规定了什么该做、什么不该做、怎样做，是实现仁的具体做法，成为儒生的人生目标。

中国的家庭伦理——建构于亲属群体远近亲疏关系的生物性基础，而孝悌把家庭伦理推广到社会政治伦理，国是其延伸，即，"修身齐家治国平天下。故天下之本在国，国之本在家"（《孟子·离娄上》）。礼教的政治正是依附于"父子有亲"基础上，所谓"孝慈则忠"，孔子认为孝悌是政治之本。子曰："以政为德，譬如北辰，居起所而众星拱之。"（《论语·为政》）这就是早期儒学"过化"的隐含的文化远景结构，相当于本文前述五种国人人际关系模型（请注意不同模型不同层面之横向关联）的动态表述。

五服九族制最早产生于西周时期，自《晋律》以后，历代法典都保留了五服制度，就连"异族"的北魏孝文帝都在王族内推行五服制。② 可以想见，以帝国为首的大传统强调的是"五服九族"制。诚如梁漱溟所言，"中国之所以走上此路（指伦理本位社会），盖不免有古圣人之一种安排在内，非是由宗法社会自然演成"③。

在那个动乱不堪的时代，孔子四处奔走，讲学授徒，均是为了唤起人们的道德自觉，以回到名正言顺、君臣父子的礼制社会中去。我们根据上文讨论，早期儒学行动的实质是要从乱世回到四季轮转之下平静的乡里协作生活、西周的耕作组织与制度中去。除了"宗族称孝焉，乡党称弟焉"（《论语·子路》）等宗法制规矩以外，孔子所说"吾学周礼，今用之吾从周"（《中庸》第二十八章和《论语·八佾》）的意思，并不只是冠婚丧祭，仪

---

① 钱穆：《论语新解》，生活·读书·新知三联书店2002年版，第7页。
② 康乐：《孝道与北魏政治》，载邢义田、林丽月主编《社会变迁》，中国大百科全书出版社2005年版，第186—216页。
③ 梁漱溟：《中国文化要义》，学林出版社1987年版，第88页。

文节式之末，盖礼既为社会全部之制度。① 那应是指一个实行仁德仁政，在礼的规约下可以实现的理想的农业礼俗社会。

（四）考古人类学：孔子门人"过化"方式与结果

可以说孔子关于仁与礼的道德讲述是涵养理念与情境感悟的方法，循循善诱培养成自爱与爱人的道德君子。无论是不是贵族，无论做不做官，都不能阻止每一个人成就君子和圣人的伟大理想。故而《论语》成了孔子伦理观与天下秩序理念的最流行的儒学"过化"教本。

孔子一生曾"为贫而仕"，后无从政之举。然而他的讲学和整理书籍对于儒学传承最为重要。孔子30岁时已经开始设教授徒。② 当时传授弟子分入室和在籍。入室弟子能到家里向老师当面请教；而在籍弟子只是登记在册。"孔子以诗书礼乐教，弟子盖三千焉，身通六艺者七十有二人。"（《史记·孔子世家》）不过从早期儒学的孔子学术团队来看，其儒学"过化"实践主要是聚徒讲学和出使布扬两种方式。

20世纪40年代，一般学人的文献考察大体认为，孔子弟子鲁人为多。其次则卫、齐、宋皆邻国也。③ 萧公权也考其弟子之较著者，如颜回、闵损、冉耕、冉求、宰予、言偃、有若、原宪、曾参、宓不齐、南宫括、公西赤、颛孙师皆鲁人，卜商、端木赐、高柴为卫人，公冶长、樊须为齐人，司马耕为宋人，漆雕开为蔡人。④ 唯有无考之楚人陈良学儒，也是"北学于中国"（《孟子·滕文公上》），就是他远游而来，因为当时孔学仅仅传于北方鲁国及其近邻。

---

① 萧公权：《中国政治思想史》，新星出版社2010年版，第40页。
② 《论语·学而》。
③ 参见崔述《洙泗考信录》引自钱穆《先秦诸子系年考辨》，商务印书馆1935年版。
④ 萧公权：《中国政治思想史》，新星出版社2010年版（首版1940年），第23页。

如果以黄河中游的周为中心,所谓中原文化应大体为北晋国南部,东和南为卫和郑。这之前的夏商周对四围的文化影响始终很明显。众所周知,孔子所在的鲁国保存周的传统最多,有所谓"周礼尽在鲁"之声名。"凡四代之服、器、官,鲁兼用之,是故鲁,王礼也,传之久已"(《礼记·明堂位》),孔子奔走游说、身体力行的目的也是恢复西周的礼制。虽说古代文献多有提及儒学风尚和"过化"与传习的记载,但时代久远,到底如何传习儒学,颇需考古新发现的印证。从笔者近年对相关考古发掘资料大增的关注,已能清楚地看到早期中原儒学对其北部中山国(具有游牧少数族群文化特征),以及对南部楚国的"过化"遗迹。

的确,到20世纪70—90年代中国出土文物帛书、铭文和竹简,已经有了新的证据,证明孔子在世时,或者说在更长的春秋战国时间跨度,儒学被接纳的范围已经明显扩大,考古人类学的关注提供了文化"过化"的一些细部,串联起来,实耐人寻味。

1. 儒学北传:中山国消失

在中原文化区的北面,中山国就是由所谓北狄及其白狄鲜虞氏所建立。北狄的一些支系"冒没轻儳,贪而不让,其血气不治,若禽兽焉"(《国语·周语》)。古籍颇为看不起(现代人如是则称为社会歧视)北狄人吃半生肉,不讲礼让等,而且服饰打扮是"披发左衽",与当时华夏的"束发右衽"不同,同他们交往还需要"舌人"(翻译)才能通话。① 在北狄中白狄似乎相对中原文化区北面偏僻之处,他们的生计为游牧或游牧兼农业。

1974年河北平山县三汲公社发掘的战国中山国的古墓和古城遗址,该城址被认为是中山国的都城,古墓是中山王陵,这些发现对复原中山国生活方式意义重大。铁质生产工具在中山国已

---

① 段连勤:《北狄族与中山国》,广西师范大学出版社2007年版,第30—31页。

经普遍使用。山字形铜礼器用于棚帐前立柱顶上，我们还注意到出土了折叠式棚形帐架、屋形帐架和圆形帐架，折叠帐铜镦、铜圆形帐首，土帐干和牧区取暖与出行用的铜提链火盆，五齿耙（扒火用），提梁铜以及炊具，① 表明显示了北部中山国的棚帐居住与游牧生活经济特征。而它的南部，从河北石家庄市庄村遗址看，除发掘铁器农具以外，还有牛、羊、猪、狗、鸡、家畜家禽遗骨，以及两队炭化了的高粱，显然属农耕生活状况。根据段连勤先生的研究，② 战国中山国的北部地区，即《史记·货殖列传》所说的"龙门碣石以北"的特征是"多马、牛、羊、（但？）裘、筋角"的牧区，而以南（也是中山国南部）的作物包括稷（小米）、黍（黄米），也种植高粱和养蚕。这样，中山国遗址的考古发掘和史料记载的地理区位和生计特点刚好相符。

如果我们考察古中山国的一系列遗址发掘成果，可以看到从位于今日河北省满城县、唐县、行唐县和平山县境的若干遗址（春秋末起）中"白狄逐步华化的轨迹"③。如唐县北城子墓葬的扁壶和短剑、马坑、马骨，以及唐县钓鱼台的石椁墓和平山县访驾庄的石椁墓、提链壶都有典型的北方特征。而到战国初期的平山墓葬群，北方的特点淡薄了，少有和胡服骑射相关的出土器物表征。④ 显然，从考古发掘比对中山国生计方式差别分布，以及诸遗址所出，提供了中原文化向北华化的过程写照。

如果我们再关注后期鲜虞中山国国君的治国理念，就会发现先前《吕氏春秋》记载那里的民风君臣无序，男女无别（《先识览》），起初尚有游牧游猎之风的早期中山国，在不长的时间里，便成了尊崇儒学，"好显岩穴之士而朝之""上尊学者，下士居

---

① 河北省文管处：《河北省平山县战国中山王墓出土文物展览简介》（内部资料）。（打印说明书，无年份——笔者注），第 6—7、24 页。
② 段连勤：《北狄族与中山国》，广西师范大学出版社 2007 年版，第 114—115 页。
③ 李学勤：《东周与秦代文明》，上海人民出版社 2007 年版，第 64—65 页。
④ 李学勤：《东周与秦代文明》。

朝"(《韩非子·外储说》)的国度。应该说，这与孔子儒学之"过化"有重要关系。

三国时期吴人陆机著《毛诗草木鸟兽虫鱼疏》记载："孔子删书授卜商（子夏），卜商为之序，以授鲁人曾申（曾参之子），申授魏人李克……"所以李克为孔子、子夏再传人，正是他在中山国传授《诗经》，推动了儒学在中山国的传播。1974年河北平山县出土的《中山王鼎》刻有铭文"可顺可俾，亡不率仁，敬顺天德"，以及《中山王方壶》之铭文有"为人臣而反臣其主，不祥莫大焉。不用礼义，不分逆顺，故邦亡身死，曾亡一夫之？遂定君臣之位，上下之体……"等，多有引用《诗经》《左传》《大戴礼记》等的文句。① 上述铭文都作于中山王十四年。② 这与古文献记载相合。《太平寰宇记》（卷六十二）就有记载，"俄而中山武公之后复立，兴国并称王五叶，专行仁义，贵儒士，贱壮士，不教人战"。应该说，考古发掘的铭文和史料共同证实了李克在中山国传讲游说儒家诗学，推行仁义之说至上层，并刻于官方青铜礼器之上的儒学思想与制度性成果中起了重要作用。

该北方少数民族某些原有习俗越来越少的过程，也是那里生计方式、社会结构与儒学秩序在中山国得以快速"过化"的过程。当儒学进入国家政治及下层社会民俗之中，农耕扩大化及铁器工具改善，与从中原引进技术之同步，儒家理念与礼俗随行，孔子及其门人的儒学影响在中山蔚然成风。事实上十分有趣的是，中山国虽被赵国所灭，但中山国的儒学进程早已先行，那里"举士"与"朝贤"，以及孔门再传弟子直接传习儒学均为"过化"之重要实践，而诸侯国相互征战则为列国之统一奠定基础，可以说不可同日而语。早期儒学从中原向它的四围"过化"，以

---

① 李学勤：《平山墓葬群与中山国的文化》，《文物》1979年第1期。

② 李学勤、李零：《平山三器与中山国史的若干问题》，《考古学报》1979年第2期。段连勤：《北狄族与中山国》，广西师范大学出版社2007年版，第88页。

致如中山国等国间的战事都并未影响"过化"。当今，古文献与考古检视之余，可见中山国融入华夏已经成为早期儒学"过化"第一波的重要历史明证。白狄中山国民风渐变之尾声，似乎只留下一些姓氏的痕迹而已。

2. 儒学南下：古籍、楚简互证

儒学南传也是笔者所关注的。关于春秋战国时期儒学南抵楚国的线索也因1993年郭店一号墓楚简出土而获得重要证据。虽说墓主的身份还有不同意见，但随葬部分除道家文献①外，《缁衣》《五行》《成之闻之》《尊德义》《性自命出》《六德》《鲁穆公问子思》《穷达以时》为儒家作品。②例如郭店简《六德》曰："故夫夫、妇妇、父父、子子、君君、臣臣，六者各行其职而谗谄无由作也。观诸《诗》《书》则亦在矣，观诸《礼》《乐》则亦在矣，观诸《易》《春秋》则亦在矣。"③代表鲜明的儒家礼制思想。战国中期郭店楚墓随葬简，确证了在战国中期以前，儒家典籍已在南方的楚地广为流行。④

文字的交流统一也是需要关注的。周凤五⑤对郭店竹简各篇反映先秦时代的学术流派归属做了分析，还注意到简牍字体所包含的重要信息。周先生识别的一类是"常见于楚国简帛，字形结构是楚国文字的本色"；一类"与齐国文字的特征最为吻合，是楚国学者新近自齐国传抄、引进的儒家典籍，保留较多齐国文字的形体结构与书法风格"。笔者有兴趣的是，周先

---

① 李零：《郭店楚简校读记》，北京大学出版社2002年版，第44页。
② 李学勤：《郭店楚墓文献的性质与年代》，载艾兰、魏克彬主编《郭店老子——东西方学者的对话》，邢文编译，学苑出版社2002年版。
③ 刘光胜：《战国时期儒学传播研究》，硕士学位论文，曲阜师范大学，2007年，第18—19页。
④ 刘光胜：《战国时期儒学传播研究》，第17页。
⑤ 周凤五：《郭店竹简的形式特征及其分类意义》，载武汉大学中国文化研究院编《郭店楚简国际学术研讨会论文集》，湖北人民出版社2000年版，第57—59页。

生识别的"《语丛一》《语丛二》《语丛三》应当出自子思学派，是流传于楚国的先秦儒家的'传注'类典籍"。以及《语丛一》《语丛二》《语丛三》保存若干齐、鲁、三晋一带儒家经典字体的原貌，不但具体反映先秦时代儒家思想自齐、鲁向四方"过化"的过程，也客观呈现了楚国与各国学术交流的实况。

这样看来，"郭店简"不仅是由楚国文字写成，而且能够看到多国文字之间的传递与传抄特点与关联，也可发现文字"形体结构"与"书法体势"交流中的变化轨迹，以及从楚国北部中原等多个诸侯国辗转传播儒学而来楚的文化交流内涵。例如当年楚国的版图紧邻鲁国，今山东临沂市的苍山县即为楚国疆域，有荀子作《兰陵令》为证。这种紧邻性，使楚地儒学传播有近水楼台先得月之便。楚简中所包含的巨大人力、物力和典籍精粹，代表了先秦文人的学术智慧，是儒学"过化"复杂过程的有力印证。

在这里，当我们再次查阅古籍所载，在早期儒学的发展过程中，仿佛可以看到诸如"北学于中国"的儒者楚人陈良（《孟子·滕文公上》），以及孔子弟子澹台子羽（居楚）（《史记·儒林列传》）的流动身影，[1] 而且不只是孔子的"四科十哲"、七十二贤人的儒学布扬功劳，[2] "不可胜数"的默默无闻的孔子弟子也功不可没，尤其是孔门弟子来自各国，"留学"之后，他们最终返回自己的故土继续传扬文化中心的儒学。可见，讲学与留学、师门传授之同时，文字交流对儒学学理的整体性"过化"起到了重要作用。

---

[1] 澹台灭明，南城人，即今山东平邑人。南武城遗址今在平邑县魏庄乡境内，为晋代羊祜老家。南武城当年一度隶属楚国。孔子亦到过此地。

[2] 一种研究认为，来自鲁、齐、卫、楚、陈、秦、晋、宋、吴、蔡和燕国的孔子弟子达到104人。参见李伯谦《孔门弟子研究》，齐鲁书社1987年版，第238—241页。

七　结论

在先秦中原亲属制度的考察中，社会生物性的血缘选择和亲属友好现象同样存在，九族与五服的亲属关系范畴图示，既表明了其人伦网络的生物性血缘选择基础，又体现了人类后天区域性亲属制度文化之复杂规定性。亲属制度之亲近文化——由生物性之"报本"与"比德"，延伸进早期儒学亲属伦理制度的丰富内涵中，体现了人类学生物性—文化整体性观察与诠释的重要意义。在九族五服制及西周伦理准则寻求群体认同的过程中，伦理直觉主义和伦理行为主义之间总是相辅相成的。

在不同的地理环境区域，技术及其伴随的生计合作选择乃至民风与哲学之整合，即文化适应性的生存表现。西周具有强大的精英思想导向，向善的"仁"的儒学即亲属血缘选择与共耕技术协作，并达成人伦秩序的中和的文化适应性理念与制度。除了联系人类生物性—文化整合原理的祭祖之先在理念，深入汉人社会的盛衰循环的积淀性观念改变了世界，在并非不考虑其他因素的前提下，我们不得不承认某些特定先在理念的社会动力学意义。

笔者从最初的人类学田野经验层面发现了农人之诸种"先在理念"，[1] 而后便逐步思考这些"先在理念"的来源问题。中国人古往今来创造了一套独立的亲属制度及其结构，而中国文化哲学的实践又发展了这一套亲属制度。祭祖与宗法制是地方人类生物性根基上附加的文化特征与制度。这里社会生物学的血缘网络选择力量和亲子关系友好的基因禀赋，以及人类拜祖的动机、意义与伦理文化之规定，均不支持人类亲属系统慎终追远的功利主义优先意义。

---

[1] 杜靖：《"理念先在"与汉人社会研究——庄孔韶人类学实践中的"理念观"》，《民族论坛》2011年第12期，第24—32页。

西周丧服制是一种重要的伦理本位实践，显示了从亲属伦理文化核心向外缘层层识别和确认亲疏关系，并将每一个地方的血缘、姻缘和地缘关系结合起来。而依照从近到远及德化程度高低划分的"服国"秩序模式其实就是核心伦理本位实践——丧服制之扩大转换。这一转换过程就是早期儒学内化仁、德和礼的过程，已经体现了先秦先贤"过化"原理的完全一致性与巨大感染力。人类学家许烺光的"心理社会均衡理论"引入古代儒家"修齐治平"思想，对强调人的相互性、亲族组织、动态平衡理念等中国传统经验做了"学理性的提升"。值得重新获得积极评价。

显然，中国传统文化的高层文化从上而下输导的脉络十分清晰。先贤儒家理念之发明、政治家所强化、教育家和乡土文人传播，并最终由农人所实践。这一过程中精深的儒学理念与制度得以通俗化，成为民众儒学思想内化的有力手段。汉人社会普遍存在的五服—九族制，从先秦中原传承至今，一直处于中国伦理本位的核心出发点，也处于农人的生命与生活起点。体现尊亲远近关系的五服—九族群体之构成本质，是人类生物性的优先血缘选择与亲属文化适应性结果，并铺陈成为一个个亲属层级认同的基层乡里文化地理范围限定与（可以伸缩组合的）行动共同体。在中国农业社会，五服九族才是根本的亲属活动范畴。这里可以发现，五服九族是从早期儒学发端至今数千年最为稳定与成功的"先在理念"与亲属制度。

反映早期儒家根本特质的代表性文献首推《论语》，饱含先王道德伦理规范并体现"修己安人"的主旨。《论语》的修身之道，是一种"自我涵养成为君子的德性的道理"。孝道是仁爱之德性，人与人互动的准则有了，政治的作为也会和谐圆满。[①] 所以儒家有中和的著名的价值观。《论语》之魅力还在于其手法简

---

① ［美］狄百瑞：《我们为什么要读〈论语〉?》，《开放时代》2011年第3期，第64—65页。

约平和，巧于诗性直觉，推崇真性情，以及拥有机会公平的思想。《论语》之感人而获得认同，还关乎他们出使布扬和讲学的态度、德行，以及特有的行动方式。我们从早期儒学的孔子门人团队组成来看，其儒学"过化"实践主要是通过孔门聚徒讲学和出使布扬等方式，这些方式借助文字刻印传布最终成为中国文化大面积认同与成功"过化"的主要特点。

检视早期儒学过程之考古人类学分析，已经可以难得地勾画出中原儒学"过化"的南北向两个重要个案：1. 获得中原北部中山国生计转化的证据，以及中山国国君儒学治理与华化之证据。特别以出土铭文比照史料，共同证实了李克[①]在中山国上层传讲儒学，并刻录于官方青铜礼器之上，显然是重现早期儒学成功"过化"的重要成果；2. 郭店楚简出土提供了先秦时期儒家思想自齐、鲁向四方"过化"的证据，也呈现了中原多个诸侯国辗转传布儒学来楚的实况，以及惊现多种文字（儒家经典传抄）交会与变化之轨迹。此中，孔子门人讲学与留学、师门传授之际，文字交流对儒学学理的系统性与一致性"过化"起到了重要作用。

本文特别从先秦儒家经典中钩沉"过化"这一本土术语，并讨论他的重要内涵，是为了说明世界上不同地理区域文化传布自有其特点。因儒学重在"自我教化"与"为仁由己"，故导致了非强力推进型的、如墨渍弥散式的、成功的早期儒学"过化"进程。

[①] 李克为孔子、子夏再传人，考古发掘的铭文和史料共同证实了李克在中山国传讲儒家诗学。

何谓足球的人类学研究[*]
——一个中德足球哲学实践的对比观察

体育人类学和其他分支人类学相似,其研究的落点是人类学。那么体育人类学就是指用人类学的理论和方法参与观察各种体育活动,其中涉及体育项目的起源,人类生物—文化的整体性的视角,运动哲学的制度与组织实践,体育的文化精神与生活方式惯习,以及民族体育活动的文化多样性观察。

中国体育人类学专业委员会的成立,为人类学考察体育找到了一个特定的观察点,因此意义重大。本文从对德国足球运动的哲学实践,转而讨论中国足球发展的内外借鉴之可能性,以期更多的人类学家参加中国足球运动研讨,并且和足球体育专家交流心得。

一 足球文化研究的人类学视角

几乎所有的民族、民间的健身活动都和文化相联系,几乎所有的现代体育竞技项目都和区域或国别文化相关,因为我们不仅仅观察竞技项目本身,还包括和该活动相关的整个过程。因此,古今体育竞技的意图、行政、组织、哲学、战术、文化等均在观察与研究之列。然而,就现代体育竞技项目而言,对比个体项目

---

[*] 本文原载于《开放时代》2018年第1期。

（如跳高）和少人项目（如接力），那些多人球类比赛，如足球、橄榄球等，以其较为复杂的组织方式、哲学与战术、个人与群体关系、区域体质特征，以及该地文化与生活方式的差异，总是引起各界关注与研究的兴趣。

为了探讨如何赢球，在一般性的足球战术与经验的研究方面，体育界一直在进行着；与此同时，商业市场认为"砸钱"、高薪聘请洋教练和球员便可取胜的快捷功利思想普遍流行，而实际上则并非如此简单。例如在足球运动中，"砸钱"赢球的机会是有的，但如果仅仅是因空降而改变实力，而没有举国的或区域性的民风与训练积累，那么，短暂的狂喜与长久的沮丧会轮番出现。

应该说，像足球这样的集体性大型项目风靡世界，除了体现人类体育精神以外，其背后总是与国别政治、商业运作、族群认同、文化多样性展示等相关。竞技体育早已处于全球的关注之中，它体现的国别与族群文化特性、竞赛哲学与组织特征展示等，刚好是人类学有兴趣的领域，促使我们和多学科合作研究这一活动，为足球运动奠定未来发展的基础。这方面学院派教授、体育技术专家、教练与球员，甚至球迷群体等都需要提升素质，需要拧成一股绳从长计议，做跨学科与贯通性的研究与规划，其中人类学家也责无旁贷，要积极卷入其间，贡献自己的学术智慧与文化观察体验。

体育运动的参与方式，应该说，越是个人项目，个人的精神、体魄、心理、技艺的影响就越凸显（当然亦融文化于其间）；而越是集体性的项目，则不仅有上述影响因素，还增加了集体团队如何组织起来的技术因素与文化因素，后者的研究总是被国人忽略，然而文化的因素（哲学与组织）恰恰是一支足球队的灵魂与基础。

我们以德国足球运动为例，观察这项运动的哲学与组织文化特征，因为相当多的国别与区域足球队早已展示了文化的惯习熏染。德国学者伍勒（Von Karl Weule, 1864—1926）[1] 致力于早期德国博物馆学、东非研究和体育人类学等，他在《体育民族学》（Ethnologie des Sports）的论题中陈述他的研究的两个要点：第一点是要追踪体育文化的起源；第二点是要把体育看作文化的成分。他是早期体育民族学（人类学）的先驱，积极倡导对体育事项的文化历史和进化的关注。他不仅仅关注文化传递，也包括有意识的文化转换。德国的足球是精英足球，大学教授研究足球和足球哲学，并和各层级球队的培育紧密联系；它的足球训练也非常接近于"举国体制"，青少年的足球训练哲学和教法形成上下的一致性，这种"举国体制"不是凸显行政体制的一以贯之，而是展示哲学与文化的上下融通。

谈到哲学、人性与文化的研究必须提到赫德（J. G. Von Herder）。他认为人的哲理要身体、精神、心灵三合一，而且认同地理空间、环境与历史发生联系，并一直同现代文化精神发生联系。赫德的《对人类历史哲学的一些看法》[2] 是"人性的历史的哲理"，尝试发现所有民族和文化的独特价值。他强调"人类与历史的思想方式之间的区别为后来的研究开创了先例"，为此，有不少人认为他是"现代的文化相对主义之父"[3] ［在很大程度上同他的导师康德（I. Kant）更广泛意义的先验论不同，是一种特有的历史哲学观］。

而作为上述思想延续的现代哲学人类学"试图为一切同人发生关系的具体科学（自然科学与人文科学）提供统一的人类

---

[1] Karl Weule, "Ethnologie des Sports" (Ethnology of Sport), in G. A. E. Bogeng (ed.), *Geschichte des Sports aller Volker und Zeiten* (*History of Sport of All Peoples and All Times*), Leipzig, 1925.

[2] Johann Gottfried Von Herder, *Outlines of a Philosophy of the History of Man*, General Books LLC, 2010.

[3] ［美］威廉·亚当斯：《人类学的哲学之根》，黄剑波、李文建译，广西师范大学出版社 2006 年版，第 262—263 页。

学基础"①。特别是力图把那些自19世纪以来越来越分化的诸学科统合于一个共同的目标之下，设法给人与民族的研究以条理感。"因为没有条理感，研究人员的科学就会忽视人的本质，忽视人性。"② 于是这门学问在教育（含体育）上的运用便强调教育对"人的和民族的精神的引导"，以及对多元学科贡献的统合把握。

把个人引导到民族国家的整体性意义上去，也一直是德国文化的认同、象征与隐喻。上述赫德的相对主义观察，热忱于文化的"精髓"和"情致"，强调来自乡民的"国民精神"和人类种群的"民族魂"特征，③ 因此他认为需要辨析和保存这种精神，于是刺激后人不断检索其客观化呈现，并影响到如何依靠系统的学术研究。④ 我们考察长时段的德国教育，就可以看出他们如何在中小学就教育培植乡土情怀（通过观察、旅行、绘图等），⑤ 并扩大到族群与国家的认同意识；其他如强调尊严、坚韧（坚韧是意志的最好助手）、⑥ 纪律（他律是自律的基础）、⑦ 认真，以及思辨、理性和集体和谐等。这些精神与改变人性的信条从儿童、学校，一直延伸到职业道德、体育构成、制作工艺和军事理论之中。

历史性的哲理及其文化传递是显而易见的。"德国战车"的

---

① 欧阳光伟：《现代哲学人类学》，辽宁人民出版社1986年版，第45—46页。
② 《简明不列颠百科全书》第9卷，中国大百科全书出版社1986年版，第389页。
③ ［美］艾恺：《世界范围内的反现代化思潮——论文化守成主义》，贵州人民出版社1991年版，第23—26页。
④ ［美］艾恺：《世界范围内的反现代化思潮——论文化守成主义》，第25页。
⑤ 庄泽宣、陈学恂：《民族性与教育》，商务印书馆1937年版，第229、252、276页。
⑥ ［德］艾密尔·鲁特维克：《俾斯麦传》封底语录，文慧译，湖南人民出版社2014年版。
⑦ 庄泽宣、陈学恂：《民族性与教育》，商务印书馆1937年版，第229—230页。

球员在足球中找寻民族荣誉,"轻伤不下火线"的例子不胜枚举(如球员马特乌斯在一次比赛前手骨骨折,仍缠绷带坚持比赛,以及克林斯曼身带重伤上场等),也是"为尊严而战、勇敢和服从"思想的遗续。我们最容易联想到的是在中国当足球教练的马加特(Felix Magath,前山东鲁能足球队主教练)的"铁血"实干作风。① 他在教练生涯用过的"实心球训练法",就崇尚力量和坚韧的作风。他一定熟悉从上至下统一德国的俾斯麦将军,这种训练法实际上也非常接近第二次世界大战的实心球负重训练,目的是强化意志,有利于行军疾走或增强体能。

德国队的中场控制设计消解了传统的攻守二元论。德国球员的精准短传是一大特点,特别是集体性的中场精准短传(德国队场均达约700次,他国球队最多仅有一半)和中路复杂渗透。要知道快速精准传递(一脚准确率)可以节约时间,而且他们能在传递中频繁地突然换位,大大消耗了对方的体力。控制中场是德国队的重要看点,中场控制的本质是消解了足球"进攻型"与"防守型"踢法的二元论。他们在中场精准传递,提升了"人球合一"的水准,达到了"人、球、思维三者合一"的至高境界。② 于是他们可以快速转换攻守,配合取胜。

尤阿希姆·勒夫(Joachim Loew)2006年从克林斯曼手中接过德国国家队主教练的教席。他也认为,关于一场比赛的实际掌控,就是要采用夺取对手的时间与空间以发展自己的踢球策略。联想近年来德国队的比赛内容,包括具攻击性的压迫式防守、迅速的攻防转换、进攻后迅速回防、对方丢球来不及回防时的快速反击,从中我们已经感受不到足球传统意义上的"进攻"与"防守"的概念性对立,而是在统一的哲学里相互融合,主动进

---

① 《费利克斯·马加特》(https://baike.so.com/doc/5737252-5949998.html);徐凯华:《鲁能青春风暴循序渐进 马加特攻防2套战术发威》(https://www.sohu.com/a/127975361_115369)。

② 郑道锦:《年轻德国传控足球君临天下,思维足球是大势所趋》(http://2014.sohu.com/20140714/n402194775.shtml)。

攻与防守反击同样都是掌控比赛的一部分。所以勒夫说："进攻和防守，我有时候会把这两个概念从我的词汇库中删除。我要的是一种平衡"，"要在时间和空间上压制对手，让比赛按照自己的思路走"。① 这就是关于一场比赛的实际掌控，就是德国球队集体"机器美学"展示的集体性积极律动。

如康德所言，即使是美，也是人性与感情的一部分，对美的判断不仅仅是为了欣赏。就艺术来说，创造和欣赏没有整体的心灵活动和想象力是不行的。② 机器美学达成了简洁与快速成功（受竞技运动时间的限定），而个体的技艺之美如果缺少整体性心灵，则容易失去稳健与时机。德国海德堡大学哲学学院葛思曼教授就认同穆勒（John Stuart Mill）的《论自由》中提出的"自由提供了可能性，用我们自己的方式使我们自己富足。结合在一起能比独自一人得到的更多"③。这里涉及对参与足球运动的个人与集体之间的组织关系与心灵关系的整体性把握，这也许就是机器美学近年来战胜南美个体球艺文化的本质性不同。

理性、新式科学与足球人事实现快速统合。德国足球积极利用最新数码分析与统计技术，在每一次比赛后的会议上，立即展示每一个球员的实况，焦点是对个人融入集体比赛的每一次接触的分析。这样，德国大学教授的足球研究成果，就和教练、球员的训练、比赛很好地结合在一起了。在想办法落实足球哲学之时，他们的数字媒体记录团队的作用非常强，已经不是简单的数字视频展示。可以说，图像与数码统计直接配合刚刚经历的直观的实战解读，每一个人的表现状态都不会遗漏并难以回避。数字技术和共同的绿茵体验方便了理解与改善，而学院派的深度研

---

① ［德］克里斯托夫·鲍森魏因：《勒夫：美学家，战略家，世界冠军》，王凤波译，北京出版社 2016 年版，第 421 页。
② ［德］伊曼努尔·康德：《判断力批判》上卷，商务印书馆 1987 年版，第 119—120 页。
③ 《足球和哲学：英国、德国和荷兰如何影响足球运动》（http://blog.sina.com.cn/s/blog_ d76040790101m4ei.html，2014 年 6 月 7 日），林亚彤译。

究，紧密结合现代媒体技术，教练、球员和足球技术专家共同分享科技与人文成果。人事与新媒体科技相结合，进一步强化了整体球队机器美学的简洁、秩序、力量、精准与和谐，从而获得对人的研究的有意义分析和条理，使每个球员都如同一枚动态的齿轮或游丝融于精准的德国腕表①之中。

德国足球运动系统崇尚举国体制，那是和德国单一民族与统一国度相联系的。他们在1998年世界杯四分之一决赛失利后，稳固落实十年青年训练计划，为近年来的胜利奠定了基础。根据《国际先驱导报》的报道，1999年至今，德国足协投入数亿欧元，在全德范围内建立了366个训练基地。在那里，专业教练对小球员进行悉心指导。根据足协要求，足球联赛和青少年训练二者必须结合起来。其贯彻的力度表现在，自2002年开始，德国足球甲级联赛（德甲）和乙级联赛（德乙）的36支球队必须设立自己的青训中心，否则将被取消参加联赛资格。同时，青训中心必须配备全职教练、寄宿制学校和充足的场地等基础设施。② 这样，德国各级联赛和青训必须挂钩，显然，它们也必然和德国青少年所在的学校教育相结合，具有清晰而实在的"举国体制"特征。

不仅如此，德国足球青训计划得到认真落实还包括理念层面，要求各级球队的训练哲学与方法必须一致，不能各行其是。足协的任务之一就是监督各级别国家队（从C级少年队到A级国家队）贯彻统一的足球哲学。例如，2008年11月，德国U21国家青年队主教练迪特尔·艾尔茨突然被宣布下课，德国足协体育主管萨默尔给出的解释是"艾尔茨没有贯彻德国足协的打法

---

① 德国手表以其手工正反精致打磨、分针秒针同步联动（归零设计）、高动力齿轮，以及表盘简洁、精准耐用为特征，可谓展示了微型的"机器美学"（以至如今市场上的朗格和格拉苏蒂手表品牌保值率已超瑞士表），可见德国哲学在实践中与人和物是关联与相通的。

② 商婧：《德国足球为什么能？》，载《国际先驱导报》2014年7月21日，转引自http://ihl.cankaoxiaoxi.com/2014/0721/431473.shtml。

理念，没有采取足协要求的最现代化的训练方法"①。这样的教练员不能培养出今后可以融入统一哲学指引下的"德国战车"。可见德国足球体制与训练哲学及其实践是举国一元设计而非多元选择的。"要让这一哲学从高层到基层由上至下一路贯穿下去。"② 德国足球体制包含的哲学、训练、方法、奖惩都是为了使每一个"自由人"成长为具有举国大局观的人才，他们层层选拔的标准不一定是针对最好的球艺，而是要选出那些在未来能够娴熟融入足球战车集体的，并且一定是对既定足球哲学与战术体系具有悟性、自律和执行力的球员。

二　中国体育与足球文化的换位思考

根据以上对德国足球文化的观察，制度、哲学、组织是最重要的几个要素，这对中国的换位思考具有了对比意义。

（一）文武之道与体育

国学中最贴近现代哲学的人类学关注点是儒学的"文武之道"。"文武之道"究竟和现代意义上的体育有何种关联？文武之道的含义可见于"文王以文治，武王以武功，去民之菑"（《礼记·祭法》）。这是用于治国的道理与谋略。文武原本是一个整体，儒家后世引申其为能文能武，文武并用的文武之道。文武之道的基础在于教育，而教育的内容，《周礼》提及有"六艺"：礼、乐、射、御、书、数。可以看出这六项既有文，又有武，或文武兼修，总体接近于现代教育意义上推崇的人的德智体全面发展的多项才能。如其中

---

① ［德］克里斯托夫·鲍森魏因：《勒夫：美学家，战略家，世界冠军》，王凤波译，北京出版社2016年版，第353—356页。另参见印朋《有"主义"的德国足球值得我们学习》，《齐鲁周刊》2016年8月8日，转引自 https://www.sohu.com/a/109584416_351293。

② ［德］伊曼努尔·康德：《判断力批判》上卷，商务印书馆1987年版，第351—352页。

"射"之弓道、剑道等武道至今仍为国际体育运动会的重要项目。

那么,射只是武功和身体锻炼吗?"射者,仁之道也。"(《礼记·射义》)所以"古代的'射'不仅仅是一个人以及团队狩猎杀敌护卫自身的武道技术'射技',修身养性的文化艺术'射艺',而且是一种统治者协调支配整个社会的宗教仪礼'射礼'"[1]。现代体育竞技运动增加了新型球类、田径等多种竞技项目,扩充了体育精神的内涵与意义,但道德和体育总是紧紧联系在一起,奥运精神就包括公平竞争、互相理解、友谊团结和在这一基础上的快速竞技,而现代足球运动的运作规则与裁判条例本身就包含上述道德精神。

古代六艺思想中的弓射与礼乐一样受到重视,正如宋代陈亮《酌古论》中说"文武之道一也"。然而陈亮看到"宋朝立国之初就有尚文轻武的倾向,家法既立,代代因循,故兵备不饬,其渊源有自"(《酌古论》),今人梁漱溟也指出中国文化的特点之一就是"和平文弱"和"重文轻武"。[2] 历史上的民间谚语也奚落当兵的没文化,如"秀才遇到兵,有理说不清",以及形成对兵勇的社会歧视,如"好男不当兵,好铁不打钉"等。如果我们进一步引申,重文轻武的历史积习造成民间武功与身体技艺被轻视,延续到现代中小学里,百年来"体(育)音(乐)美(术)"被民间贬为"小三门",大大低于语文和数理化的地位,体育课当然也不受重视,所谓"重文轻体"。为保证"考试战车"通行顺利,时有体育课被文理科挤占和"放羊式"上体育课的现象,加上体育教学监管松弛,以及锻炼身体意识淡漠,或许都和古今一脉相承的"重文轻武"的传统与民风相关。

---

[1] 秦兆雄:《浅谈日本吸纳孔子文武之道的历史与启示》,《社会经济发展研究》(澳门) 2016 年第 3/4 期。

[2] 梁漱溟:《中国文化要义》,载《梁漱溟全集》第 3 卷,山东人民出版社 2010 年版。

(二) 举国体制重基层

足球举国体制的技术性和群众性都很重要。此外我们还要有制度性和学术性设计，中央民族大学体育学院韦晓康教授的体育人类学项目也有同样的诉求。上面提及德国足球运动的运转是举国体制的做法，反映在足协、青少年训练和学校制度的全面配合，以及文化与训练哲学的一致性。他们不是坐而论道，而是找到了严格的、具有约束性（他律+自律+监管）的落实办法。

中国体育运动的举国体制似乎首先在于中国的教育与体育的顶层专业设计，其重点在如何设计和监管基层体育课程与青少年体育锻炼。无疑，各种体育竞技项目的大面积人才储备，在于中国一代代人经历的体育课如何安排，以及如何做到参与锻炼的时间保证、场地保证和锻炼实质保证等，这更是中国人体育与体质保证的基础。

中国学校教育史上，体育尤为"小三门""体音美"之首，足见国人轻视体育教育的制度性与历史性缺陷（几乎形成学校内的"民谚"）。最简单的观察便是，中国学生的体育锻炼时间偏少，而且在小学—初中—高中的连续性考试制度下，被牺牲的学校时间主要是体育课和课外锻炼时间。不少学生甚至教师都认为参加体育活动会浪费学习时间，[1] 中国小学、初中和高中的体育课课时从每周4课时、3课时减少到2课时，[2] 已经极为可怜，何况有时还是在每周的某一天之内合并上课或任意被文化课占用；[3] 而一些邻国中小学每天都有一节体育课，每天课外还要有一小时锻炼时间（球类、田径等任选）。为此，著名医学杂志

---

[1] 刘洋：《浅析影响中学生参加体育运动的积极性因素》，硕士学位论文，山西大学，2010年。

[2] 《强化学校体育促进学生身心健康全面发展的实施意见》，某省办公厅2016年27号文件。

[3] 张其勇：《中学体育教学的现状与改进建议》，《中学课程辅导·教学研究》2013年第3期；甘小、胡志伟：《我区小学体育课现状与建议》（http://blog.sina.com.cn/s/blog_6aa85ad80102e2d0.html）。

《柳叶刀》还发表了调研文章,《北京晚报》特别作了报道。[①]仅从这一点对比而言,中国学生的体育课程和锻炼存在很大问题,症结在于积习性的他律不严和自律不足。前者归结到体育教育理念不明与制度松弛;后者自律的问题原因很多,但首先应归结于前者。如果中小学生普遍体能不足,只能文不能武,那如何从这样的学生中选拔高体能的足球运动员(或许还包括兵员)呢?

学校运动场地狭小,这和国土面积极不相称,而许多欧洲发达小国,中小学都要保证有足球场或社区公共运动场(包括足球场)。即使社区、学校有足球场,还要看其开放与使用程度。例如在偌大的北京,历史悠久的景山少年宫足球场被关闭,如今荒草遍地(笔者写作之余爬上景山万寿亭远摄昔日少年宫足球场);几所重要的综合性大学足球场,不是不许进入,就是收费管理,甚至还多见花费巨大、修整很好的足球场经常被苫布覆盖,或仅仅是为应付上级体育设施检查(轻易不许使用),难怪有的青少年足球队和大学足球队的国际比赛一场能输球二三十个,滑稽于天下,正是对当前轻视青少年体育课和学生在各种体育运动中大面积流失的严重讽刺与责问!

体育场地的问题反映了制度性设计和形式主义的缺陷。其实还不仅如此,有人从照片上回顾了不同年代的中国学生上体育课的场景(包括新老照片),看到了极为松弛和随意性的体育课。20世纪的冬季体育课,学生是穿黑蓝色棉袄棉裤上课;到了21世纪初,是穿着鲜艳的羽绒服上体育课,形式主义、凑合和不认真(干什么不像什么和有名无实)的体育课状态延续至今,却监管不力。中国青少年的学校体育乃至足球运动开展状况当然不

---

① 2017年6月26日的《北京晚报》根据《柳叶刀》所刊文章以"日本儿童身体健康的秘密"为标题介绍关于日本儿童体育课与体育锻炼的研究。相关的专著还有 Naomi Moriyama & William Doyle, *Secrets of the World's Healthiest Children: Why Japanese Children Have the Longest, Healthiest Lives—And How Yours Can Too*, Paperback, Little, Brown Book Group, 2015。

好并且极为令人担心。

中国精英主义的教育制度吸引了大量青少年学生进入高考战车，原本中小学早已普及的体育课和课余锻炼的时间被挤占，在场地和锻炼实质均得不到保证的情况下，青少年的体质与体能就会下降；而且因参与群体性的运动项目（如足球）人员散漫而稀少，于是如同德国那样的层级球员选拔也难以进行，一切为文理科高考，当然足球运动青黄不接的颓势便难以阻止。看起来中小学体育课和体育运动，均需要如德国那样采纳"他律是自律的基础"的规定并严格实施，使无端占用体育课、"放羊式"的和"穿羽绒服"的体育课受到谴责和追责，真正提升学生主动性和群体性地参与体育活动的热忱。

学习德国体育与足球的举国体制三个重要环节紧密结合的具体经验和做法，需要做到环环相扣，他律和自律相结合、责任和追责并行。在中国，足球运动的发展基础在于中小学的体育课与课外锻炼的时间保证、场地保证和锻炼实质保证，让更多的"宅男""宅女"走出来，到操场上去运动。在这个基础上才谈得上各类体育运动项目（含足球）的层层选拔和实现充足的梯队式人员储备。

（三）足球哲学条理化与实践

哲学（形而上学）构成一个民族的思想和信念的核心部分，它面对的是世界观、整体观、意义和价值。伽达默尔引证黑格尔的名言"一个没有形而上学的民族就像一座没有祭坛的神庙"[①]，正确点出了哲学、人与民族精神的重要关联性。

我们上面提到过德国这个哲学的国度，如何使极简的哲学原理贯穿在足球运动的实践中。例如体育教育中"人的引导"的精神力量，联系着体育运动中的尊严与国家民族认同；足球中场控制里攻守二元对立的消解；个人技艺与集体韵律的"正反

---

① ［联邦德国］伽达默尔：《科学时代的理性》，薛华等译，国际文化出版公司1988年版，第3页。

合"；现代数字视频与统计技术、理性与科学如何融化在人的"机器美学"之中；所谓足球"自由人"的集体悟性选择等，无一不体现了哲学与文化的长久积淀，显示出其对古老的与新生的生活方式（包括传统的与新式的体育运动）的有意识和无意识的适应性浸润。

2016年12月中国足协在欧洲足球专家（中国足协技术顾问斯蒂芬）的协助下，在教练员大会上展示了属于中国足球自己的足球理念和足球哲学，涉及比赛、训练、选拔等多个方面。这被认为是中国足球史上首次以书面的形式确定中国足球哲学，成为指导中国足球发展提高的纲领性理念。[1]看上去，这也是一个很好的开端，因为足协已经注意到区域性哲学与文化对足球运动影响的重要意义。然而，中国足球哲学不是凭空产生的，中国哲学文化是在长久积累与实践后形成的。我们实在不知道是这位欧洲足球技术专家影响了中国人，还是中国人影响了这位技术专家。我们在其理念中几乎找不到中国哲学及其转换的影子，而只是看到了基于中国足球训练与比赛中的弱点提出的某些改进措施而已。

既然都肯定足球哲学对于足球运动的意义，它显然不是只具有弥补缺失的作用，而其原生的意义何在呢？哲学将引发每个人对知与志的思考，"是要把这两者再导向一个感悟的统一思考活动。因此，哲学成为我生命的展开，也足以影响了我的生命（人生）"[2]。中国传统哲学的核心主题是道德哲学，随后才会探讨和足球技艺、球队组合相关的哲学与策略原理。传统中国的"内圣外王"之道，是说知识、德行和志向需要修养和体验，人人明志而以身载道，遵守哲学信念，履行天人合一与仁爱的道德修养过程。其治国的文武之道也是国体与人体各求全面发展的谋

---

[1] 肖良志：《教练大会推出新理念"中国足球哲学"为纲领》（http://sports.qq.com/a/20161207/036118.htm）。

[2] ［美］成中英：《论中西哲学精神》，东方出版中心1996年版，第365页。

略与实践。每一个地理区域的哲学与精英文化也无例外地探讨生活方式中的高尚情操。足球运动的道德、哲学的影响首先在于人的精神世界,试问你的何种精神呈现在足球运动中了?是尊严和德性的运动体验,还仅仅是物质的追求与职业的选择?不同职业与身份的人们,包括运动员、教练、专家、行政官员和球迷都应在足球精神与伦理上认真思考。

现代社会存在的拜金主义,曲解了足球运动的真谛,为此,竞技道德缺失,足球暴力不绝于耳,运动员职业操守不佳,裁判员难以执法,此其一。按照"他山之石,可以攻玉"的思想,不惜一切代价从国外引进知名教练和球星,实则为商业下注或为补齐球员短板救急,此其二。其好处也许是可以有机会学习有经验的外籍教练的足球哲学并获得其技术指导。一些教练教导有方,的确可以在短期内奏效,但相反的情况也存在,在短短十一年间国足的外籍主教练频繁更换达八人之多,其他球队也有类同现象。笔者认为以往的中国足球发展颇有点急于求成和有病乱投医之状,其结局不言自明,可以归纳为:不时的短暂胜利的狂喜和不间断的沮丧。

究其原因,主要在于一个地理区域的哲学自有其文化土壤,一些德国教练的严格训练政策对应"温良恭俭让",总会遇到巨大的文化挑战;"德国战车"的集体领导(多球员引领的"集体领导"和如拉姆、施魏因斯泰格、克洛泽和默特萨克等集体领军的"扁平结构"[①] 取代唯一领袖,令球队更加平衡稳定),似乎和中国家族主义的文化惯习格格不入。应该说,一位有责任的德式教练,在数年间的哲学与技艺指导下,有可能获得或长或短时间段的胜利。然而事实证明,这种情况一般不会长久。原因在于外来足球哲学实践仅仅是仿效性的,不断接替而来的新球员群体因缺少外来文化的体验而发生重复的"文化中断"现象,所

---

① [德]克里斯托夫·鲍森魏因:《勒夫:美学家,战略家,世界冠军》,王凤波译,北京出版社 2016 年版,第 350—351 页。

以即使是有经验有责任的德国教练，他们在中国的执教经历也会非常艰难。再加上有的外籍教练"不服水土"和球员"食洋不化"，于是文化隔膜最终酿成团队矛盾与不适应而导致球队节节失利，这正是频繁更换外籍教练的主要原因。应该说，每次在商界"砸钱"之前，一些主事的行政官员、教练和球员或许都缺少人类学的跨文化知识，既不能深入了解自己（己文化），也不了解（教练）他人（他文化）。在遴选教练之初，已经注定酿下"文化震荡"和"文化中断"[1] 而不知其解或难以为继的苦果。

比较哲学是有意思的。德国队的中场控球实践包含精准移动式传递，又能及时把握攻守的律动，虽然这一切都是要消解进攻型与防守型打法的二元对立，其间却包含着迅速转为攻或守的转换。仅就中场的这一现象，和中国哲学的易理何其相似！德式足球的中场快速转换还和《易经》的"察机"[2] 相联系，但德式"察机"的实现是有德式层层青训与上下一致的足球哲学作为基础的。即德国哲学的技术性转换应用，一定要有德国青训班要求的各层级青少年个体达成的均衡的"自由人"训练水准，以及他们已经习惯的哲学文化，即必须适应将快速移动融入集体脉动之中。所以中国足球比赛过程中的"察机"基础和"德国战车"的技术与战术准备是不同的。中国的足球运动发展欲速则不达，不如静下心来研究中国足球运动何以为继？这是一个源头的问题，除了学校和青少年培训的问题，足球研究也不仅仅是技术研究，应该重新观察和反思中外足球哲学、文化惯习和技术特征何以组合的问题，这或许是最重要的足球研究基础。

（四）文化与组织

在同德国足球的举国体制对比之下，我们还会发现国别的差

---

[1] 庄孔韶主编：《人类学概论》第十二章第三节"文化中断与文化适应"，中国人民大学出版社 2005 年版，第 226—227 页。

[2] 见《易经·既济第六十三》。

异，这对未来中国足球的发展益处多多。德国大体上是单一民族的国民基础，而中国是有 56 个不同民族、区域文化差异明显的国家。在德国青少年足球训练系统中，层级选拔那些善于融入足球队集体的青年才俊为首要和一致的组织哲学原理；而在中国，目前并没有形成大体获得认同的足球哲学与训练方法，因此遴选球员时个人球技或许是优先的。其实，中国的情况复杂得多，主要在于区域文化的多样性。不少人文学者早有观察，例如西南部云贵川山地人民有非常好的体能，崇尚信仰精神，善游移而坚韧；西北人和东北人人高马大，运动场上敢于打拼；中原人稳重而策略均衡；而南方人则善灵活变换。因此各省（市、自治区）的足球体育的区域与族群文化分析十分重要，需要有各不相同而又因地制宜的足球调研研究成果备用。人类学的足球文化研究似乎总是先于战术和球艺观察，其实首先应是生态与文化差异研究，找到地方性足球运动发展的特征。应该说，中国各地理区域的文化多样性（精神的、组织的、习俗的、生态的和族群的）决定了中国地方足球发展策略的多样化基础［多样化不能只是在各省（自治区、直辖市）的城市里寻找］。

　　古今中国是突出显现家族主义的国度，宗族、家族的组织方式是普遍的。我们最近二十年的区域调研表明，占人口大多数的汉族的家族主义具有长久的历史性影响，以至于在参与家族、家庭以外各类民间组织的时候，人们自觉不自觉地总是选择类家族主义的组织方式。例如从历史上捻军起义人员的组合方式，到现代进城后农民装修工组织；从陌生人联合组成的公司，到汉人社会的行会商会等，均常见类家族主义的组成方式。[1] 在汉族民间团体中，血缘家族的孝悌原理有时是以"形同父子"和"拜把兄弟"的文化模拟呈现的。对现代成功的家族企业和类家族企

---

[1] 庄孔韶：《中国性病艾滋病防治新态势和人类学理论原则之运用》，《二十一世纪》（香港）2006 年第 6 期；庄孔韶、方静文：《作为文化的组织：人类学组织研究反思》，《思想战线》2012 年第 4 期。

业的人类学研究，一般并不把具有历史传承元素的家族主义看成负面的守旧因素，而是看成中性的（德国机器美学的运用也会有正面和负面的表现）。因此如若加以运用就需要实现人类学的良性转换，使民间文化组合惯习变成积极的精神与行动组合。解释汉人社会的这种现象使用的是"文化惯习"的因势利导的见解。我们无意组建一支家族主义的球队，但我们可以作为一种未来球队组合研究的文化选项之一。如果真如此，那么从各层级训练球队遴选优秀球员时，就必然需要挑选那些令人心悦诚服、道德与球技俱佳、可以在球队纵横组织与穿梭的领军人，其在球队具有模拟家长的地位。这显然和德国文化机器美学的多头集体扁平构架完全不同。然而不同文化中的足球运动构架选择的共同点一定是从传统文化特质中找到积极的适应性文化组织成分，并和新媒体新技术积极整合。

　　当然，人类学对南方另一些民族的研究，也可以见到那些年龄组和同侪团体盛行的民族风习。同汉族不同，他们反而是纵向家族代际关系松弛，而横向兄弟姐妹（村寨广义的）关系紧密。为此我们在组建公共卫生教育团队的时候，总是在不同地区采纳不同的组织培训方式，大概就是关注了不同文化的哲学与组织差异，从而工作容易得心应手，事半功倍。如果我们在海南岛和大小凉山地区组织足球队，他们的组织惯习和他们的信仰与尊严表达大不相同，那么如何调动这些积极的文化要素转为球场上的有尊严、不同凡响的巧妙组合与布阵呢？例如西南山区人民的果敢、有信念、不食言、视死如归的族群精神（请比较一下德国历史哲学实践中的精神因素）不是也可以借鉴到他们足球生涯中的足球尊严与坚韧作风上面吗？似乎这一点他们已经比一些沉溺于城市生活，把足球当成生存职业而患得患失的球霸（如耍大牌、作风粗野）要好得多。兵败如山倒和胜骄败馁的足球场现象（也是成语）主要是说给这些人听的，因为他们没有精神与尊严。而意志与坚韧性格总是容易在前者的足球文化中呈现。因此民间组合的人选方案，也应是因地制宜的文化选择，可见区域文化的特点研究不仅是其他类型民间组织研究的基础，也同样是足球生态、精神、体能、技术观察与选拔的重要基础。

学问的类比是有趣的。比如一个汉人社会的团队，人们总是希望有一位具有杰出能力和责任心、令人折服的家长式人物出现（至于他是用严厉的还是怀柔的方法并不重要），治理得很好的民间自组织球队也总是显示了这一类家族主义的组织构架。不仅如此，中国家族主义的孝悌主旨不仅包括纵向子弟服从，还包括横向兄弟情义。这种传统的民间惯习导致人们很不适应七嘴八舌的集体领导。中国一些地区的球队组织，常常展现的是外行的和专业的联合集体领导构架，并不是恰当的文化选择。德国文化中容易接受的"扁平的"集体均衡担责领军，也是中国球员不习惯或难学成的。这并不是说跨文化的学习不会成功，而是说注意到文化的特点之后，容易做本土球队组织与行动构架的适应性策略选择，其实就是在文化对比研究中，避免生搬硬套，而是需要积极寻找自己的体制实践、哲学实践和组织实践，在内外文化互动中兼收并蓄。

因篇幅的关系，我们还希望关注西北、东北一些少数民族球队的文化与组织特点。也就是说，中国不同地理区域的多元文化极为适于多样性、多类型的地方足球队组建实验，中国各区域文化特征的差异，将是地方足球队的组成、排阵的战术与策略选择的基础与出发点，因此多样性的地方文化与足球球技需要并行研究。

仅仅偏重足球技术层面的研究是不够的。我们最近在多种研究课题中接触了一些医生、设计人员、画家、体育专业的教授，他们说当他们带着学生听哲学、人类学和历史学讲座的时候，学生们大多在打瞌睡，认为没用。他们表示非常担心。的确，不了解哲学与多元文化的人群，他们未来实践与行动的文化底蕴从何而来呢？他们将如何面对来自不同民族与民俗的患者，他们的室内装潢设计是否顾及了客户的宗教空间与禁忌，他们的简单画作为什么无论如何也找不到文化的内涵与隐喻呢？专业匠人的经验或许只是职业的出发点，而哲学与文化敏感性才是各行各业创新实践的底蕴。

试问足球教练勒夫的哲学和机器美学从何而来呢？如果你见到马加特教练，你会向他提问"你和俾斯麦将军的思想有关"吗？如果说"自由人"的哲学思想能够落实到"德国战车"上，那么我们为何不可以思考如何转换到中国足球队的战略战术中去呢？或者反之，古代国学中丰富的哲理（文武之道、《易经》、兵法等）以及人类学的区域文化研究成果，何以条理化（如同德国足球研究专家做的那样）地转换到中国足球界上下的实践中，是所有人都期待的。

上述的若干分析大体总结如下。

第一是足球后辈力量的区域与层级培育（技术与文化思考）。中国的足球运动的径直观察在于实现青少年的训练储备，这无疑需要一个从国家到各省（市、自治区）的各层级青少年训练储备。为了严格落实此事，凡是不设立青（少）年足球训练学校等人才储备机制的国家、省、市级足球队不得参加正式比赛；为了保证青少年足球队训练的落实，上级足球队必须和各省、市教育部门协调好青训学生活动和学校生活的关系；需要设计从不同省（市、自治区）的地区、县、镇（不只是大中城市）选拔具有地方体质、文化特色的学生参加青（少）年足球训练，为中国培养各地理文化区域不同风格的足球队作全面考虑。

第二是在大学建立足球研究机构（研究团队要求）。其特点是足球研究教授团队应包括足球战术、足球哲学、区域与民族研究、数字新媒体等方面的专家；直接从有足球经验的运动员（适龄研究生或年龄稍大者）中选拔研究生（熟悉地方哲学、体育理论、人类学、球艺和赛场整体掌控能力佳者优先）送国内外深造。建立大学足球研究和足球运动队伍本身（球队教练组、裁判、球员以及球迷）的实践研究的联动与协调机制，其中足球哲学、组织文化、战术研究与现代数字媒体技术之整合是其重点。

第三是足球运动现状与改善的一个扩展讨论。足球运动发展的症结在体育运动的其他项目中也存在。一般认为，努力建立青

（少）训制度已经不容易（这比"砸钱"打比赛见效缓慢），实际上基层中小学体育课程和课余体育锻炼活动的设计、安排和监管更为重要，因为这是问题的根基，因此必须克服历史、教育与文化的积习。本文既是专论足球，又是说东道西，看起来问题已经出了足球运动本身。

显然，举国体制需要教育和体育的国家顶层设计者思考中国文化精华中的"文武之道"与德智体全面发展方针的具体落实，而历史上（宋以后）重文轻武的教育与文化积习——导致现代德智体全面发展中的体育弱化、体育课程懈怠与监管不力问题，实需要他律落实和有效监管，防止体育课程与体育活动被任意挤压和放任自流，并不断提升青少年的体育觉悟与自律觉悟。除了针对体育课程教学过程的监管，还要保证好课余锻炼的条件（时间和场地）；需要实现体育课程与课余体育运动的真实效果评估，不是只关注各种繁杂的形式主义体育报表，而是实行学生体育锻炼效果的直接测验和检验。要建立大、中、小学青少年（分列）的统一、简单实行和可比的训练标准，全面衡量学生的肌肉强度、耐力、速度、重心控制和灵活性。规定长跑、仰卧起坐、折返跑、引体向上、俯卧撑和中式踢毽等体育项目必须达标（例如学校考试录取有英语四级、六级达标标准，如今体育也需要有分级达标标准）和实行人人可见的体育分级奖章制度。[①]其中，年度性的学生个体身体指标测评是为了考察学校、体育课和课余体育锻炼效果，杜绝体育课程与体育锻炼流于形式和各种懈怠取巧行为，应在体育课程达标考核和体育奖章奖励制度以外，严格实行学生与青少年体能状况的体检，奖励那些具有大面积学生体格递进的教师与学校。

最后，笔者要指出的是，我们这里所讲的足球已经不是一般的兴趣和输赢，我们的足球运动是体魄、尊严、智慧、坚韧的呈现，也是哲学、制度、组织、科技与文化的综合，推而广之，我

[①] 例如20世纪五六十年代中国青少年十分珍惜的颁发"劳卫制"三级分档体育奖章的做法，也可作为今日增强青少年乃至全体国民体能体魄的方法借鉴。

们的全民体育运动在传统上和实质上是文武贯通和德智体兼修，因此需要中国的人类学和其他多学科学者同体育专家一起来参与中国足球运动，并扩展到整个体育运动、体育课程与课余锻炼的统合研究与行动实践！

（本文为笔者于 2017 年 5 月 13 日在中央民族大学召开的中国体育人类学专业委员会成立大会上的主旨演讲整理稿。）

"男子汉"精神与特质从哪里来?*

——2018世界杯足球赛体育人类学聚焦

（对话体论文）

庄孔韶（引言）：你知道，参加每一届足球世界杯的那些教练团队是根据上一次和过往的重要赛事找到新的应对办法，他们忙的就是思考战略战术，他们甚至于要随时预估对方球员谁上谁不上而如何改变阵型的细部。但组织一支球队的确不只是技术问题，它需要靠时间的沉淀，那时间性可以是举国意义上的实践历程，也可以是地理区域性、人文与文化区域性的选择，单纯技术上思考的球队形成不了伟大的事业。可以说，论输赢的即时性因素很多，但区域哲学与文化精神成功的足球实践更容易获得成功的机会。例如上一次世界杯的"德国战车"模式，以及更早显示出的南美桑巴个体主义艺术足球，他们都是历史性的哲学与技术相结合的典范。这是单纯套用技术所不可比拟的，更何况是希望"短频快"取胜的砸钱行为。也许有个别好似黑马式的、独立的球队凸显出来，如这次世界杯的克罗地亚队等，但如何评估不仅仅是技术考量，还需要花时间观察与分析那些我们尚不熟悉的国别与区域族群及其政治、文化背景。这次足球世界杯赛英雄云集，令人眼花缭乱，然而不少人，甚至有一位专门研究足球的

---

* 本对话体论文提问者为香港中文大学人类学系博士候选人高诗怡，她目前正在云南丽江做山地民族足球队田野研究。本文片断曾发表于2019年第4期《体育学研究》。

学者观战后也认为完全不得要领。他的意思是说这次难以找到像上一届德国战车那样"干净利落"的解说模式，他指的是我以前写的关于德国的足球哲学与实践的文化解说的论文①，说这次莫斯科足球赛事太难分析了，16/8 支球队个个都踢得好。我对他说，由于不同学科的关注点不同，所以依我看，此次世界杯的人类学观察焦点不是别的什么，而是我们看到了总体呈现的世界杯上的"男子汉"精神与特质！

高诗怡：一般公众提到"男子汉"精神总会想到难以说清的性别意识，您会考虑到这一点吗？

庄孔韶：这里是针对 2018 年世界杯男子足球赛而言，性别之争不是这里的焦点。这里用"男子汉"精神是最通常和容易理解的大众说法。例如泰森、李小龙的彪悍和成龙带着幽默的武功，足球上的梅西、小贝和卢卡库等都属于不同风格的男子汉精神形象；如果以体育的群体而言，足球的德国战车和桑巴军团成员也如是。而学术上说的男性特质、男子气概（几个相关的近似的词 masculinity、manliness、manhood）或中国人常见的说法阳刚之气之类，这种认知显然导源于先天生物学和生物人类学的观察，也有后天不同地理区域与不同文化附加的延伸性理解与建构，以及"文化性解释的传承"②。例如安达卢西的斗牛士享有极高的荣誉和尊敬，被西班牙人认为是力量、勇敢、优雅与绅士的象征。"骑士们与野生的公牛相遇，以其独特的高贵和勇敢，比起逃生宁愿选择战斗，并且永不退缩，至死方休"③；而那些在斗牛过程中显露了哪怕一丝一毫怯懦的斗牛士是不会得到观众

---

① 庄孔韶：《何谓足球的人类学研究——一个中德足球哲学实践的对比观察》，《开放时代》2018 年第 1 期，第 184—195 页。

② Charles Keyes, The Dialectics of Ethnic Change, in *Ethnic Change*, ed. by Charles Keyes, Seattle, UW Press, 1981: 4 - 30.

③ 罗格纳：《风靡世界的西班牙斗牛是如何起源的》（https://cul.qq.com/a/20151227/019892.htm）。

的掌声的。同样，足球的硬汉英雄主义也需要道德的限定，如内马尔夸张翻滚瞬间凭直觉的无德判定难以解释，以及韩国队的犯规频率和日本对波兰队的耗时表现则是相反的案例。我想，安达卢西亚斗牛士和观众历史性互动的力量与勇敢的认同的精神就是所谓的男子汉的精神，他在不同程度上"存在于诸多社会形态之中"①。不过，中国女足有时踢得很勇敢（巾帼英雄）而归结为"女汉子"的勇猛，那一定会被抨击为男性中心主义的偏见。我想，如果你继续看下文的话，就会知道这里说的"男子汉"精神与特质，是不计较性别的刚健勇武和不可战胜的精神。当然我们还要接着思考这种精神的内涵。

这里既有学术的和面对公众的不同考量，还要讨论社会文化的烙印。我们总是做着流动的思考，例如我是站在中国情境说中国男子足球，还是站在西班牙，或者还是站在世界杯的整体意义上，其思路可能是不一样的。如果这一届世界杯我们暂且很难找到一个新的足球成功解释模式，那么我反而认为此次世界杯的征战参与球队均展现了异彩纷呈的"男子汉"特质，这无疑是足球世界杯的重要精神基石。如果我们只是为了总结这些拼搏男人组成优秀的足球队，已经具备了真切可见的男子汉精神，强健、勇武、刚毅、顽强、坚忍、自信、信念、认同、自制、激情、情义等特质，也许这些罗列的特征并不一定是各个球队并存的，它的很多特征实际上都可以用于讨论女足的巾帼英雄，但这里仅仅是为了总结这一届男子足球世界杯的人类学关注，这是公众可以理解的。

高诗怡：所以您实际上是说精神的力量在世界杯上的普遍意义。那么，"男子汉"精神与特质的动力可以是相似的，也许是具有极不相同的背景。

庄孔韶：是的。精神的动力可以产生勇武、坚忍、激情和一

---

① David D. Gilmore, *Manhood in the Making: Cultural Concepts of Masculinity*, 1990, Seattle: UW Press, p. 4.

往无前。四年一度的世界杯足球赛，充满了同球队相关的多种徽记、旗帜、标语、图示等，当然携带了国别和区域政治、族群、文化的或明或暗的象征和隐喻。此次世界杯小国办大事、出尽风头的格子军团赢得亚军，得到克罗地亚倾国倾城的欢迎。那个与众不同的红白格子棋盘图案的象征性球衣同他们的国旗如出一辙。这一格子图案大约 11 世纪首次出现在克罗地亚的一个圣洗池边。尽管克罗地亚的历史上国际关系复杂，其祖国认同一直延续至今，还表现在设计者在足球衣领上用克罗地亚文写着"引以为傲"（Budi Ponosan）[①]。你看，莫德里奇堪称勇敢坚韧，谁知他只有 66 公斤重，却在半决赛后他的跑动距离达到惊人的场均 10.5 公里，成为世界杯历史上的跑动王者。他的恩师老雷德克纳普当年就曾形容莫德里奇是"强硬的家伙"，他不但有进攻的敏锐性，更有防守和对抗上的强硬性。莫斯科七场鏖战，克罗地亚捧得世界亚军，这位硬汉能当选此次世界杯最佳球员金球奖也是实至名归。正是有若干这样的勇士，集合起来的克罗地亚队，在这次世界杯上，难得地三次呈现先输后赢的奇迹，你知道，通常一次做到已经不容易了，三次则难以置信。这种坚韧制胜的意志力也属于男子汉精神的特质之一（相对应的是某些球队会出现兵败如山倒的颓势）。

祖国认同在克罗地亚移民人口中也在世代传递。格子军团的另一位硬汉拉基蒂奇小时候移民瑞士，一场对克罗地亚的足球赛才使他感到自己也是克罗地亚人。他说，当我长大时，我更倾向于克罗地亚。这次世界杯之前，到底选择为瑞士效力，还是为克罗地亚？他先是对他的父亲开玩笑说："我选择了瑞士。"他抓住了我，然后给了一个拥抱，好像说这也有道理，因为是瑞士的朋友帮助过他的儿子，直至走上足球运动的前沿。随后令他父亲惊奇的是，他又对父亲说："我没选（瑞士），我在跟你开玩笑呢，我将效力克罗地亚！我只是想享受那个时刻。"可这时拉基

---

① Coat of Arms of Croatia, From Wikipedia, the Free Encyclopedia；张颖：《红白格子的秘密》，《长江日报》2014 年 6 月 12 日。

蒂奇的父亲却哭了起来。① 你看，他移民的国度瑞士培养了他，但祖国认同及其出生地情感在历史征战和命运多舛的生活历练中得到强化，为此他换得一些欧洲俱乐部球迷的谩骂，然而他还是在世界杯前选择了认同出生地祖国的重要决定。

高诗怡：族群认同和体育共同体精神如何协调呢？似乎我们已经看到了确保体育精神平等实现的协调原理。

庄孔韶：是的。例如为了协调法语和荷兰语的竞对，比利时的足球队的会徽并排使用了这两种语言的"比利时皇家足协"的缩写，以往曾有分语言面试球员和教练选人偏向的事例，而为了更专心地比赛，足球队内是使用英语。② 国际奥委会在《奥林匹克宪章》中有这样一段话："每一个人都应享有从事体育运动的可能性，而不受任何形式的歧视，并体现相互理解友谊、团结和公平竞争的奥林匹克精神。"

尽管很多国家的世界杯代表队都携带着国家的象征与尊严，然而一旦在多元族群、语言和语言等聚合的国家球队中，为了防止任何形式的歧视，那么选择相互交流的第三种语言，或者如上一届世界杯开球的会徽主题口号是"四海之内皆兄弟"，下面则写着另一大宗旨："对种族主义说不。"所以看得出足球世界杯成员就像是一个社团，他们需要协调各种认知分歧、反对歧视，在球队象征的问题上，无论是体现何种族群与国家认同，其奥林匹克精神和世界杯精神在这个世界性体育社团里凌驾一切。

高诗怡：是的。还有，您一定会注意到不少例子，如俄罗斯的足球排名是第 70 位，这次也踢出了让国民自豪的成绩，也属于硬汉作风。

庄孔韶：这支被认为最弱的东道主队从小组赛就踢出了战斗

---

① 《拉基蒂奇：为什么是克罗地亚》，谭奇川，2018 年 7 月 12 日（搜狐网）。
② 吾云：《欧洲红魔为啥成了"内讧队"》，《北京晚报》2018 年 7 月 13 日。

民族的血性。沙特仍有亚洲的细腻脚下功夫,但抵不住俄国队的"简单粗暴"的"高空轰炸"。①俄国队的确是以1.96米高的久巴为进攻的支点,从打边路或开角球均如此。例如久巴就是靠接长传停球过人,打进埃及队第三个球。作为一支球队所展示的不同的男子汉特质,有时表面上难以深究。一年前久巴和教练切尔切索夫不和,教练甚至不想录用他。但当教练看到久巴的比赛状态很好,于是应召入场。果然久巴上场便进入佳境,久巴入球后,他跑向场边和教练切尔切索夫握手,老教练也向久巴郑重行了军礼。②

我在电视屏幕上看到这一幕,我第一想到的是阿迪达斯公司与俄罗斯足协(RFS)携手推出了俄罗斯国家队全新的主场球衣,意在从俄罗斯过去的伟大成功中汲取灵感。俄国队新球衣的领内用新技术藏有白、蓝、红三色衬底,并饰有金色的双头鹰图案,这些都代表了俄罗斯的形象,但请注意,上面还印着他们的口号"Вместе К Победе"。我认为这大概就是关键!你知道网上、报纸上都是翻译成中式套话"团结起来获取胜利"(百度)。这倒没什么大的问题。你知道我是学过俄文的。如果分析一个事项,在俄罗斯,从不是"面包是面包,土豆是土豆"。他们会用象征和隐喻塑造出当下俄罗斯人的审美和对世界的看法。俄罗斯最著名设计师戈沙·卢布钦斯基此次设计理念及其细节,正是为了探寻俄罗斯最深处的秘密,同时也探讨究竟是什么将看似"异质"的多个"俄罗斯"(我想是指它的历史阶段意义上的三个政权——笔者注)联系在一起,他们之间究竟如何互相包容、接纳,并赞美自己民族的历史。③所以我们才会明白,最常见简单的俄文单字"Вместе К Победе"的运动服文字标记的深层意

---

① 《不卑不亢的球队最可怕》,《北京晚报》2018年6月15日。
② 《"最弱东道主"给你好看》,《北京晚报》2018年6月20日第18版。
③ 刘畅:《时尚与政治相结合,俄罗斯球衣蕴含"后苏联美学"》,《文汇》2018年7月8日。

思是历史而今的俄罗斯人"在一起（争取）胜利"的意思。

而如果进一步讨论，我会提到俄罗斯人"在一起"的这种共聚性（соборность）①，是直接导源于东正教的庄严的神性聚会的意思。其民风重视如仪式般共聚的宗教戏剧，带有国家象征意义的世界杯赛等也在此列。例如表现在教堂礼拜、观剧、审美、仪式性活动（如世界杯）的庄严、神圣、勇敢和共聚（在一起）。从而拥有信仰情感的特定的人群共聚性成为"俄罗斯文化最重要的特征之一"②。

本届世界杯的 32 强中，俄罗斯队的世界杯排名是最低的，然而俄罗斯人从小组赛开始就踢出了自己的血性，八分之一决赛，他们以不可逾越的坚强防守硬是把西班牙"斗牛士"们拖到点球大战，并最终淘汰了西班牙队（2010 年世界杯冠军）；不仅如此，四分之一决赛，又与克罗地亚苦战 120 分钟，只是点球大战惜败。然而，俄罗斯人的告别却让人充满敬意。体现在俄国队失利后很快获得了观众掌声，此时《喀秋莎》歌声响起（注意这是苏联时期的歌曲），借用给苏联边防军的"喀秋莎的美好歌声"③向俄国足球英雄们致敬！如果我们回过头来再看俄国队教练切尔切索夫向久巴行了军礼的镜头，大概都是属于"在一起（争取）胜利"（Вместе К Победе）的寓意，也是俄罗斯人在庄严的世界杯展现象征美学、体育与血性，跨时空共聚性的真切写照。世界杯赛期间，《纽约时报》在一篇署名文章中也承认："这正是普京梦想世界杯带给俄罗斯的好处：照亮一个国家，鼓舞一个民族，助力一个充满活力和迅速现代化的大国屹立

---

① Прохоров А. М. *Большой энциклопедический словарь*. 2 - е изд., перераб. и доп. М.: *Научное издательство · Большая Российская энциклопедия*, СПБ.: Норинт. 2002 г., стр. 1117.

② Прохоров А. М. *Большой энциклопедический словарь*. 2 - е изд., перераб. и доп. М.: *Научное издательство · Большая Российская энциклопедия*, СПБ.: Норинт. 2002 г., стр. 1117.

③ "喀秋莎的美好歌声，带给远方边疆的战士"。

不倒。"①

高诗怡：不同国家地区足球队的男子汉特质的确有不尽相同的内涵。那么，德国队的失利问题怎么看呢，那些曾经也是机器美学的硬汉们！

庄孔韶：此次世界杯群雄并至，体魄与尊严、祖国与信仰、族群与社团都会激发出球员的斗志。那么此次西班牙斗牛士输给"在一起（争取）胜利"的俄罗斯队，难道输球的队就没有男子汉精神了吗！体育并不是以输赢论英雄，正是因为体育的专业性，像足球这样的群体团队竞对，和体魄、精神的力量混生在一起的还有团队整体、战略战术及应变能力。你看，德国教练勒夫整整用了八年做准备，是他很好地将德国哲学、俾斯麦的铁血遗产、机器美学及足球中场快速精准传递结合起来，在上一届世界杯他们大比分战胜巴西队，夺得2014年大力神杯，被认为是如行云流水的德国战车战胜了艺术与个体的桑巴模式。不过，尽管各有长短比对，多年来足球运动确实先后收获了成功的"桑巴模式"和"德国战车模式"，显然都是人类文化的足球体育遗产。因为这两个成功的模式是长久历史、哲学、文化智慧与足球战术整合而成；要知道，一个重要模式的形成，需要观察他们在历史与时空片段中成功之构成，还要包括观察所在国的文化传统和教育，当然还有政治。"战争的隐喻"不是常用在足球上吗，当然也有用足球反喻政治的②，可见足球的研究多么充满魅力，你是了解这一点的。如果说世界杯的男子汉们其特质或许在展现上不尽相同，却个个强健神勇；当这些勇士个体融进不同哲学与文化的球队群体，以及在一个球队的不同时期，有时会转换出不

---

① Rory Smith, Russia Welcomes the World, for Better or Worse, *The New York Times*, June 13, 2018.

② Gregg Gethard, How Soccer Eeplains Post – War Germany, *Soccer and Society*, Vol. 7, 2006, pp. 51 – 56; Elena Semino, Michela Masci, Politics is Football: Metaphor in the Discourse of Silvio Berlusconi in ltaly, 1996, pp. 243 – 269.

同的男子汉特质，或者还会呈现巅峰或低谷的表现。

德国队从俾斯麦时代传递的一味的铁血作风①在足球比赛运用上的确是一个选项，你看马加特（Felix Magath）不是也把这一作风传递给山东鲁能吗?！但单一的做法也会招致失败，或被别人算计。正因为如此，我在上一篇论文②中特别分析了巅峰时期德国队成功的原因。当年勒夫接受德国队的时候，球的打法就开始改变了。

他认为，关于一场比赛的实际掌控，也就是夺取对手的时间与空间以发展自己的踢球策略。"进攻"与"防守"的概念在统一的哲学里相互融合，主动进攻与防守反击同样都是掌控比赛的一部分。所以勒夫说："进攻和防守，我有时候会把这两个概念从我的词汇库中删除。我要的是一种平衡。"③而这种控球的核心理念实际是来自西班牙的 Tiki–Taka 的技术原理。足球教练耶德－C－戴维斯认为 Tiki–Taka 的足球是"基于球场的大小是可以因踢球打法而变的理念的，在控球方面，球员们要试图制造空间以让球场尽可能的显得大"④。控球是通过传球来实现的，而不是盘带。传球快速精准，也制造了空间。因此当年的勒夫显然是将德国传统的硬朗作风和西班牙的 Tiki–Taka 战术一并装进"德国战车"里，所以巅峰时期的德国足球男子汉们所向披靡。

你知道，我关注德国足球也包括注意教练勒夫的衣着帅气，今年世界杯比赛转播第一次勒夫上镜的时候，我当时直觉地感到他的衣着懈怠，比四年前略胖且皮肤松弛。倒不是有不好的预兆，而是球队的确已经缺少活力。2014 年世界杯，德国球员一

---

① ［德］艾密尔·鲁特维克：《俾斯麦传》，封底语录，文慧译，湖南人民出版社 2014 年版。

② 庄孔韶：《何谓足球的人类学研究——一个中德足球哲学实践的对比观察》，《开放时代》2018 年第 1 期，第 184—195 页。

③ ［德］克里斯托夫·鲍森魏因：《勒夫：美学家，战略家，世界冠军》，王凤波译，北京出版社 2016 年版，第 421 页。

④ 耶德－C－戴维斯：《Tiki–Taka 手册》。

场下来总共 700 次的集体性中场精准短传（他国球队最多仅一半）和中路复杂成功渗透，到 2018 年已经不见了。这辆战车平均跑动不到 1 万米，比墨西哥人整整少了 1000 米。① 乃至出现了墨西哥人用暴风骤雨击垮了四平八稳的"德国战车"。的确，勒夫难以调动全队的情绪，以失败而告终。

毋庸置疑，不少球队都会针对"德国战车"找对策。应该说上次大赛失利的巴西队，这次则表现了新的设计：在传控中突然改变速率、勇于传纵深冒险球；中后场球员轮番插上射门的多点进攻是传控足球破密防的一大诀窍。曾经大败于德国队的巴西队如今在这点上做得非常标准，而德国队和西班牙队则不然。② 在蒂特带领下掌握了传控足球精髓的巴西队正将这种先进战法的威力逐渐发挥出来，而德国则背离了 tiki‐taka 的本貌③，缺少积极制胜和快速转换的导向。所以说一种前沿的足球技术运用得当与否其结局是不一样的。的确，高傲与懈怠的"德国战车"意志消沉败在莫斯科城下，"男子汉"精神受损。然而胜败乃兵家常事，只有等待他们重整旗鼓。要知道，德国已经形成了足球青训与学校体育的良好结合，精神上的坚忍的历史遗产并没有消解，好像勒夫并没有退意，而且四年后下一轮世界杯要想斗智斗勇取胜，德国人的懈怠的集体主义还要考虑如何补充失去的个人进取性。此次世界杯的破题焦点就是：速度与激情战胜了暂且消失的集体韵律。如今足球运动员的集体与个体的协调整合设计与实践一直是动态的，因此需要勒夫带领男子汉们重整旗鼓卷入智慧大比拼！你看今年 9 月初欧洲联赛法国队被德国队逼平，这是世界杯后第一次德法大战，德尚的队员在各项指标中都落后于勒夫，控球率只占 40%。④ 已经看到德国队的翻身意愿开始奏效。

---

① 徐江：《德国战车的非典型失利》（世界杯闲话录 5），搜狐体育。
② 郑道锦：《巴西告诉德国：问题不在 tiki‐taka 而是你没踢出 tiki‐taka》，新华网。
③ 郑道锦：《巴西告诉德国：问题不在 tiki‐taka 而是你没踢出 tiki‐taka》。
④ 李戈：《状态平平，法国主场难大胜》，《北京晚报》2018 年 9 月 9 日。

高诗怡：看起来即使是一个球队的不同时期也会有不少变化。一个球队的精神状态、男子汉诸种特质的发挥、教练组的战略战术思想与实践都是结合在一起的。

庄孔韶：现代的采访和视屏无孔不入，各国球队的展示几乎是透明的，因此互相观摩、寻找对策更为需要智慧，当然也需要认真汲取教训。世界杯冠军法国队教练德尚说道："我们的队员从以往的失败中获取了经验，已经从失败的阴影中走出来。"① 那是指他们两年前在家门口输给稳健反击的葡萄牙，他显然对战术上是进攻还是稳守的特征了如指掌。你看克罗地亚在精神上和体能上达成了奇迹性的结合，小国也能用展现梦想的极度求胜精神去弥补他们连踢多场的体力透支。法国人也深知自己打硬仗恶战并不擅长，而且控球上法国人不如克罗地亚。而面对气壮山河的克罗地亚，德尚聪明地选择了特别的稳健出击。许多媒体评论德尚是老油条，老油条不就是老谋深算吗！德尚教出来的球员采纳了隐忍和高速、高效反击的打法赢球。如果总结一下这届世界杯最值得提到的战术之一就是"隐忍的智者出奇制胜"，不仅能快速撕破细密而呆板的集团军，也可以避锋芒而闪击成功。这里我们还要进一步强调的，要发现不同凡响的男子汉智慧与特质。男子汉的精神可以在集团军的战车中爆发，也可以在隐忍中爆发，让祖国情怀在心中升华，也可以在民族大义中结晶。

查找世界杯之前 2017 年 11 月 13 日的网上报道，已知英格兰主帅索斯盖特去年已经在考虑进行点球大战的实战演练，是为 2018 年的世界杯做准备。这一新闻当时大概一般人轮不上看它。虽然人们知道，点球大战是英格兰的魔咒。的确，每逢世界大赛，点球大战都是英格兰的魔咒，他们在 1990 年世界杯点球输给了西德队（刚好教练索斯盖特年轻时就是在这一场比赛中射丢了球），1998 年世界杯点球输给了阿根廷队，2006 年世界杯他们又输给了

---

① 2018 年 7 月 10 日德尚答记者问。

葡萄牙队。这点球魔咒成了他们的心病,也必然在刺激英格兰人的智慧。人类的抗争意图或许就是男子汉的特质吧。要知道,索斯盖特的提前训练,听说甚至在轮流罚点球时,每一次队员如何走到点球点的过程都得到了提醒。这就像年轻教师的备课预演,因为有益于在临场时稳定心神。本来,点球大战的机会并不是经常的,而恰恰是他们不侥幸而提前演练,在八分之一决赛中出现了英格兰被追平的状况,然而他们的先见之明得到了回报,终于以5∶4战胜了哥伦比亚,得到了最后一个8强的入场券,实属难能可贵。这就如圣人孟子说"引而不发,跃如也",英格兰的足球先生提前备战做好了功课,可以从容等待时机了。

高诗怡:那么励志的意义所发生的机缘有时又很简朴,如何看待呢?

庄孔韶:如果说到个体,那机缘真是多到不可胜数。然而精神有大有小吗?你看,25岁的比利时国脚卢卡库是这次世界杯进球最多的人之一。然而他对小时候的贫穷记忆犹新。他6岁那年家里揭不开锅,妈妈把悄悄掺水的牛奶端给他喝,这被卢卡库看在眼里。他说他吃完饭后默默地发誓,再也不要让自己的母亲过贫穷的生活。你看,贫穷不是过错,贫穷可以无奈,也可以励志。贫穷需要救助吗?贫穷一方面是治国者要思考的改善政策如何,另一方面贫穷对个体来讲也许是励志的源泉。显然,"人格中的个体倾向可能会加工和整合人的行为"[1],而且"人格是个人的内在力量与一致的态度、价值和知觉(perception)范式的复合体相关联"[2],显然,这属于学术上的理解。刚强的卢卡库刻苦训练,在这次比利时对阵巴拿马的首场比赛中,卢卡库一人

---

[1] Cara Dubois: *The Peaple of Alor: A Social - Psychological Study of An East Indian Island*, New York, Harper, 1944.

[2] [美] 维特·巴诺:《心理人类学》,瞿海源、许木柱译,台湾黎明文化事业公司1987年版,第10页。

就踢进两球。在进了第一个球之后,他对着镜头飞吻,高声喊道:"妈妈!"你觉得最基本的人格与生活励志所携带的精神力量小吗?!他始终包含在此次世界杯人类情感和进取精神的总合之中。所以,无论从"或大或小"的精神的动因上看,足球"男子汉",从根本上说,他们的人格特性中必须包含对胜利的渴望,当然,还要守规矩,"自我控制"。①

我们会看到世界杯胜利之时的狂欢和喜悦,也有失败的沮丧。"胜不骄、败不馁","三十年河东,三十年河西"都是人类励志与积极期待的警句。体育也如是,但胜利的机会来之不易,人类智慧与人格在此时需要接受考验。如果承认失败,那么随后呢?昔日的胜者四年就懈怠了,如德国队,但下一步棋不得而知;高卢雄鸡则用了20年的考验重回足球宝座,这都是很恰当的例子。然而重大的国际比赛,国家的名誉会一下子超越人类体育健身的标尺,因为这种重大胜败会留在世界的记忆里,也许和个人的励志意义有所不同,或不在一个向度上。

我查阅网上关于中国足球历史的资料,大多是20世纪20年代以后的记录。可能不少人都忘了。中国和日本最早的一次足球比赛,是在1917年5月8日在日本东京芝浦举行的第三届远东运动会上,日本足球队以0∶5败给了中国队,又以2∶15输给了菲律宾队。② 然而,"虽然这次足球比赛惨败,但是由于受这次大会的刺激,却促进了日本足球的普及,使日本足球水平得到了快速提高"③,也是日本开始探索足球普及和励志的一个重要标记。他们没有忘记,大比分惨败的历史记忆马上拥有了意义,

---

① [英]德斯蒙德·莫里斯:《为什么是足球?》,易晨光译,北京联合出版公司2018年版,第154页。
② 1917年の日本サッカー | 日本サッカーアーカイブ(1917年日本足球,日本足球档案馆官),见 http://archive.footballjapan.jp/user/scripts/user/history.php?year=1917(感谢樊秀丽教授和她的学生王志燕协助日文翻译——笔者注)。
③ 1917年の日本サッカー | 日本サッカーアーカイブ(1917年日本足球,日本足球档案馆官)。

"意义的历史"[①] 总是具有跨时空的调动意义。刚好我在世界杯期间看到了中央电视台改编的关于日本足球百年成长的纪录片陈述，而这一历程恰恰是从1917年败给中国队开始，成了举国励志的标记。于是他们开始探索足球，倾全国智慧、寻找励志的象征和动力，以及卓有成效地组织学校足球与青训等。所以日本足球作为亚洲的案例值得研究，当然世界上群体翻身与个体励志双重成功的案例也可以找到。

高诗怡：关于民风与生活方式的确有国别的差异，当然也有历史的传统与遗续吧。

庄孔韶：这次世界杯克罗地亚人展现了一群不知疲倦的男子汉的强大意志力，他们踢得风生水起，大力神杯仅仅是擦肩而过，仍令人敬佩，展现了地理小国如何在世界民族之林大放异彩。然而，当克罗地亚驻华大使奈博伊沙·科哈罗维奇（Neboja Koharovi）在解释小国大成就的时候，可以明显感受到文化的差异有时非常不同。

我分析他的讲话，可以有如下要点：第一，是价值观的传统所致。这里指什么？他说"在我们的传统中，很难想象年轻人会不参与某项体育运动。对男孩来说，尤其如此"。为什么这样说呢？"这是因为地中海地区的审美观，认为外表比其他一切都重要。——除了参与体育运动以外，还有什么能带给一个人健美的外表呢？"第二，还有一种研究认为，这种思维模式"源于体育竞技和长期守卫疆土而发展出了强健体魄的文化"。所以克罗地亚的男人们总是与战事、竞技和健美联系起来。而且他们是这样的男人，这是第三，他们享受生活与愉悦，善于临场展示激情与男子汉魅力。显然，这位大使提供了克罗地亚男子汉的吸引人的一些特质。的确，这和中国的传统不同。还有不少人还喜欢

[①] Goran Aijmer, *Anthropology in History and History in Anthropology*, South China Research Center, the Hong Kong University of Science Technology.

拉美和地中海男人的做派,当然也有喜欢精致严谨的德国男人,这都是历史传统的烙印吧。所以文化的传统①与遗续有时不只在个人的特质上呈现,也会从哲学、民俗、组织和技术上显示。不过与过去不同的是,全球化的快捷展现了最大限度的文化交流。

高诗怡:这位大使好像还提到他们和北欧以及中国儒家的价值观不同,但并没有详谈。

庄孔韶:我在讨论德国足球哲学实践的那篇文章,提到了中国儒家的文化实践。在谈到历史性的原理及其变化的时候,反思是极其必要的。国学中最贴近现代人类学关注点是"文武之道"。"文武之道,一也"②是说文武原本是一个整体,儒家后世引申其为能文能武,文武并用的文武之道。文武之道的基础是教育,而教育的内容《周礼》提及有六艺:礼、乐、射、御、书、数;其中既有文,又有武,或文武兼修,总体接近于现代教育意义上的德智体全面发展的多项才能。如其中"射"之弓道、剑道等武道至今为国际体育运动会的重要项目。所以古代中国的男子汉一直崇尚文武全才。

高诗怡:古代六艺思想中的弓射与礼乐和先秦传统相联系的意义何在?

庄孔韶:古代六艺思想中的弓射本来就不是锻炼身体本身,而是追求其间的伟大理想。"射者,男子之事也,因而饰之以礼乐也。"③还有,"故男子生,桑弧蓬矢六,以射天地四方"④。是说男孩子从小就要他弯桑木做弓、蓬草做箭,这箭一共六支,意寓有天地四方的雄心大志,现在常说的"好男儿志在四方"

---

① Goran Aijmer, *Anthropology in History and History in Anthropology*, South China Research Center, the Hong Kong University of Science Technology.
② (宋)陈亮:《酌古论》。
③ 《礼记·射义》。
④ 《礼记·内则》。

即源于此,乃是男子分内之事,可见中国古代对青少年成长的"射义"所在。既然如此,就不会是人人都可以参与射礼,例如那些打败仗的和懦夫是没有资格参加的,《礼记·射义》里讲了不能参加射礼的很多"负面"人等案例,因为先秦时期"无勇"是最为被人鄙夷的性格与行为。

春秋时期的士人都能文能武,即使是创立儒家学说的孔夫子也是出身武士家庭,他的父亲以勇力著称。① 而孔子本人也是从武士变成的文人,历史记载他是"长人",② 所谓山东大汉,"孔子之劲能拓国门之关,而不肯以力闻"③,是说他的劲大还不愿让人知道。他的弟子子路也曾是穿"戎服""好长剑"的武士。他说,"不能勤苦,不能恬贫穷,不能轻死亡;而曰我能行义,吾不信也"④。所以"与儒家共同发源于先秦之士的武侠阶层,要树立自身的道德规范,自然也可利用远古时期流行的义的概念"⑤。那些威武的俊雄、桀杰,不仅有拳勇股肱之力,而且有"轻命重气"的特质。

如果我们提到唐代,"男人追求的是赳赳武夫式的外表,他们喜欢浓密的鬓髯和长髭,崇尚强健的体魄。文武官员都学习射箭、骑马、剑术和拳击,善其术者备受赞扬"⑥。而那时恰恰武举开始了,射箭、马枪、翘关、负重、身材等都是要考试的科目。同时,"武举的考试项目又使跑马射箭、舞剑弄枪成为游侠少年优游的内容"⑦。大唐疆域的拓展,也使向往立功边塞的尚武的社会思潮得以推动。⑧

---

① 《史记·孔子世家》。
② 《史记·孔子世家》。
③ 《列子·说符篇》。
④ 《说苑·立节》。
⑤ 陈山:《中国武侠史》,上海三联书店1992年版,第68页。
⑥ [荷]高罗佩:《中国古代房内考》,李零等译,商务印书馆2018年版,第182页。
⑦ 陈山:《中国武侠史》,上海三联书店1992年版,第125—127页。
⑧ 陈山:《中国武侠史》,第126页。

高罗佩对比了清代的武术已由征服者们垄断，而汉人，特别是文人阶层——开始以身体锻炼为粗鄙行为，认为运动竞技只适于"清夷"、汉人中的拳师和杂技演员……理想的爱人被塑造成一个风雅秀致、多愁善感、脸色苍白、身体消瘦的青年男子的形象。他终日在书本、花丛中流连幻想，稍有挫折就生起病来。①其实，宋朝立国之时，陈亮就看到了尚文轻武的倾向，家法既立，代代因循，故兵备不饬，其渊源有自。②同时在人民的生活方式上也渐渐演变和显露出来。

　　中国古代的类似足球运动称为"蹴鞠"，汉代的球场称为"鞠城"。《旧唐书·文宗本纪》提到大和四年二月戊辰，唐文宗"观角抵、蹴鞠"；而到了大和九年秋七月，他还"填龙首池为鞠场"。可见唐代皇家贵族热衷于蹴鞠比赛，当然民间的体育娱乐也一直延续着。虽说世风在变，重文轻武功、轻体育之风来临，还是有对古代书生的讥讽之词，难得的诗句竟出自宋代的司马光。他的《和复古春日绝句》："东城丝网鞠红球，北里琼州唱《石洲》。堪笑迂儒书斋里，眼昏逼纸看蝇头。"好像在说，"东城的足球都踢上了，怎么这些可怜的书呆子还'宅'着（写字）呢？！"

　　这种关于文武认知的偏向的确令人遗憾。雷金庆（Kam Louie）认为，由"才子""文人"所代表的温和而理性男性传统抵消了由"英雄""好汉"所代表的男子气概的英雄传统。③早年梁漱溟也指出中国文化的特点之一就是"和平文弱"和"重文轻武"。④历史上的民间谚语一直有奚落当兵的粗俗和没

---

① 陈山：《中国武侠史》，上海三联书店1992年版，第295—296页。以上均来源于［澳］雷金庆《男性特质论：中国的社会与性别》，刘婷译，江苏人民出版社2012年版，第10页。
② （宋）陈亮：《酌古论》。
③ ［澳］雷金庆：《男性特质论：中国的社会与性别》，刘婷译，江苏人民出版社2012年版，第13页。
④ 梁漱溟：《中国文化要义》，《梁漱溟全集》卷三，山东人民出版社2010年版。

文化，如"秀才遇到兵，有理说不清"；以及形成对兵勇的社会歧视，如"好男不当兵，好铁不打钉"等。如果我们进一步引申，重文轻武的历史积习造成民间武功与身体技艺被轻视。二十八画生（毛泽东）早在一百年前就撰文批评中国人不好体育运动的原因，尤其提到教体育体操者，"徒有形式而无精意以贯注之"；以及体育课"多有形式而无实质"①。可百年后中国体育和中小学体育课的同类症结依然如故，问题丛生，甚至直接导致了国民青少年体质下降。② 一百年都解决不了问题，可以说是重文轻武和重文轻体已成积习和形成不良民风。

高诗怡：看来文化的实践可以展现长时段的社会面貌的变化，那么落实到个人的成长如何选择呢？

庄孔韶：是的，民风的变化一定是经历过长时段的文化影响与积累。上面谈到历史上的文武和体育的选择，如中国古代六艺的文武训练是直接遵循当时人人推崇的社会哲学，即体育也不仅仅是身体训练本身，而且直接同礼义的理念相联系；另外，战争与和平都是世界历史上的常态，总有保卫国家的时代，人们也会积极推动武功和体育训练。我们所提及的唐代边塞诗中的男子汉气质跃然纸上："男儿何不带吴钩，收取关山五十州。请君暂上凌烟阁，若个书生万户侯。"（李贺：《南园》）意思是请你看一看那长安凌烟阁上供奉的24位开国名人，哪有一个是书生出身？从而边塞诗人们一同营造了年轻人投笔从戎的世风！武功需要坚韧磨炼，那么读书也须刻苦，文武之道均如此。不过早期中国的文武双全思想一旦变成重文轻武，甚至科举制也看出是文举优于武举，乃至中国农业耕读之家改换门庭的主要出路，只有苦读书一途。废寝忘食、悬梁刺股、手不释卷、牛角挂书、韦编三绝的

---

① 二十八画生（毛泽东）：《体育之研究》，《新青年》1917年第三卷第2号。
② 《中国儿童少年营养与健康报告2016》蓝皮书；谯新风：《从学生体质下降看我国中小学体育课存在的问题》，《科学咨询（教育科研）》。

成语都是鼓励无休止读书的古代典故，即使是为读书而伤身（别说锻炼身体了！），也在所不辞。这也是一种中国式的历练，是一个长时段的社会面貌，而且在中国民间影响至今，只不过读书的内容加上了数理化。

因此，问题自然会回到励志的生命选择，其实少不了如下几项，归纳为对德、智、体、美关系的理解。我们常见的说教是这样理解的，如果是一个没有道德的人，那么他身体好、知识多又怎样呢？而古代希腊哲学家和教育家亚里士多德的解释顺序是体、德、智、美和谐发展。亚里士多德认为，在儿童的教育中，"必须首先训练其身体，在他看来，体育练习的目的在于使人健康有力和勇敢"，因为锻炼体魄和显示勇敢本身就是一种道德与品质。这倒和儒家六艺的文武训练本质是追求礼义的思想相合，因为所谓道德的好坏不是空口说的。体育锻炼实际上是德育、智育、美育的基础和组成部分，是人生励志与多种磨炼的基础选择，是发展"男子汉"特质的常态途径之一，而且这三者之间是相辅相成的。所以中国式的文化历练一直同人生的社会与文化担当相关联，并不是过于简单的权衡。

古代精英也在总体上思考一个人要成就大事的条件。如孟子说："故天将降大任于是人也，必先苦其心志，劳其筋骨，饿其体肤，空乏其身，行拂乱其所为，所以动心忍性，曾益其所不能。"[①] 这是说人要经历内心痛苦、身体受累、贫困和不如意，用以获得警醒、反思和担当，其含义早已超出文武文体本身的意义了。

高诗怡：让我们回过头再看足球的问题吧。足球发展的路径究竟是青训的问题，还是国民与学校教育的体育问题？

庄孔韶：现代学校成长起来的几百年间，成熟的教育与体育理念实践在世界各地展现出来，可谓同工异曲。克罗地亚的体育

---

① 《孟子·告子（下）》。

锻炼民风意味着是自觉和自律的，而德国和日本的举国体制则是探讨如何把个体的人纳入群体认同的文化框架之中，而且作为个体的体育锻炼实际上成了进入社会深度历练的准备。为此，学校体育与教育的设计必然不能漫不经心，哪里有教育至今还是"盲人骑瞎马"① 的议论状态呀，走都不知往哪里走。

此间看到德国的青训做得好，就照猫画虎，作为足球发展本身的继替问题，青训好不好是可以预见的。这是第一个问题。最近在山东"潍坊杯"国际足球邀请赛期间，召开了一次"青少年足球技术发展国际研讨会"，前央视名嘴刘建宏参会过后通过微博发表了自己意见②，直接质疑中国足球的青训建设工作的"有关"（负责）机构在哪里？青少年足球的培养重任为什么是在一个企业和个人的身上？难道中国足球的希望只能寄托在鲁能足校和徐根宝的身上吗？所以问题尖锐提出是说青训对足球既然重要，如果是举国体制设计的话，那有关领导机构在哪里？足球—青训的链条靠零散的企业或个人是难以支撑的，因为它和举国体制的设计有不同的诉求，而且足球不是一个孤立的项目，足球成功继替的链条远远超出足球—青训，而应该是足球—青训—学校体育。所以我的第二个问题的答案是，中国的学校体育—青训联系是不够的，最重要的是足球绝不能和学校教育脱节！我在上面提及的足球论文里就介绍了德国青训和学校教育的关系，以及日本百年足球崛起的因素之一，也是靠高中足球联赛的魅力。

德国足球运动的运转是举国体制的做法，反映在足协、青少年训练和学校制度全面配合，以及文化与训练哲学的一致性，他们不是坐而论道，而是找到严格的、具有约束性（他律＋自律＋监管）的落实办法。③日本足协也极为重视青训，他们也

---

① 廖泰初：《动变中的中国农村教育》，1936年单行本。
② 《连发4问！前央视名嘴狠批足球青训，一针见血揭露落后真因》，转自《蓝风足球》。
③ 庄孔韶：《何谓足球的人类学研究——一个中德足球哲学实践的对比观察》，《开放时代》2018年第1期。

是学习德国制定了严格的俱乐部加盟条件。但值得提及的还有日本的高中足球联赛运转得很好，它分地区预选和全国比赛。而更早的基础在于中小学都设有足球部，由退役球员任教练，这样从小孩子时就练好了基本功。看到日本球员的左右脚运用很平衡，这就和从小的教练基础指导有关。我多年来踢球，也常看各地成人或青少年的正规或野球比赛，最凸显的就是大多只会右脚（少量会左脚），这就说明从小没有得到专业指点之故。

你知道，日本高中足球联赛电视转播是一个好办法，可以令全国的家长和同学瞩目。当打到决赛时，俨然成了男子汉成丁礼的高潮。成丁礼是世界上很多民族男孩子经过磨炼〔真实经历（日常）的和仪式表达（决赛）的磨炼〕长大成人的标志性仪式，而从小到高中经历过十几年磨炼的男孩一定是有出息的！（英国足球人类学作者莫里斯也同样强调童年磨砺有助于长大成人后增加战胜挫折获取胜利的底气）[1] 把高中联赛运作成成丁礼效果，引发了足球人口大增（预计2050年足球人口达到1000万，含球员及其家庭、足球工作者和注册的球迷）[2]。你想一想，为什么只到学校搞星探式的青训不够呢，因为没有中小学体育的稳固基础，青训就是无源之水。而且足球训练必须和学校、家长配合，以及和每天的学校教学安排协调。例如日本从小（6岁开始即可）就可以接受足球训练，启蒙训练要依照教学训练大纲。在日本的小学、中学、大学，孩子参加足球训练是得到学校、家长双方鼓励的事情，家长、同学、球迷、校友和后援团云集赛场。连小学六年级

---

[1] ［英］德斯蒙德·莫里斯（Desmond Morris）：《为什么是足球？》，易晨光译，北京联合出版公司2018年版，第155页。

[2] 引自"日本足协2005宣言"——百年梦想。1988年，川渊三郎加入日本足协，谈起刚工作时的目标，川渊三郎说："当时人们对日本足球不抱希望了，因为我们太弱了。我想做的事情就是能让人们对足球感兴趣。"日本足球百年计划是指为提高日本整体的足球水平而制订的长远计划，1996年由川渊三郎提出，内容涵盖了联赛的创立、青少年足球人才培训、国家队的训练等一系列措施（"日本足球百年计划"，引自360百科）。

组的足球比赛，都有电视直播，堪比成年人参加的联赛。① 由于足球运动进入了学校系统，得到了家长的配合，从而使足球联赛成了理想、励志的展现平台，足球决赛成了从小到大的成丁礼，预示了一个受过磨炼的男子汉走向社会，或继续攀登足球新高峰。所以足球已经不只是单纯的竞技，而且携带着人人长期力争的理想，当然中学体育和足球成了人生拼搏的序曲和必要通道。

高诗怡：今天说的是足球，说的是本届世界杯的"男子汉"精神与特质，而实际上是针对学校体育锻炼的问题，扭转不锻炼的风气，在学校里如何做呢？

庄孔韶：应该说，一百年来的学校教育与体育（含足球）研究的国际国内学术成果，并没有良好地转换到学校发展系统中去，被高考战车胁迫的中国学校教育总是找不到方向，就像中国的足球始终找不到方向一样。记得20世纪60年代前的学生"劳卫制"颁布后，学校学生大面积出现在操场上，努力达标，掀起了青少年锻炼的风潮。我想，这是一次成功的扭转不锻炼民风（从大面积中小学普及教育入手）的好办法，但如果我们将此事定位的话，它是一次卓有成效的改变学校青少年体质体能的制度，因此是他律的成果。而今日看来，当体育自觉难于实现的时候，他律仍是必要的。如是，当今的学校体育稍有改观的情况下，一个重新酝酿的学校青少年体育锻炼新标准已经再也不能推延了。根据上面的讨论，如果学校数理化文科考试有标准，英文考试有标准（如四六级），那么体育考试与达标也要尽快安排标准，而且体育考试与达标应先于书卷和英文考试，不达标者不能毕业。让那些蜷缩的"宅男""宅女"走出房间到操场去锻炼，设想一下新的面貌，学生的励志最先从操场上实现，那将是多么壮观的场景！只有拥有健康体魄的民族才能立于世界民族之林，多少事，从来急，再不会有第二个100年了。

---

① "日本足球百年计划"，引自360百科。

当我们的学校体育的他律有一天转换成自律的时候，也就是学校青少年锻炼成风气的一天，仍需要全体国民、校长、学生、家长积极热情卷入其间。没有人会说"锻炼影响学习"，因为锻炼是你生活的一部分，体育锻炼和达标就是你学习成功的前提和组成部分，就像你答卷和通过英语六级那样。这样才能从标榜口头上的德智体，真正落实到身体锻炼先行的境界。上面提到过的一部励志的足球电影，它所展现的中学足球运动的精神是无穷的磨炼，包括团结苦练（指团队精神和高强度比赛）、摔倒不叫停、坦然接受失败（用以激发斗志），以及在运动伤病（运动伤病发生的概率远远低于现在的车祸！）中成长。

你知道，从农耕到了现代社会，人人都要上小学、中学、大学，显然学校是现代人生实现理想和成就的出发点。而除了刻苦读书的特定历练手段，就没有别的了吗？！非也！思想和智慧的历练还来自学校体育，包括足球。如果单纯说校园足球、青训、职业联赛的良性连接，当然是最好的系统设计之一。但实践起来一定不是单纯靠企业和个人支撑，国家级别的体育设计也必须是统筹的和专业的，它不只是技术的，还是哲学的、文化的、教育的、勇健的和智慧的。

高诗怡：今天的讨论说东道西，从足球"男子汉"说到族群认同，再说到学校体育教育，隐含了跨学科思想的关联，那么，您能够为我们做一个关联的小结吗？

庄孔韶：第一，2018年足球世界杯赛的体育人类学聚焦，即所谓"男子汉"的精神与特质从哪里来的问题，涉及人格与情感、族群认同与文化差异、哲学与国策选择，以及区域文化中的文体地位与民风。这次世界杯男子足球显示的普遍的强健、勇猛、团队整合和急速变换是最为突出的。如果说前两项是必有的话，那么第三项和第四项是这两届世界杯转型的最重要的特点之一，然而强健、勇猛、团队整合与急速变换均需要自制的理念与实践，它们都是包含在不断变换的"男子汉"特质之中。

第二，族群认同（ethnic identity）[①] 经常展现为体育运动团队认同与象征的基础，也可以是"男子汉"精神、特质的动力源泉。只是该术语的范畴涵盖过于宽泛和充满理性，在一些具体的人群聚集特征的讨论中难于聚焦，而由俄文 соборность（共聚性）引入的英语词 sobornost 是指人群（特别是小型的活动群体）的自觉的特定聚合特征，在诸如宗教（仪式）、民俗、体育、艺术活动，以及因情感、兴趣、偏好和理念的友情聚会中呈现。从俄国人的观看体育、戏剧的人群共聚的庄重特征[②]，到赫兹菲尔德描写的希腊克里特岛村民的随性聚会[③]，以及中国闽东、闽南的隆重村戏[④]都有关于地方人群聚合原理的径直解说。为此，我们倒是提议在群体性体育项目（如足球）的共聚性考察中，除了从抽象的和学究气的族群认同原理诠释，其背后尚可找到更为具象的和直接的原因与动力解说。

第三，中国足球发展的举国体制在于将顶层设计紧紧连接青训—学校体育的链环，而足球等项目中"男子汉"精神与特质的培养基础就在于下端环节的学校。中小学学校拥有通过体育课程和体育活动（含足球）培养青少年实现理想和梦想的责任；对足球等体育运动的兴趣需要身体强健、知识和道德的基础，各国的经验都包括"学习、踢球两不误"，而且学习和踢球、人品和球风浑然一体。其中励志和苦练是必需的过程，包括偶然性的伤痛磨炼（从古至今男子的"成丁礼"历程）与考验。要经过应对失败的历练，并成为励志的起点，有时不仅隐含着遥远的"族性"（ethnicity），也涉及时间与场景的历史记忆。"能受天磨真铁汉"（康有为诗句），"失败乃成功之母"。然而这种精神的和象征的动力何在，值得深刻思考。

第四，亚洲体育和足球大多推崇集体和共同体（其他还有

[①] Conrad Phillip Kottak, *Anthropology: The Exploration of Human Diversity*, 1994, p.51.
[②] 陈世雄：《都市戏剧与民众的"共聚性"》，《中国戏剧》2004年第8期。
[③] Michael Herzfeld: *The Poetics of Manhood*, Princeton University Press, 1988.
[④] 庄孔韶：《金翼山谷冬至的传说、戏剧及电影合璧生成研究——一个跨学科实验的人类学诗学》，《民族文学研究》2019年第4期。

俱乐部和社团的概念）的团结与协调一致（同德国实践的机器美学可有一比），因此各国足球运动个体融入教练、球员、学校和球迷组成的群体认同方式与运作需要研究。其中哲学、民风（如中国各地）、他律、自律和不同情境下的集体认同训练很重要，需要关注德国和日本已有的成功的足球"举国体制"和文化整合方式。在中国，足球发展急需体育与教育整合、职业球赛—青训—学校系统贯通，而今迈步从头越，长期的和短期的体育设计均需要跨学科的、专业的综合论证和评估。

第五，从足球"翻身"、学校体育改观到国民身体素质提高，百年空喊口号不认真落实已成积习。因此国民体育从青少年和学校体育（体育课程与课余体育活动）变革目前只有走他律一途。所以中国学生的体育锻炼需要制定可以检查的标准，如体育课严格的测评标准，并极力提议尽快建立类似过去"劳卫制"的更新标准。而且，初高中、大学的体育测评必须纳入升学第一标准，就像今天文理课程考试不及格就不能升学，或大学、研究生英文考不过就不能录取一样。唯如此或许还需要至少数十年才能达到青少年和国民体质、体能的普遍健康水准，因为已成积习的懈怠的体育课和不自觉的业余体育活动如今只有他律的办法。从一百年的中国体育与各国比较体育锻炼情况判断，在达成自律之前唯有他律一途。

如此悲情之下，其实不就是把德智体变成体德智吗？然而谁敢动德智体排行顺序的这块奶酪呢？其实，除了本文前述亚里士多德的体、德、智、美顺序观以外，我们也早已发现毛泽东（二十八画生）在1917年就对中国国民体育的认知观、体育活动的状况与弊端做了犀利的批判。他认为："体育一道，配德育与智育，而德智皆寄于体。无体是无德智也"[①]；他还进一步强调说："体育于吾人实占第一之位置。体强壮而后学问道德之进修勇而收效远。于吾人研究之中，宜视为重要之部。学有本末，

---

① 二十八画生（毛泽东），《体育之研究》，《新青年》1917年第三卷第2号。

事有终始,知所先后,则近道矣。此之谓也。"① 真是一语中的。然而经过一百年后的今天,中国体育仍积习不改,亟须警觉。上述体德智的顺序改观和国民体育优先,这一转变或许将成为中国体育和国民健康的决定性的战略出发点。

---

① 二十八画生(毛泽东),《体育之研究》,《新青年》1917年第三卷第2号。

绘画人类学的学理、解读与实践[*]
——一个研究团队的行动实验（1999—2017 年）

从远古至今一直存在的绘画艺术，无疑是各个地理区域人类哲学与思维的印记，这可以类推到建筑、音乐和后来的电影艺术。"艺术像哲学一样，它略过事物之'所是'，只为了观察它们怎样生成"[①]。因为"在艺术之中存在着一种概念活动"[②]，于是画家和画作也唯有如此而获得价值。人类学介入艺术与绘画的意义在于，他们擅长透过田野参与观察，进而发现画家作画的缘由与脉动，善于诠释人类思维与哲学的多样性展示，而与此同时，思维与哲学也得到了滋养。

人类学是一门不过百余年的新兴学科，绘画则有逾万年的历史，连油画也有数百年历史。人类学回首往事，解读洞穴远古彩绘，也研究当今画作。其进一步诠释的出发点，即一幅画何以形成对思维与哲学的过程实践。所以观看荷兰伦勃朗的油画《浪子回头》和陈少梅的工笔《二十四孝图》，足以感悟新教宽容和儒家孝道如何通过不同的东西方画技得以自然表达。

---

[*] 本文原载于《思想战线》2017 年第 3 期。
[①] ［法］吉尔·德勒兹、菲利克斯·加塔利：《资本主义与精神分裂（卷2）：千高原》，姜宇辉译，上海书店出版社2010年版，"代序"第16页。
[②] ［法］吉尔·德勒兹、菲利克斯·加塔利：《资本主义与精神分裂（卷2）：千高原》，姜宇辉译，"代序"第16页。

一

人类学研究不同族群的生态系统、社会组织和精神生活，这是一个透过田野工作和书斋分析的整体性观察过程。当我们把人类学理论与方法转向艺术世界的时候，目光已经不仅仅是画作本身：世界上画家群体（或个体）所栖居的环境，是信仰的世界还是处于商业的流程中；他们是依附于原住民（例如在澳大利亚）传统的社会组织，还是城市画家的自组织；神话、哲学、信仰，甚至人的梦境如何进入绘画，不一而足。

原来，世界上还有画家不为商业市场需求而作画的。澳大利亚原住民平图琵人（Pintupi）"绘画的价值在于现存的世界被视为梦境行动的结果"，它的哲学在绘画中表达了"众多循环之中的一个故事，这些循环是关于旅行、神话祖先（梦境）、平图琵之地的"。[1] 可以认为，画作好像是固化的媒介，那么它何以传达人类生活系统的复杂联系呢？于是通过区域哲学与族群思维的细致考察，就会从一幅油画的表象，逐渐追寻画家及其作为族群与区域文化（哲学）的考察基底。

在久远的过去，澳洲的原住民画家只在一个特定的庆典与宗教仪式上作画，他的宗教意涵调动了自己的生活与绘画实践。然而有一天，画作被城市商业画廊相中之后，情况发生了变化。他的画作已经和传统的宗教仪式无关，而且其绘画的选择与装帧，已经被资本的艺术市场需求所左右。如是，绘画人类学提出的问题是，澳洲当今的原住民画家还有自己的主体性吗？[2] 随后的问题是推衍性的，当世的所有画家如何保持绘画艺术的主体性呢？

---

[1] [美]弗雷德·R.迈尔斯：《表述文化：土著丙烯画的话语生产》，载[美]乔治·E.马尔库斯、弗雷德·R.迈尔斯《文化交流——重塑艺术与人类学》，阿嘎佐诗等译，广西师范大学出版社2010年版，第74页。

[2] 上述《文化交流——重塑艺术与人类学》这本书中，有多篇文章侧重于研究土著艺术的主体性问题。

无论这种主体性是来自哲学的、宗教的，抑或是学术的，以及他是如何在世俗的社会里铺开他的画布的？

在印度的绘画研究中有类同的情况。印度教妇女的绘画过程及其展示（例如为了婚礼的装饰），始终注意和神的交流。她们站在一幅特定的画作面前不会说："这是艺术！"而是说："神，看着我，降临于我。"印度母亲满怀爱意地作画，是为了在神的面前向新郎和新娘展示一幅幸福未来的图景。[1]

不过人类学还是会从更宽容、多元、存异的角度，将绘画还原为其产生的场景，发现其多重维度，包括文化思维与哲学的多重影响，艺术理念，艺术家的心路历程和族群信仰。

当人们在问询澳洲原住民参加画廊展览，其绘画的主体性哪里去了的时候，人类学家也在印度看到了商品化过程中绘画的新的走向。以为此时意义和神圣的力量丧失了，当地有人出来反对，说不应该卖画；然而同时，贫困的社区妇女因此而获得了不菲的收入，提高了家庭和自己的生活水平。这作何解释呢？研究表明，她们的绘画销售，似乎并没有取代印度教仪式中的意义存在，而且社区整体因此而焕发了生机[2]，并导致了新的意义上的辨析，即仪式上的神意的绘画和成为商品的绘画艺术，都基于共同的图像。因各得其所，并前所未有，于是可以认为，那里的妇女们从此获得了双重的意义存在。

若干年来，人类学绘画研究包含人类学关心弱势族群的想法，所以我们在面对各国少数族群绘画之时，给予了提升其文化主体性的学术支持。当我们看到澳洲土著大量使用丙烯作画的时候，不禁联想到油画引入中国的同类状况，尽管很多人不愿意这样联想。澳洲的绘画人类学研究，强调了欧洲材料和西部沙漠文

---

[1] ［美］莉恩·M. 哈特：《三面墙：地区美学和国际艺术界》，载［美］乔治·E. 马尔库斯、弗雷德·R. 迈尔斯《文化交流——重塑艺术与人类学》，阿嘎佐诗等译，广西师范大学出版社 2010 年版，第 150—176 页。

[2] G. Mishra and R. Owens, *Mithila Folk Painting*, Huntington Gallery, University of Texas, 1978.

化地点的混合(即帆布、丙烯、展览,而不是身体、赭石、庆典);同理,我们也是欧洲材料和中国文化传统的混合(即亚麻布、油画颜料、展览,而不是宣纸/绢、墨、感悟)。这不是缺失本真性或者文化服从吗?伊萨克斯的研究认为正相反,"这种混合说明了创造力的爆发"[1],甚至突破了文化"纯净"的桎梏。这似乎说得不错,但也有不同见解。彼得·谢达就认为,"丙烯画不够他者"[2]太容易理解,以及在展览中土著仍然处于从属地位。

同澳洲土著的弱小与边缘族群状态不同,汉人社会处于中国的主体民族地位,卷入和参与中国画实践的人群巨大,且携带着两千年以上的笔墨传统。然而,另一个事实是,四百余年前传入中国的西洋油画却至今普及率不高。大体上说,中国画山水人物重写意与神韵,而早期西洋写实油画偏形似与表情。不同的两大传统趋向,一直使国画油画保持并立的发展状态。如果我们把研究的目光对准中国油画与油画家群体,无疑会对中国人发展油画的思维与实践有进一步的解读。当然也包括回答如同在澳洲和印度的土著绘画的主体性问题,以及艺术原理与市场规则的交集问题。这方面的研究题目,我们的绘画人类学研究者已经表示了极大的兴趣。我们则开始向他们介绍绘画人类学田野调查的一些链条:画家和画家群体的经历,其哲学、族群和信仰来源,经纪人、画展和收藏,艺术理论,文化政策,评论家与人类学家等。在我们对熟悉的油画团体参与观察、实践与研究中发现,他们当中多数是学院派油画促进者,因此,了解他们的学术、职业、信仰、尊严、荣誉、生活与金钱观念也至关重要。

---

[1] Jennifer Isaacs, "Waiting for the Mob from Balgo", *Australian and International Art Monthly*, June, 1987, pp. 20–22.

[2] Peter Schjeldahl, "Patronizing Primitives", *Seven Days*, Nov. 16, 1988.

二

下面我们可以谈谈人类学家和画家是如何创意和实践绘画人类学的。如同很多分支人类学的构建，一般纪录片可以体现导演的思维实践，而影视人类学片的焦点，是何以体现和容纳地方哲学与文化的存在；被视为人类学的电影，即面对地方族群，何以使得人类学的理论与方法融入镜头。同样，尽管油画通常是静态的（有些组画展现了相互关联性），但油画画面本身一定有画家的认知与哲学渗入；如果我们有机会在人类学田野调查中参与和感知地方文化、哲学、信仰，那么绘画写生将交汇主客位的思想流程。这样说，画笔是技艺的，而绘画内容是思维、哲学与文化的实践；油画可能有个性的烙印，但其背景仍是地方族群的和场景的。

1999年和2000年之交，在笔者对人类学电影介入一些年后，意识到历史更为悠久的绘画在多样性文化中寓意深远。它涉及人文诸学科在横向关联性研究上的意义，不仅在于一些时代大思想家的影响常常对多专业显示了横扫性的影响（例如20世纪弗洛伊德的理论直接影响了绘画、电影和人类学等多学科），而且在于世界上多样性的绘画艺术内涵与特点比对，本身就是人类学文化与思维识别中的重要的意义所在。因此笔者一直想与画家共同创意并且实践绘画人类学。以此作为一个出发点（我们的不同团队同时在绘画、电影、诗学等专业视角参与研究），这可能是打通学科壁垒、彰显人类学整体性研究视角，寻找触类旁通的深度研究效果。

笔者和南方画家林建寿（那时他临近毕业）多次晤谈，强调人类学的文化多样性视角对推动绘画创意的长远意义。我们一拍即合，开始了油画创作的人类学意涵表达。于是在十余年间的绘画人类学实践中，文化冲突的化解，时空变迁的文化观察，愿望、信奉与道场操作的意义，以及跨国、跨文化、跨宗教的婚礼场景展示等，均进入绘画人类学的视野之中。其中也包括对一个油画艺术学院派群体的哲学、思维方式、艺术传承和画作流通，给予关注与诠释。同时，我们也看到，一个油画学术团队主持人的哲学修养，直接地和潜移默化地影响着每一个成员。然而每一位职业画家的画作导向，除来自导师指点以外，或许还有自身多元知识系统与生活经验的积淀。新的个体创作转向究竟如何实现？人类学提供了参与观察的理论依据，或许在某种意义上说，地方性、族群、哲学、认知、技艺、体验与直觉等，终会集中于画作之中。

2001年，电影《刮痧》[①]上映，是说美国密西西比5岁的丹尼斯闹肚子发烧，在家的爷爷因为看不懂药品上的英文说明，便用中国民间流传的刮痧疗法给丹尼斯治病，日后成了丹尼斯父亲虐待孩子的证据而对簿公堂的故事。其实中西文化的差异存在已久，却一直没用电影的角度来反映。然而，这部电影只是告诉人们，要对国别文化与法律差别更加小心，并没有提供化解的途径。于是笔者想到，自己的外国朋友认同中医针灸、刮痧、拔罐子等疗法的不乏其人，甚至有的已经在欧洲注册开业。这说明了行动起来将是化解文化区隔与冲突的有效做法。于是产生了第一幅人类学油画《刮痧》（146cm×114cm）的创意。

一位美国女性同行，通中国文化，在来中国北京田野调查中受寒小恙。这幅油画画面里，她端庄静养，潜意识里盼着会刮痧的男朋友快些来。谁知那男朋友真的漂游而至！在这个画幅里，男朋友经过的房门瞬间破裂了，他衣袍的飘带向后，带着一阵风，以致印度烛台火苗前掠。那青花瓷小碟子浮在男朋友的手心上方，而一枚古代小铜钱则悬停在他的另一只手指尖。看上去是一种新古典主义的画风，细看却有谨慎的超现实主义的合璧手

[①] 电影《刮痧》，导演郑晓龙，华谊兄弟传媒股份有限公司，2001年出品。

法，以此呈现内心与绘画的时间生成，并凸显了传统中国刮痧术的神奇技艺与灵验。她的身体好像好多了！这幅和电影同名的油画作品的意义在于，电影和油画理解文化差异的思维与哲学可以是不同的。前者作为动态的一部电影，展现了"无意苦争春"的哲学生成，让人们在文化冲突面前谨小慎微；而《刮痧》这幅油画，人类学参与了主人公塑造，画家则以温和的笔触成功化解了文化隔膜，尽管男女主人公的急切感是以贯通的直觉神情与行动实现的。

以往的绘画人类学多见于对弱势族群画家及其社区的参与观察，乃至将这些观察引申到资本绘画市场的艺术生产与消费的整个链环中去。我们的绘画人类学研究实践，则展现了人类学家与画家的进一步紧密互动。例如参与绘画创意和参与绘画角色（作品《刮痧》的男女主角均是人类学家入画），以及画家在人类学田野调研主题中参与写生，这是以往绘画人类学少见的。

第二幅油画《回访》的创意，最初来自人类学百年著名调查点的回访研究潮流。笔者的人类学团队在2004年完成了《时空穿行：中国乡村人类学世纪回访》一书[1]，即这一回访研究热潮的学术总结。中国100年就呈现如此大的变化，人类学对此作了重要的社会文化变迁理论解说。那么在绘画上如何表现这种变化呢？刚好我们注意到一幅唐代长安古墓家庭生活壁画，新的油画《回访》在此基础上，保留了壁画中古代大官人家庭生活的非透视画法，于生活场景、家具等部分进行透视改变，及用呈现完全人体透视画法的天降女服务生（手持现代饮品托盘，身着白网球裙和现代轮鞋）形象，画家巧妙地将中西绘画技法熔为一炉，凸显了一个古代家庭遭遇不期而至的现代人的时空穿行画面。尽管后来许久在现代雕塑、绘画和电影也出现过类似思路，然而这实际上是表达在2000年世纪之交时，各国人民感叹人生

---

[1] 庄孔韶：《时空穿行：中国乡村人类学世纪回访》，中国人民大学出版社2004年版。

和对时空变换意义的怀旧与追寻。这幅油画展示了中西画法的差异及其混生式透视法过渡（平面—过渡性—立体），在一幅画面上很好地呈现了古人和今人的时空穿越式相会。《时空穿行：中国乡村人类学世纪回访》的人类学专著，着力于对百年中国社区变迁的渐进式诠释，而这幅油画则以跨时空的"不期而至"，令观者不得不驻足思考人类社会急剧变迁的真正动力何在？

第三幅画的创意来自闽东农民思维中的儒家生育观和道教信仰。油画《祈男》中的村姑不生男孩，请红头师公①做科仪。法科是以家庭为单位的法事仪式，常见的有出煞驱邪、禳灾纳吉、求子求福等。这里没有人会惊讶家庭心理与精神需求的祈男愿望，但有时间山派提供的家庭仪式不总是对外公开，有时是有限制的，其限制的条件并无定论。例如家庭法事常常仅在家庭内部，亲朋好友参与的可能是不同局部环节，倘若有交情的外来人被允许参与仪式，已经是非常庆幸的事了。很多人类学家都有类似的经历，如上述平图琵人的"梦境"图案，就不许和画师不同性别的人看；②以及间山派家庭法事有时避外人，或允许参加却不让拍照等的情形非常普遍。如是，我们在跨学科的调研中，发现了一种不考虑跨学科的视角就难以发现问题的情形，即以写论文为主的人类学家、需要直接拍摄的摄影师和摄像师与画家同时在法科现场；以及、在只许观看不许拍照的要求下，这三个专业的参与者究竟何去何从呢？通常人类学家参与观察与记忆是他们日后撰写论文的基本做法，这不足为奇；不许拍摄的禁令或许使摄影师、摄像师无可奈何和无计可施；而画家哪怕不许拍照和写生也无妨，因为他们靠记忆绘画的能力总是令常人难以想象。于是我们看到只有人类学和以前不常提到的画家的学问有异曲同

---

① 庄孔韶：《银翅：中国的地方社会与文化变迁：1920～1990》，生活·读书·新知三联书店2000年版，第353—400页。

② [美]弗雷德·R.迈尔斯：《表述文化：土著丙烯画的话语生产》，载[美]乔治·E.马尔库斯、弗雷德·R.迈尔斯《文化交流——重塑艺术与人类学》，阿嘎佐诗等译，广西师范大学出版社2010年版，第75页。

工之妙，他们都可以在自身经历、体验和记忆中撰写和绘画。这里用得着柏格森的"记忆就是形象的存活"[①] 理念，记忆既指向物质与存在，又指向表象与精神。[②] 因此，在记忆中的写作与绘画"是过去与当前针对未来的'综合体'"[③]，是一种全新的物质与精神"交接"的展示。

笔者熟悉闽东几代人的红头师公们，1989 年古田 H 师公为闽江人民端午祈福[④]；2016 年冬至北斗祭和"金翼"[⑤] 山谷（林家和邻里吴家）林芳德祈福法事等；当然，笔者也参加过前者三十年前的家庭法科祈男。当我们通过多年对闾山派道教科仪与法器的研究后，于十年前完成了绘画作品《祈男》，它就是记忆中的重拟性作品：法师法器使用写实，红头师公由人类学家模拟，以及红头师公与村姑服饰的艺术重塑。在家庭祈男法事上，当披散头发的红头法师与不知所思的美丽村姑呈现在油画画面上的时候，作为艺术品的展示对普通观众已经足够。然而，人类学提供的进一步的学术信息与解读，包括作者熟悉的闾山派信仰服务究竟是宗教意义上的，还是儒家孝道意义上的，抑或是世俗功利的"仪式市场"行为？这同样使我们联想到，作为学术的油画艺术作品和作为生产与消费链环上的商品油画如何区分呢？这很相像，对宗教家与艺术家的精神生活与虔诚的理解，总是可以在道场与油画中找到，这里有信仰与思维的路线图，以及类思维的作画过程。当然，油画《祈男》是定格于一个思维过程与实践的精彩产物，这一人类学家与画家的互动结晶，包含了细致入微

---

① ［法］柏格森：《材料与记忆》，肖聿译，华夏出版社 1999 年版，第 116 页。
② 周冬莹：《影像与时间——德勒兹的影像理论与柏格森、尼采的时间哲学》，中国电影出版社 2012 年版，第 104 页。
③ ［法］柏格森：《材料与记忆》，肖聿译，华夏出版社 1999 年版，第 105 页。
④ 见庄孔韶人类学纪录片《端午节》（英文版）中闽江祭龙神的红头师公 H 先生，华盛顿大学出版社 1992 年版；庄孔韶：《银翅：中国的地方社会与文化变迁：1920~1990》，生活·读书·新知三联书店 2000 年版，第 384 页。
⑤ 林耀华：《金翼——一个中国家族的史记》，庄孔韶、方静文译，生活·读书·新知三联书店 2016 年版。

的宗教文化的体验与模拟,仍等待无数智慧的观众参与进一步解读。让我们一同去闽东丘陵地区调查和写生吧!那里的人文情怀和深厚的儒道环境交织在一起,构成了一幅幅生活的图景,永留人们记忆之中,就像《祈男》那样的一曲生命的篇章,难以释怀!

第四幅画《牧羊女——黑花白的哲学》是新近的创作。事情的原委是这样。最近两年笔者到云南宁蒗彝族自治县做"虎日"仪式戒毒回访的调研。那是说 2002 年小凉山彝族用古老的民间盟誓仪式戒毒,获得了很高的成功率。[①] 现在又过了十几年,重访"虎日"故地,看到他们仍然保持了很好的戒毒效果,令人钦佩。于是想进一步了解彝族人的深层思想,比如他们的习惯法实践中早已透露了一些生活的哲学内涵,特别是在生活中的大事小事的处理上面,始终渗透他们丰富而巧妙的转换理念,这一直铭记在心中。于是笔者邀请画家林建寿一同到小凉山调查兼写生,亲身体验他们的生活哲学。

彝族的人命案,习惯法因程度不同而分为黑、花、白案。[②] 黑案(阿诺),意指非常严重,如故意杀人;白案(阿曲),意指轻而不重。如意外自杀死亡,但实际上与家支的某人并无直接联系的案例;花案(阿则),则意指案情处于重和轻之间。如相互争吵而造成自杀的案例即如此,视为花案。当然黑白之间的花有复杂的各种过渡态。这样,我们可以看到彝族事物分类的习惯。通常说二元分类具有清晰的对比意味,是认识事物的一种简洁视角。但在实际社会生活中,绝对的二分常常使人无从把握。如现

---

① 庄孔韶:《"虎日"的人类学发现与实践——兼论〈虎日〉影视人类学片的应用新方向》,《广西民族研究》2005 年第 2 期;庄孔韶、杨洪林等:《小凉山彝族"虎日"民间戒毒行动和人类学的应用实践》,《广西民族学院学报》(哲学社会科学版)2005 年第 2 期;《观摩人类学纪录片〈虎日〉》,载庄孔韶《人类学通论》影视教材部分(电影光碟和介绍),中国人民大学出版社 2006 年版。

② 曲比石美、马尔子:《旧凉山彝族家支、姻亲人命案及案例》,载马尔子《凉山民族研究 2》,民族出版社 2012 年版。

代社会的法院判决,以谁胜诉谁败诉而告终。但实际上对与错、胜与败的二元对立,如同黑与白的分类,难以解决那些不黑不白、亦黑亦白的各种中间状态情境,直白的法庭胜诉和败诉宣判,有时容易留下不服和仇恨。彝族人的生活哲学处在习惯法理内外,到处可以感受到习惯法理和亲情混生的判定方式。同容易判定的黑案、白案相比,花案具有许多模糊的空间,因此也就意味着有很多可以协商的空间,这一空间的重要性和原理很重要,它是"抚平伤口"而不是在伤口上撒盐。

彝族的哲学和生活有什么联系呢?我们在宁蒗县的山地和溪谷总是可以看到放牧的羊群,这是他们的生存所依,也是他们古老的形象哲学来源。非常引人注意的是,这里的羊群分为黑羊、白羊和各种各样的花羊。我们在宁蒗的战河和跑马坪多次见到它们。于是笔者萌生了一幅绘画的创意,一位彝族牧羊女和一群黑花白羊。只是当时笔者还没有想好,如果我们把主题集中在羊群身上,那牧羊女如何摆放呢!回到北京后笔者与画家商量,以黑花白羊群为画面的前景,而后面远处的彝族牧羊女处在朦胧之中。画家则认为,这幅画黑花白羊的毛色反差大,联想中国的水墨画,以黑白色处理,但黑白里加一点灰色之类;如中国宣纸或绢,这幅画的画布涂料底色还含有淡淡的黄色;地面和天空则使用大面积带点颜色的灰。在田野调查现场,当你定睛望着羊群的时候,你总会感觉到它们安详之中的舒缓动态,这就决定了羊群的写实也必是动态的,就像生活中不断发生的黑花白实践与诠释。那位印象派似的牧羊女则选择了重彩,而整体画面上的这一局部彩色,就是为了烘托这幅画的黑花白生活哲学的主题,也可以认为这幅画就是彝族文化哲学的一个伟大象征!

当我们欣赏这幅牧羊女和羊群的绘画时,我们从黑白与重彩、虚与实的对比中,体验到了彝族人的美好生活方式,以及呈现了综合材料艺术上的新手法和新收获;而如果我们想进一步体验彝族人精湛的精英哲理,却发现原来就在这幅画虚幻牧羊女的眼前。显然,这幅牧羊女油画的笔法、色彩和构想,已经转换和进入了人类学的理论与田野观察视野,这也许就是人类学绘画的不同之处。

我们已经看出,上述四幅人类学画作分别运用不同的时间体验与"回想"①,不同的空间节奏与手法,以呈现绘画所携带的视觉潜在力量。

三

画家和人类学家的联合考察真是兴趣盎然。2016年笔者学校一位学人类学的女生嫁给一位波兰小伙,笔者和画家林建寿应邀参加在波兰古都克拉科夫一座小镇举办的婚礼,那是由当地受人尊重的神父主持的。从教堂走出,接着笔者受邀主持一场中式婚礼,以此表达跨越文化与不同信仰联姻的相互尊重的宇宙意义。笔者当然事先就知道国际知名人类学家马林诺夫斯基的波兰故乡就在克拉科夫,邀画家林建寿同行,并事先共同准备了关于这位先贤传记的知识。

2016年5月下旬,笔者和林建寿入住克拉科夫"探戈"旅店,在这里访问了离旅馆不远的波兰著名人类学家马林诺夫斯基早年生活学习的大学哲学系,包括他常光顾的小绿气球餐馆,年轻时的马氏在那里享受着波兰知识分子的无拘无束。② 20世纪10—20年代,马林诺夫斯基曾尝试过诗歌、素描(但他没有画过油画)、摄影、小提琴和短篇小说,却一直没有显出什么艺术天分,而那时他在人类学领域已是一位功成名就的作者。

当我们在马林诺夫斯基的故乡调研,深感他对多种语言与方言的驾驭能力(对异文化与语言的眷恋),以及他的同胞——在

---

① [法]德勒兹:《弗兰西斯·培根:感觉的逻辑》,董强译,广西师范大学出版社2007年版,第82页。

② [澳]迈克尔·扬:《马林诺夫斯基——一位人类学家的奥德赛(1884—1920)》,宋奕等译,北京大学出版社2013年版,第87页。

英语文学圈大展宏图的康拉德（Joseph Conrad）[1]的海岛文学对马氏的深度影响（对海岛的向往），这应该是日后他从西太平洋海岛部落获得人类学巨大成功的知识、荣誉与思维基础。他以人类学功能主义的"科学的文化"诠释一个社会的功能需求与构造，真的达到了同康拉德文学成就比肩的地位。画家林建寿和笔者在小绿气球餐馆小酌的时候，注意到墙上的成百幅素描、漫画和油画，其中不少是当年穷愁潦倒的艺术家们用于偿还餐费的作品，它们至今仍静静地悬挂在墙壁上，还有那个成弧形装饰的绿气球依然如故。我们坐在那里感慨的正是，欧陆文化对艺术价值的何等尊崇，以及从这个空间走出了多少享誉世界的波兰精英！

画家从阅读传记到实地关注马氏的生活环境与人性的历程后再作画，同画一位陌生人完全不同。他们在绘画之前，总是要了解绘画对象更多的信息。因此人类学家和画家在一起，人物信息的积累就会越来越多。为了进一步理解人类学家马林诺夫斯基的为人，躲不开1967年发表的《一本严格意义上的日记》[2]，这本书似乎对马氏产生了很大的负面影响。人们一面肯定马氏对部落异文化系统理解的功能主义成就，一面又显露了在海岛调查期间，他在沮丧、困扰、挫折、冲突和无助时显露的"种族主义"情绪，以及表现了"完全不符合人类学职业承诺和新人文主义的设想"[3]。

在克拉科夫调研期间，我们和华沙大学的师生朋友们进行讨论，笔者似乎无意间获得一些有益的联想。马林诺夫斯基一直为自己的贵族血统（尽管实际上他的先祖仅仅是属于叫作"施拉赫塔"的上等绅士阶层）而骄傲，他在他的学生面前曾经显露过这一点。不仅如此，有时也表现出自己出身的"高高在上的傲

---

[1] Bronislaw Malinowski, *A Diary in the Strict Sense of the Term*, New York: Harcourt, Brace, and World, 1967.

[2] Bronislaw Malinowski, *A Diary in the Strict Sense of the Term*.

[3] ［澳］迈克尔·扬：《马林诺夫斯基——一位人类学家的奥德赛（1884—1920）》，宋奕等译，北京大学出版社2013年版，第576页。

慢",有时又表现为对佣人、农民等"下等人"的轻视甚至蔑视。① 可以看出,他的所谓"种族主义"的情绪,其实是来源于波兰历史上深深植根的社会等级秩序,以及在海岛沮丧与隔阂之时顿时发散出的历史上早已失去政经特权的波兰贵族脾气。当我们获得上述关于马氏的学术与人性的对比度之后,我们再查阅马氏在西太平洋同海岛土著的一些合影的做派,会不会有不同的感觉与解读呢?通常对人物肖像绘画过程的理解,对诸种信息之间的关联与判定,不总是逻辑的,有时则需要感觉和直觉。笔者和画家走进小绿气球餐馆、大学哲学系建筑和马氏到火车站的必经之路进行写生,应该说已经携带了与普通写生不一样的思维内涵。

学问与人格有时会分道扬镳,但一个人的出身、传奇经历、困苦时的意识与人性发散的关联性又会殊途同归,走到一个整体性的全面评价上来。这一点的学术把握和绘画的理解,同样基于事实、感觉与直觉的把握。林建寿以往分别以资料、老照片的感觉画过马林诺夫斯基的肖像,让我们今后对照一下信息的积累对他的人物肖像创作究竟有何种影响。

这是一种经常发生的场景。当一幅人物肖像画挂出的时候,有时会有人说:"怎么不像呀!"其实绘画和摄影的基本差异也在于此。记得朱春林和林建寿两位画家在画室同时为一个熟人朋友作油画肖像,当两件作品完成之后,有一位熟悉的朋友指着一幅画说:"这幅怎么不太像呀!"这或许是个外行的问题,因为内中涉及画家的内心独白。一幅画需要得知画家的创作心思时才能更好地理解。作为同是熟人的绘画对象,两位画师从对其生活方式的深度理解,以及对其学术角色的宏观把握而分别落笔,因此画作之形象分别呈现了中庸的逼似和需要回味的"威严"由何而来的感知。此时一个熟人的两幅肖像原来是两位画家分别

---

① [澳]迈克尔·扬:《马林诺夫斯基——一位人类学家的奥德赛(1884—1920)》,宋奕等译,北京大学出版社2013年版,第18页。

"感受到如此感觉而被体验的身体",① 他们是从不同的观察与思维视角作画的,可谓各得其所,事后再也没有人说像与不像的问题了。朱、林师生两幅并时的同一人物油画肖像携带着深厚的生活、学术与信仰互动的感觉与意义解读,也应是绘画人类学作品的可注目之处。

正是在这次波兰田野调查中,我们超出了单纯围绕马林诺夫斯基的主题,扩大了视野,将整个调研跨过婚礼转入跨文化的思考之中。我们有幸参加和观摩波兰国家的天主教弥撒大游行,亲历教堂婚礼仪式,卷入婚礼晚会的狂欢;我们和乡镇快活的波兰人乐队互动,隆重的主宾宴会,晚间会晤神父,观察同时存在的天主教婚礼和无神论婚礼的文化差异等。

当隆重的教堂婚礼结束以后,中式婚礼是笔者和一位中国女性联合主持的。笔者主持给双方父母的敬茶仪式,包含象征性的"红包"项目,这在波兰是绝无仅有的。笔者和画家是从中国应邀参加,还有来自欧洲的中国朋友;而另一方是新郎的波兰亲朋好友。当天有一个婚礼前的晚间派对,主宾全部参加,吉祥而欢快。与其让笔者描述这次派对的盛况,还不如解析一下林建寿的油画《囍临门》呢!

林建寿在当晚的派对群像观察中留下了深刻的记忆,于是诞生了这幅波兰婚礼派对的大型横幅油画(180cm×360cm)作品。这幅画的左侧坐着玄色衣着中国双亲,挨着他们的亲家。喝茶的女宾挨着高大略胖的神父,白天他还在主持庄严的教堂婚礼。神父并不强求中国新娘加入天主教,但他之前的确反复和新郎新娘确认过对各自信仰的尊重和理解。神父显得很和蔼,坐在那里微笑地望着乐队。新娘则走出座位,和她来自欧洲的朋友们站着聊天,眼睛瞅着右边极度兴奋的新郎,可惜这时新郎被笔者"占据"(这幅画的黄金分割交接处)了。新郎好像喝得有点多,搂

---

① [法]德勒兹:《弗兰西斯·培根:感觉的逻辑》,董强译,广西师范大学出版社2007年版,第43页。

住笔者的脖子控制他的舞动。请看环绕着我们的波兰人乐队，据说他们来自波兰东部和南部的山区，其中有两位失明乐手和他们漂亮的太太，笔者却分不清谁跟谁。不过有关系吗？！他们每个人能拉会唱，你看穿橘红色小衣裳的孩子在桌上探着身子，也好像被音乐所感动。那位高大的大提琴手渴了想喝一杯，面对着正在畅饮的英国客人。大提琴手告诉笔者，他很想到中国来旅行演出，记得当晚他为笔者伴奏过一支小时候学过的波兰歌曲《小杜鹃》，刚好也是关于如何挑选新娘的歌。

这幅油画从颜色基调上看，是在波兰吗？抢眼的中国红呈现在画面前方，不仅有台布上的大条红装饰布，还有绣着金双喜的红提袋。红白是波兰国旗的颜色，可红色是特地带有文化对比意味的中国红，这同时也改变了林建寿油画以往的黄绿色基色倾向。小孩子的上衣是橘红色，而周围多见黑和白，处在黄金分割地位的蓝紫衬衫和小朋友的颜色对比最为强烈。林建寿想表现画面中央穿白色波兰民俗衬衫（带彩色绣边）的高大吹奏手，正是他的目光和乐曲引得笔者和新郎手舞足蹈。显然，背坐着的吉他手的弹奏总是照顾着左侧主宾席上的神父和中国、波兰的双亲们。这是一次跨文化的婚礼派对。波兰人也喝红茶，但中国人习惯带来了花茶和绿茶。当然，不是所有中国人都知道，波兰也有饺子，节庆和平时随处可见。我们在宴会上品尝了用洋葱和黄油煎的带馅饺子，尽管和中国的锅贴只能勉强一比，但已经说明饮食和文化的思维可能跨越地理区域想到一块去了！这或许就是文化与饮食习惯交流的出发点，婚后让新郎新娘把黄油换成豆油，洋葱换成韭菜就可以了。

很多油画大师是在年轻的时候用油彩细致刻画，年纪略大些，见识也多了，便能挥洒自如而不拘泥。这里我们说的是另一件事。当澳洲土著使用欧美丙烯颜料画画的时候，天然赭石的画风传统会丢掉吗？我们这里可以类比的是，具有泼墨写意山水传统的中国人，如何在使用西洋油画颜料时发生有思维与惯习推动的技艺转换吗？这意味着中式油画画法究竟是什么？林建寿也熟悉中国书法，所以他说，如同从正楷到行草，油画的写实到写意也要经历多年实践。他并没有把画面前面的盘子、刀叉和酒杯与整个环境刻意协调，更重要的写意还表现在主要人物的笔触轻松而具有动感（不像我们见过的一些古今中外仔细雕琢的油画群像），这一定和晚会上的乐队参与不无关联：音乐和乐手是动态的，听众的身体节奏也是动态的，这就是林建寿中式写意思维借用外来油彩表现整个晚会环境与人文律动的精彩之处。于是我们可以得到这样两个重要结论：什么才是作为文化（及跨文化的）的绘画与技法，以及何以呈现绘画人类学的思维、情感、文化与社会的交流。

四

论文至此可以暂停一下。让我们总结近二十年来笔者和画家在绘画人类学研究中的定位，主要有：（1）跨族群、跨文化、跨学科的绘画人类学创意和人类学的绘画表现；（2）画家与人类学家的长期互动（实现兼修），方式是画家参与人类学田野调研，以及人类学参与油画团队写生；（3）学院派油画团队的艺术理论与人类学理论之交织解说；（4）中西画法和不同流派画法的混生与整合，实现画面上的时间与思维动感；（5）人文学科如绘画、摄影、电影、诗学、戏剧等的横向参与观察，一个触类旁通的思维与哲学实践的过程与意义探讨。[①]

现在，我们的绘画人类学策划与实践的研究团队已经工作多年，最近林建寿油画个展特别开辟了"绘画人类学专栏"，以利绘画与人类学的互动成果总结。可喜的是，已有研究者开始对这

---

① 多年来，我们的师生研究团队包含社会组织、教育、公共卫生、人类学撰写文体、电影摄制、戏剧、诗学和绘画等方向，横向的关联（多面向研究人员和具体实践）是多年来的主要关注点之一。

支绘画人类学团队的工作与生活做田野研究,除了笔者这篇论文侧重多年研究总结和跨文化绘画解读,他们会偏重人类学对油画团队的绘画哲学与生活,作者与观众的角色,艺术与人类学双重评论研究,以及绘画的主体性,创作、生产、画廊、展览与消费过程等。[1] 这可以认为是我们的绘画人类学研究定位的第(6)个要点,将是不久以后刊出的相应论文的内容。当然,这一点流行于英语学术圈,仍是人类学家参与观察绘画的传统思路,似乎研究视角可以更为宽阔。显然,这一点也并没有超出笔者多年探索电影、诗学、绘画等横向人文题目寻求触类旁通思想收获的初衷。实际上,这应是一个绘画人类学团队成员多方位参与以寻求整体性卷入的行动实验。

---

[1] 上述马尔库斯和迈尔斯编的《文化交流——重塑艺术与人类学》,这本书除了侧重于画家的主体性以外,还有艺术家创作、画廊、展览与消费流程的人类学参与观察的流行视角。

流动的人类学诗学*

——金翼山谷的歌谣与诗作

最近三十年，笔者的"金翼"人类学创作团队分头或共同完成了若干学术作品，包括传统的论文、专著，以及文学艺术类的人类学作品，后者采纳了歌谣与诗作的田野研究、散文、随笔写作，以及戏剧、电影和新媒体创作手段。2017年年末，我们的团队集中完成了人类学纪录片《金翼山谷的冬至》[1]的摄制及闽剧《猿母与孝子》的创作演出。作品完成后，团队成员分别专注于整个田野创作中的诗与歌谣、戏剧人类学、民族志电影诗学、人类学学术点的新媒体呈现等，撰写相关论文和随笔，展现创作心得。本文主要侧重于金翼山谷冬至传统歌谣与诗作的田野人类学探讨，以便交流。

围绕拍摄过程中所呈现的跨学科文学实践问题，笔者需要提到二十年前赴厦门参加的首届中国文学人类学学术研讨会，记得与会者均是对文学和人类学跨界研究充满兴趣的热忱实践者。会上，比较文学家乐黛云教授提议要"以人类学的方法研究和解释文学"。已故的人类学家李亦园先生认为新的学科之产生"有

---

* 本文原载于《开放时代》2019年第2期。

[1] 庄孔韶为该片导演兼制片人。2017年获中国人类学民族学研究会让·鲁什诞辰100周年电影节优秀学术展映奖；2019年3月英国皇家人类学会为庄孔韶教授举行《银翅》英文版和《金翼山谷的冬至》专题研讨会和特别展映；2019年10月该片成功入选中国台湾国际民族志电影节。——责编注

赖于文学与人类学之间的互补与互动"。笔者当时的思考是"如何利用文学形式在内的多种手段以实现人类学的更好的文化理解与表现"①。可以说,这次会议开始描绘和促成一个文学与人类学互动的新的平台,尽管两者有不尽相同的落脚点。

二十年很快过去了。这个平台上活跃的各个学术团队成绩颇丰。人类学界虽说卷入的人数不多,但一些跨学校、跨学科和跨专业的学者,还是带着各自独有的兴致,默契合作,收获了归结于文学人类学与人类学诗学的田野研究成果。

以田野工作为地方文化理解基础的人类学,提供了文化与人性认知及感悟的多样性作品。百余年来人类学家一个个理论的递进性创立,对人类文化多样性的多向度理解和综观极为有益。然而人类学家发现仅仅有撰写论文的实证与理论诠释成果是不够的,尤其是科学主义和逻辑实证主义对论文写作的限定恰恰是对观察和情感的限定,以至于无论参与观察之主客位互动的理论如何改善,我们都怜惜如何在论文和专著中为人类学诗学留下空间。也许正是因为人类学本身"极少以哲学或美学的方式研究问题,可以说是一种缺失"②。为此笔者在1995年北京大学社会文化人类学高级研讨班上首次提出"不浪费的人类学"的实践理念,实际是想推动文学人类学多元方法呈现的田野/书斋综合实验,因为当今人类学诗学或民族志诗学的研讨范围已经不限于传统的叙事诗、散文、小说等。

请允许笔者重复一下"不浪费的人类学"的含义,这是指"人类学家个人或群体在一个田野调查点上将其学习、调研、阐释和理解的知识、经验、体悟、直觉和情感用多种手段展示出来。著书立说以外,尚借助多种形式,如小说、随笔、散文、诗

---

① 庄孔韶:《人类学与诗学》,载《敦煌》2002年卷,敦煌文艺出版社2002年版,第149页。
② [美]丹·罗斯:《体验之旅:斯坦利·戴蒙德的人类学诗学》,转引自[美]伊万·布莱迪(编)《人类学诗学》,徐鲁亚等译,中国人民大学出版社2010年版,第30页注释17。

歌、戏剧、影视等文学手法创作；邀集地方人士的作品或记录，甚至整合同一个田野点相关专业的跨学科作品，以求从该族群社区获得多元信息和有益于文化理解与综观"。[1] 笔者一直希望"不浪费的人类学"的实验性组合有新的策划与延伸，近年也的确到了收获的时候。

去年我们同法国人类学家讨论田野点调查时间的长度问题，瓦努努（Nadine Wanono）教授特别放映了影视人类学先驱让·鲁什先生（Jean Rouch）在非洲马里的多贡人地区拍摄的胶片电影。这是关于一个酋长葬礼的人类学纪录片，它的后半部长时间在部落生活背景上展现作者朗诵的多贡人押韵诗句。这近乎冗长的艺术与诗意拍摄被认为是，如果没有八十多年在田野点积累的师生团队情感（让·鲁什先生本人就是诗人），就没有人类学的电影美学与情感诗作。中法同行似乎有同样的诗学人类学体验。于是我们也放映了费时两年在林耀华先生的家乡福建古田拍摄的纪录片新作《金翼山谷的冬至》。影片尝试了一些新手法，探讨了神话传说、歌谣、诗作、戏剧、电影和新媒体呈现的人类学诗学问题。我告诉瓦努努教授，两三代学人在这一著名调查点的田野工作也同样延续了八十年之久。

许多人知道，林耀华先生的《金翼》[2]是小说体的人类学著作。他以"如竹叶般简朴的"笔法，描写了从晚清接续民国到抗战初期栩栩如生的社会历程与民俗生活，着力于解释在并不富裕的农业山村，东林一家何以摆脱贫困，并将社会生计联系通过

---

[1] 庄孔韶：《行旅悟道——人类学的思路与表现实践》，北京大学出版社 2009 年版，第 369—370 页。Zhuang Kongshao, Gary Seaman and Song Zhifang, *Perspectives on Visual Culture from China: Methodology, Analysis and Filmic Representations*, Intellectual Property Publishing House, The Center of Visual Anthropology, 2012。

[2] 林耀华先生的著名人类学小说《金翼》（英文版）有 1944 年和 1948 年两个版本，先后在中国翻译出版，分别为《金翼：中国家族制度的社会学研究》（庄孔韶、林宗成译，生活·读书·新知三联书店 1989 年版）以及《金翼：一个中国家族的史记》（庄孔韶、方静文译，生活·读书·新知三联书店 2015 年版）。

西路和闽江扩展到省城福州,终成地方首富。这是一部重要的传奇性作品。然而,时过境迁,历经战乱和社会经济的剧烈变迁,《金翼》书中的东林及其后辈再次跌入谷底。不可思议的是,沉着的金翼之家后辈,静静贮藏着家族的智慧,察机并行动,数十年后终于再次异军突起,引入"银耳革命"置业成功!

这种以章节小说体现社会运动起伏的韵律是用人类学的平衡论潜在解释和推动的;而民间也用"三十年河东,三十年河西"的风水轮转观来解释世界。当我们在田野点参与农民乡村和家庭的年节活动时,也会深切地感受到一年一年周而复始的民俗生活节奏及其延续性。

从1986年笔者抵达福建古田金翼山谷,一下子又过了三十多年!除了人类学纪录片《端午节》(1989、1992),我们团队围绕着关于金翼山谷的专著《金翼》和《银翅》①,创作了摄影、随笔、诗集、油画等多种作品,多在20世纪90年代出版。结束对这里大半个世纪的政治经济和社会文化变迁的书写与诠释后,笔者又转入了对古田县的节气和传说的研究,想要看一看在震荡不断的历史进程中,相对平静的日常节令,金翼山谷的人民是如何过生活的。《金翼》和《银翅》里的主人公或他们的后辈还像《端午节》的参与者那般沉着吗?

这里笔者尤其对闽东丘陵地带人民的冬至习俗感兴趣。冬至搓圆习俗在中国南方很流行(北方包饺子,南方搓圆),这倒罢了,你知道还有一个吸引人的"母猿与农人"的美好传说与歌谣吗,于是笔者特别挑选金翼山谷的冬至再拍一部纪录片,作为"不浪费的人类学"多元作品的新品种之一。不止于此,冬至拍摄还混合了戏剧创作和新电影实验,然而其落点已经不是大的政

---

① 包括庄孔韶的《银翅:中国的地方社会与文化变迁:1920~1990》(生活·读书·新知三联书店2000年版)以及Zhuang Kongshao, *The Silver Wings, Local Society and Cultural Changes in China* (1920's–1980's)(Ethnographics Press, Los Angeles and Austin)等近十种不同类型的作品。

经变迁主题,而是人类学的田野诗学,这要在我们新的诗学体验中思考,在新编闽剧和新纪录片中思考,为此整个团队成员都兴致盎然。

冬至节气为什么吸引人呢?笔者来回比较金翼山谷的众多年节时令,冬至的自然韵律和生活美感令人难以忘怀。冬至是宇宙、季节与生态变换的重要节气之一。冬至的时候,太阳直射南回归线,阳光对北方斜射,北半球的白昼最短,而黑夜最长。过了冬至,北半球黑夜渐短,白日渐长,所谓"一阴下藏,一阳上舒"(《史记》)。陈希龄的《恪遵宪度》对冬至的总结最为精辟:"阴极之至,阳气始生,日南至,日短之至,日影长至,故曰冬至。至者,极也。"冬至时宇宙万物得以全面关注,先前"以冬日至,致天神人鬼"(《周礼·春官·神仕》),而后"十一月冬至。京师最重此节,虽至贫者,一年之间,积累假借,至此日更易新衣,备办饮食,享祀先祖。官放关扑,庆祝往来,一如年节"(南宋孟元老《东京梦华录》)。可以想见古代"冬至大如年"的庄重与虔诚之状。

林耀华先生于 1934 年至 1937 年在闽东福(州)古(田)方言区进行田野调研和写作,曾两度返回家乡调研。据他记载,由于闽江礁石危害、地方劫掠和稽查严格,当时水陆兼程不易,故直至 1934 年 9 月他才到达古田,还到松台乡看望过嫁到那里的妹妹。他的义序和金翼黄村宗族组织研究最为著名,此外,他还特别喜欢记录闽东的拜祖、信仰、年节活动和民间歌谣,[①] 其中很多歌谣是结合婚丧和节令活动展开的。林耀华关于闽东冬至神话传说与歌谣的研究,曾部分刊载于北平《晨报》的《福建农村社会研究通讯》。

山谷熟人社会的生活早已约定俗成,冬至节前你就会听到某

[①] 林耀华:《金翼:中国家族制度的社会学研究》,"著者序"第 6 页;林耀华:《闽村通讯》,载林耀华《从书斋到田野》,中央民族大学出版社 2000 年版,第 269 页。

一人家有酿酒的动静了！丘陵山地老屋里传出高亢的酿酒令，一人领唱，家人宾客整齐呼应！那是点燃冬至酿红曲老酒灶火的仪式时唱的，酿酒令伴随着糯米香飘过来：

> 伏惟哦，此酒不是凡间酒——好啊！
> 伏惟哦，乃是惠泽龙王赐我祭坛酒——好啊！
> 伏惟哦，祭求红曲好酒种——好啊！
> 伏惟哦，祭求糯米好酒娘——好啊！
> 伏惟哦，祭求坛坛新酿尽佳酒——好啊！

进城工作的男人们带着节令食品回家，主妇们在冬至前夕和好糯米粉，全家围拢在厨房搓圆。家人们搓圆时充满喜气，看谁搓得圆，寓意家庭和美圆满。小孩子们搓圆时淘气，把米粉捏成小猫、小狗和小碗等[①]，给节日带来欢乐。林耀华还记录了20世纪30年代女人们喜戴手镯，"搓圆双手动作时，手镯互击，铿锵作响，家庭的和乐，尽从这种声音表达出来"[②]。乡村大家族妯娌们在厨房八仙桌边围站搓圆时，手镯交错碰撞发出了清脆的响声，这一幸福和美的意境，被人类学家注意到了。当然，可以比较一下北宋周邦彦的《一剪梅》，他注意到的是另一种场景感知下的"袖里时闻，玉钏轻敲"，一缕美妙的诗意。

《金翼山谷的冬至》里，在老吴（《银翅》中金翼之家的好友，通过银耳业发家致富的先锋之一）家厨房全家人用方言唱的就是闽谣《搓圆》里的一段，民间传唱的歌词更长，也是林耀华先生20世纪30年代记录过的：

> 搓圆痴搓搓，

[①] 林耀华：《闽村通讯》，载《林耀华：从书斋到田野》，中央民族大学出版社2000年版，第287页。

[②] 林耀华：《闽村通讯》，载《林耀华：从书斋到田野》，第287页。

年年节节高；
大人添福寿，
泥团岁数多。

搓圆痴搓搓，
年年节节高；
红红水涨菊，
排排兄弟哥。

搓圆痴搓搓，
炎炎火止姆；
今年养小姐，
明年添细哥。

搓圆痴搓搓，
伊奶教侬搓；
伊哥务伊嫂，
阿侬单身哥。

搓圆搓圆，
搓圆搓圆；
哥做宰相，
弟中状元。①

前面提及"冬至大如年"，人人长了一岁，所以《搓圆》歌谣集中在为老人贺岁、延寿和小孩添岁的祝福上。人们边搓边

---

① 这是林耀华先生20世纪30年代在福建家乡收集的众多闽谣之一，参见林耀华《闽村通讯》，载林耀华《从书斋到田野》，中央民族大学出版社2000年版，第287—290页。"火止姆"是当地用泥巴捏成的婴儿状、供插红蜡烛的器具。

唱：你看见火止姆烛台（象征）了吗，今年生了女孩，明年还要生男孩！嗨，母亲来教你搓圆，哥哥已经有了嫂子，（对比）你怎么还单（身）着呀？！搓呀搓呀，哥哥将来要做宰相，弟弟中状元！

当我们观看纪录片《金翼山谷的冬至》里的搓圆之夜，才会理解冬至搓圆歌谣的家族场景。三十年后的冬至重复着三十年前同样的家族/家庭民俗场景。我们还会留意看到、听到，当大人孩子们高声背唱《搓圆》歌谣的时候，曾有瞬间停顿（镜头记录了几秒钟的记忆中断），然后孩子们马上想起，又接上了。这里我们可以实景体会民间歌谣常见语句重复的这个特征，其一是"应便于记忆的需求"。[1] 从人人经历过的群体记忆体验上看，歌谣有节奏地重复段落，也的确利于集体启发记忆、合唱和合颂。这是从形式整体性上理解。而我们从歌词还可以进一步看到形式和内容的一致性：大体押韵的歌谣的节奏性，象征和对比的手法，恰好是在共同的韵律中憧憬和推动饱满的家族主义，歌颂家族理想的完满性与延续性。总之，这种家族主义的动力借用了来自歌谣诗学的重复性、节日民俗的重复性和年年家家在厨房里搓圆的场景的重复性。

配合歌谣唱诵的冬至场景，我们还可以看到田野的诗学人类学的比拟，或谐音，或隐喻。如家家在祖先供台上放置橘子（急子）、"火止姆"（婴儿状）、水党（涨）菊（花瓣多意味孩子多）、汤圆（孝子圆），吃和送米粿（孝道回报）；而果盘里的干果，如红枣（早子）、花生（生子）、榛子（增子）、瓜子（多子）和桂圆（贵子），以无数节日果品意象群的谐音、象征、直觉和隐喻（暗喻）而累积成家族昌盛、多子多福的期盼寓意。

笔者曾邀徐鲁亚教授、古田籍人类学和英语专业的研究生，以及专业摄影师张景君，发起了一次诗学人类学沙龙活动，并拍

---

[1] 岳永逸：《保守与激进：委以重任的近世歌谣——李素英的〈中国近世歌谣研究〉》，《开放时代》2018年第1期。

摄了九分钟的电影短片,取名为《冬至:一个人类学的诗学》。沙龙活动包括展示同一冬至主题的古田方言、普通话和外语诗/古歌谣,及师生创作、朗诵现代诗。其歌谣内容就部分来自20世纪30年代林耀华先生收集的闽东冬至传说和节令歌谣的两个不同版本。

一位清华大学的古田籍学生用方言朗诵了《搓圆》。方言诗、汉语诗和英文诗的转换,有何种对应性关系呢?闽东方言被认为是中国的八大方言之一,其本身就是从古汉语发展而来的,因此"它的基本词汇有许多是相同的,只是在语音上有差异"[1]。"与现代汉语相比,古田话动词的重叠形式显得比较丰富","重叠后表现出来的语法意义也比较丰富"[2],如《搓圆》歌谣中连续出现的动词"搓搓"。在福古方言区童谣的研究中,我们也注意到更广泛意义上的"句式的重复,有短语的重复,有语词的重复,有单字的重复"的现象[3],这在《搓圆》中尤为突出,如"年年""节节""红红""排排""炎炎"等。其重复的作用显然在于,有节奏的歌谣和递进的内容,是家族祝福、长幼仁爱理念的婉转提示与劝言,令人感受到来自歌谣与音乐的或明或暗的动力。

徐鲁亚也到过金翼山谷现场,所以对着《搓圆》歌谣的英译稿,可见节令活动、行为、隐喻、情感的表达方式,以及和中文歌谣的思路一致。他提示冬至《搓圆》英译诗的出发点从不同的角度说极可能达成"三美",即意美、音美、形美[4];也可以说是"最佳近似度"[5],即译作模拟原作内容与形式最理想的

---

[1] 杨碧珠:《闽东方言与普通话词汇在词形词义上的差异》,《宁德师专学报》(哲学社会科学版)1994年第1期。
[2] 李滨:《闽东古田方言动词的重叠式》,《福建教育学院学报》2006年第7期。
[3] 李娟:《复沓的印迹:福州方言童谣叠词探魅》,《宜春师院学报》2014年第8期。
[4] 许渊冲:《翻译的艺术》,五洲传播出版社2006年版,第81页。
[5] 赵振江:《最佳近似度:诗译者的最高追求》,《文艺报》2014年10月15日。

逼真程度。因冬至歌谣的文化玄想有限，在跨文化翻译时，他希望依照原韵律和节奏，而且不仅歌谣的行数对应，也尝试着对应押韵。例如：

> 搓圆痴搓搓，
> 年年节节高；
> 红红水涨菊，
> 排排兄弟哥。

> Rub and rub and rub,
> Every year's better,
> Red chrysanth red,
> Each one a brother.

此段英文第一、第二句均为五个音节，分别对应汉语第一、第二句的五个字；英文第三句是四个音节，第四句又是五个音节，在形式上近似原作，使用了上面提到的重复，模拟了原作的节奏，在韵律上采用了"ABAB"的模式，其中，"rub"和"red"辅音相同、元音不同，属于半韵。在意义上，亦充分表达了原作的隐喻，即每一排菊花都象征明年会诞生的一群"细哥"。所以，这一诗作的翻译过程，既要体现语言运用的诗性归属，也要体现意象上的民俗归属与文化归属。诗人庞德（Ezra Pound）就是在多种语言之间的互译中寻找何者是那个总是存在的意象[1]；那个刹那间表现出来的理性和感性的复合体，被比喻为"一个旋涡"的意象。[2]

---

[1] 张洁：《翻译是诗歌的最高境界——黄运特访谈录》，《外国文学研究》2014年第5期。

[2] 刘岩：《中国文化对美国文学的影响》，河北人民出版社1999年版，第107页；参见庞德的著名诗作《在地铁站内》（*In the Station of a Metro*）。

我们师生在冬至沙龙上也朗诵了自己的人类学诗作，这是作者三十年前在金翼山谷过冬至节时有感于作为猩猩的母亲的传说而作的。这就回到了我们讨论的福建冬至母猿/猿母和孝子的传说上来。在福建丘陵山林多猿猴的环境下，寒冬时节闽地农夫林中作业，人猿交集的机会颇多，若有传奇经历定会不胫而走，奇遇中丰富的生活想象从而进入农人的宇宙观寄托之中。

《金翼》中的"猿母和孝子"传说是讲一位农夫在山林里劳作时生病又迷了路，幸而遇到一只母猿搭救，后来他俩情好日密生了一个男孩子，但农夫不得不带孩子离开树林回家。日后，男孩努力耕读考中状元，功成名就。此时父子两人思念林中猿母，想方设法找到并要接回它。于是他们先用糯米粉搓圆，然后召集族人走进森林，把汤圆黏在树上，丢在从森林回家的小路上，再黏在大门上。饥饿的母猿按照汤圆的记号，历尽艰辛最终找到了大门。父子俩和族人亲戚邻居都来迎接猿母，全家终于大团圆。

这里借南方湿寒的冬至节气，从汤圆统摄意象和寻猿母传说的惜别哀婉自然地转换到人伦与孝道的理念之中。那么现代人是怎么想的呢？

  我看到了那位
  衣锦还乡的伟大官人
  总是惦记
  做猩猩的母亲
  他背着竹篮
  从阴冷的森林
  走回小村
  便有无数个粉丸丢下

  黏在黄铜的门心
  听说是最圆的两个

"搓圆痴搓搓
年年节节高
红红水党菊
排排兄弟哥"

竹箕旁的阿嫂站起来
撒上糖和豆粉
我掏出两个橘子
再推开门
把羽绒服挂在树上①

笔者数次参加古田冬至节，最感动的一次就是2017年冬至凌晨和老吴家人模拟"大官人"往山谷林地上丢汤圆和在树上黏汤圆。汤圆实际上是中国人通常的叫法，这种糯米团要滚上红糖和豆粉（干吃），这样不会发黏，容易一个个拿起来。孩子们也喜欢把时糍（汤圆，加汤水）黏在树木的树干上。现代诗借用了古老歌谣的多福多男的比喻，感慨现代金翼山谷农人依然具有牢固的儒家家族主义理念。笔者三十年前认识的吴家嫂子最会做时糍，她拌的红糖豆粉最好吃。不过笔者很清楚冬至做客要带什么礼物：一篮红橘（比一般橘子颜色更红的地方品种），是贺冬祭祖的最爱，又喜气又红火，也应了"急子"的民俗愿望。不过，"我"（笔者）更为"猿母与孝子"的传说而感动，于是走出了大门，在门外的橘子树上"挂了"一件现代的彩色羽绒服，想来是给猿母准备的吧！"我"似乎为带去的礼物以及"我"的新想法、新做法颇为得意，因为"我"和村民一样，也"漂亮地"表现了对"猿母"的接纳。诗中"我"的彩色"羽

---

① 庄孔韶：《冬至》，原载《北美花间》（庄孔韶诗集，华盛顿大学人类学系，1993年）；又见庄孔韶《自我与临摹——客居诗选》，湖北教育出版社2001年版，第13页。

绒服"或许是仁爱的朦胧意象的"旋涡",承载了对乡土民俗生活的认同之情。请留意,这首现代诗使用了变换主语,以及诗作者、传说中的大官人父子、现实生活中的搓圆农妇等穿越时空与场景的并置手法。记得庞德所擅长的是诗句翻译过程中的意象识别和对比,而金翼山谷呈现的体验则是人类学家的田野体验,是田野工作中的诗学。戴蒙德(Stanley Diamond)是人类学界少有的双重关注诗学与人类学的学者。他写诗的特点也是"追求崇高的体验并用现代抒情诗的形式表达何种体验"。① 这种体验需要识别自我与他者的互动在不同学科和文学形式中的特色。例如戴蒙德的《萨满之歌》也容纳了叙述对象和隐含的叙述者的双重视角:

> 你是怎样知道熊的
> 他的身体,我的灵魂

的确,人类学家和社会学家都经历过主客位关系从分割到交流的学术认识历史。戈夫曼(Erving Goffman)认为人与人的互动理论不是简单的互动,其中蕴含着更多的内容,是"自发的共同参与"②;而戴蒙德的诗句更是在体验中展现了交流的互动与"神交"(unio mystica)。③

因此,田野中的诗学特色补充了社会学、人类学通常讨论的实证性和层级性(如互惠、互助,主位/客位、自我/他者、精英/大众、全球化/地方化等)对互动的侧重,在体验中呈现田野诗作的平等精神与情感交流,因此人类学诗学的贡献是方法论级别的。人类学界那些只有少数人参与的、不起眼的并置和即时超越性互动的田

---

① [美]伊万·布莱迪编:《人类学诗学》,徐鲁亚译,中国人民大学出版社2010年版,第226页。
② Erving Goffman, *Interaction Ritual*, Garden City, 1967, p.113.
③ [美]伊万·布莱迪编:《人类学诗学》,徐鲁亚译,中国人民大学出版社2010年版,第230—232页。

野诗作,表达了一种体验多元文化世界的"后等级"(post – hierarchical)方式①,笔者乐于将其称作"流动的人类学诗学"。

不像早期功能主义的人类学基础研究,也不像传统互惠(其实特罗布里恩德岛上的"库拉"圈和毛利人的"豪"的互惠就是诗学过程)、互助类的互动研究,文学诗学和人类学诗学总是聚焦认知、精神与情感的互动触媒。2000年笔者和法国道教与电影人类学家范华(Patrice Fava)教授的笔谈②,就已经讨论过"性灵、真和趣"的语义学(文学理论的和人类学的),类似戴蒙德带有巫术神秘感的"神交"的含义。戴蒙德讲的"神交"被认为展现了他的"自我和他者之间闪现的瞬间"。③ 可见对这一"神交"的瞬间理解的范畴和难度在哲学、诗作、戏剧、电影摄制和人类学中并不在一个坐标上,因此必然凸显跨学科研究的魅力,而这实际上只有在人文社会多学科的横向交叉与对比实验之时才会呈现。

在讨论电影新方法的时候,范华推崇"挖掘中国美学和文学理论重新思考电影,可以使新方法涌现出来,于是可以用新的方式领会现实"④,随即明代"公安派"袁氏三兄弟的文论作品精要便展现在眼前。由于论文已经发表的关系,这里我们只是提到比戴蒙德"神交"更为深入细致推敲的"性灵、真和趣"的语义学。恰好"性灵"就被认为是灵感触发的瞬间,而"趣"则是流动性的分享与共享之巅——直觉之"神入"或"神交"。不仅如此,袁宏道一语道破"夫趣得之自然者深,得之学问者浅",好像就是在推崇"人类学的田野认知"。当然,更高级的

---

① Erving Goffman, *Interaction Ritual*, Garden City, 1967, p. 232.
② 庄孔韶、范华:《现代人类学的理论寻觅——由明代"公安派"的文论引起》,《民族艺术》2000年第4期。
③ [美]伊万·布莱迪编:《人类学诗学》,徐鲁亚译,中国人民大学出版社2010年版,第232页。
④ 庄孔韶、范华:《现代人类学的理论巡觅——由明代"公安派"的文论引起》,《民族艺术》2000年第4期。

互动呈现是"但得琴中趣,何劳弦上声"(陶渊明语),显然是直觉的分享、共享与"互趣"的情境了!这让人想起让·鲁什拍摄的关于多贡人酋长葬礼的纪录片[①],他在多贡人葬礼的场景中朗诵的切题的诗句,出神入化,已达互趣之境了,这也是范华比喻的激情爵士乐队歌者和乐者的直觉即兴互趣。所以人类学诗学是在长久的田野浸润之中诞生的,它不是孤芳自赏,而是达成了互趣的神交性灵境界。

上述较大篇幅的诗学讨论是直述人类学诗作本身,而我们在二三十年间形成的论文、诗歌、绘画、电影和戏剧人类学团队,既有人员的合与分,也有专业的合与分。我们只能在各种田野点上加以选择。那些经过人类学先驱者和继承者数十年历练的著名田野点当为首选。各专业之间的体会属于横向的跨学科研究,有助于实现触类旁通的佳境,不可多得。

我们在金翼山谷对三代人的回访与继续创作的意义在于,重新找到审视同一调查点的机会,这延伸了先驱者作品的学术生命与意义,并在新知的基础上提供再诠释。回访的工作加强了社区过程研究,其间被抽绎的重要学术问题获得了新的综合的机会,其中就包括闽东节日歌谣的构成与分布、神话传说圈,以及人类学与民间的不同诠释系统的综合问题。最有兴味的是,我们在这里撰写、分析歌谣,划分(唱本)传说圈与方言区的范畴问题,都涉及文化人类学、"经济文化类型和历史民俗区",乃至文学地理学的有趣学问。我们横向对比歌谣、戏剧、绘画、电影的诗学人类学诠释,它们几乎都逃不脱文学地理学的基底。

闽东的文化地理区位性,包含着生态环境(丘陵、林地、特定的动植物种群)和文化环境(特指闽东为朱熹过化之地)。一个世纪以来,尽管山谷内外的政治、经济与社会环境变动很快,但有时却难以改变民俗,只是有些做法和程度会发生变化。

---

① 人类学纪录片《安拿依的葬礼》由让·鲁什和人类学家乔迈·狄德伦(Germaine Dieterlen)于1972年联合执导与拍摄。

我们不得不这样思考:"在世界的政治地图与思想地图之间,存在一种巨大的差异。前者每五十年变换面貌,其上覆盖着一些不确、任意的分化,占据优势的核心是可变化的。与此相反,思想的地图缓慢地变更,其疆域的边界呈现出一种很大的稳定性。"①这也是我在《银翅》里讨论过的,尽管一个世纪的地方政治不断变动,但文化是连续性的,不可能一下子中断,而激进政治过后经常表现为最终向区域文化、民俗和信仰的妥协。② 在平和喜乐的冬至年节时刻,我们发现习俗和《搓圆》的歌谣在闽东、闽北和闽中的广大方言区长久不变! 这让我们进一步思考,这些就是我们今日文学(歌谣、话语韵律、诗作、戏剧等)的人类学和文学的地理学(动植物地理生态、方言地理)的联系性特征,以及相关的文化的意象(群)产生的共同基础。

莫莱蒂(Franco Moretti)和我们的做法很相像。他在《欧洲小说的地图册(1800—1900)》里,把19世纪欧洲小说中的地点再现作为研究对象,随后又对在同一时期获得巨大成功的小说传播与接受的地点加以研究,而这两部分都涉及文学"与地点相连接"③,旨在把"文学中的空间研究"与"空间中的文学研究"结合在一起。④

我们在人类学小说《金翼》及其续本《银翅》故事的同一发生地的系列回访调研作品,除论文以外,还有歌谣、诗作、绘画、戏剧与电影,三代人已经持续了很多年。而类同于"文学地理学"的章节,实际上是更大范畴的历史人类学与文化人类学的一个组成部分。所谓"空间中的文学研究"是包含在"空间中的历史与文化研

---

① 转引自[法]米歇尔·柯罗《文学地理学、地理批评与地理诗学》,姜丹丹译,载童庆炳、李春青主编《文化与诗学》总第19辑,生活·读书·新知三联书店2016年版,第236—237页。

② 庄孔韶:《银翅:中国的地方社会与文化变迁(增订本)》,生活·读书·新知三联书店2016年版,第414页。

③ [意]弗兰克·莫莱蒂:《欧洲小说的地图册(1800—1900)》,瑟依出版社2000年版,第11页。

④ [意]弗兰克·莫莱蒂:《欧洲小说的地图册(1800—1900)》,第9页。

究"之中的,如汉人社会早已"先在的(儒学)理念"——何时何地走进闽东丘陵地带并融化在闽东方言区(或更大的区域)的谐音、歌谣与节奏中,是一个长久的文化"过化"进程的文学"浸润";而《银翅》中专章讨论几个世纪以来闽东脍炙人口的《闽都别记》评话、唱诗及其手抄本的传播圈研究①,则透视了文学中所展示的传奇、歌谣、唱词和信仰的地理及其空间特征。

在闽东这个文学地理学和人类学视域中,一天笔者参加了丘陵地带的一次家庭"祈男"科仪活动。事后油画家林建寿凭记忆完成了大幅油画《祈男》(庄孔韶创意、林建寿画)。《祈男》的构想来自古田农民思维中多子多福的生育观,以及颇为亲民的闾山派道教科仪片段。油画中的村姑不生男孩,请道士或红头师公②做家庭仪式。这类仪式常见于驱邪纳吉、红事白事、祈福求子、节令祭祀等。闽东丘陵地带的住家道士、师公经常在一定地域之中以道场仪式满足这里农家的精神需求,旨在实现如祈男纳福一类的愿望。

我们还在跨学科的调研中,看到了一种不考虑跨学科并置的视角就难以发现问题的情形,即在以写论文为主的人类学家、需要直接拍摄的摄影师和摄像师,以及诗人和画家同时出现的情况下,科仪的拍照禁忌反而促进了我们对学科并置的思考。其实对人类学家来说这种场合时有发生。例如澳洲原住民平图琵人(Pintupi)的"梦境"场景图画,就不允许和画师不同性别的人观看。③ 这样,参与者怎么办呢?这对人类学家而言并不难,他

---

① 参见(清)里人何求《闽都别记》,福建人民出版社 1988 年版;以及庄孔韶《福建陈靖姑传奇及其信仰的田野研究》,《中国文化》1989 年第 1 期。

② 庄孔韶:《银翅:中国的地方社会与文化变迁:1920~1990》第 13、第 14 章,生活·读书·新知三联书店 2000 年版;闾山派道教红头师公视频可见庄孔韶策划、导演的人类学纪录片《端午节》(1989)和《金翼山谷的冬至》(2016)。

③ [美]弗雷德·R. 迈尔斯:《表述文化:土著丙烯画的话语生产》,载[美]乔治·E. 马尔库斯、弗雷德·R. 迈尔斯编《文化交流:重塑艺术和人类学》,阿嘎佐诗等译,广西师范大学出版社 2010 年版,第 75 页。

们用参与观察法,即使不做笔记,日后凭记忆也可以撰写论文,尤其是占多数的定性类论文;而我们从未想到的是,摄影师和摄像师竟完全无用武之地;原来以为画家也是可怜的,因为他们无法展开画布(然而我们最终理解画家也可以凭强大的记忆作画);对诗人朋友来说更难不住了,他们抒情的与凭直觉的诗作从来都不用通过实证!相对于论文甚至散文,诗作都更能使那些"没有表达的情感得到自由表露"[1]。为此,我们赞同"人类学主张把洞察诗歌意义的确定性重新设置为人类学的重心"[2]。于是我们看到诗人、人类学家和以前缺少关注的画家的学问有异曲同工之妙,他们都可以在自身经历、体验、情感和记忆中吟诗、撰写或绘画。这样便呈现了事后作诗、写作和绘画的学科与专业的并置比较。的确,不同的文学艺术之间实在具有"某种共同的联系,某种互相认同的质素"(庞德语)[3],何况像我们的团队,不同学科的专家都面临着同样直观的田野情景。根据柏格森"记忆就是影像的存活"[4]的理念,记忆既指向物质与存在,又指向表象与精神。[5] 因此,凭记忆作诗、撰写与绘画所形成的是"过去与当前针对未来的'综合体'"[6],是一种全新的物质与精神"交接"的展示,是人类无限思绪的不同表达。当然,田野现场也不会总是遇到不让拍照摄像的情况,传统影视和新媒体技

---

[1] [美]弗雷德·R.迈尔斯:《表述文化:土著丙烯画的话语生产》,载[美]乔治·E.马尔库斯、弗雷德·R.迈尔斯编《文化交流:重塑艺术和人类学》,阿嘎佐诗等译,广西师范大学出版社2010年版,第163页。

[2] [美]瓦格纳:《诗学与人类学的重心重置》,载[美]伊万·布莱迪编《人类学诗学》,徐鲁亚译,中国人民大学出版社2010年版,第48页。

[3] 转引自叶维廉《"出位之思":媒体及超媒体的美学》,载《中国诗学》,生活·读书·新知三联书店1992年版,第146页。

[4] [法]昂利·柏格森:《材料与记忆》,肖聿译,华夏出版社1999年版,第116页。

[5] 周冬莹:《影像与时间——德勒兹的影像理论与柏格森、尼采的时间哲学》,中国电影出版社2012年版,第104页。

[6] [美]瓦格纳:《诗学与人类学的重心重置》,载[美]伊万·布莱迪编《人类学诗学》,徐鲁亚译,第105页。

术手段创造了众多视觉作品,因此我们几十年来完成的实验性的多元作品(论文、歌谣、诗作、戏剧、电影、绘画)围绕同一田野调查点的学科与专业并置现象,不仅提供了田野实证的直观场景,也提供了打通多学科的人类学的诗学新知。

我们应当进一步做一些多学科并置与实验性调研和创作的新观察,其重要性在于,这里的讨论主要不是关于他人诠释的诠释,而是基于笔者团队"不浪费"人类学的金翼山谷多项田野实验,并在诸多学科同类理论的比较之中做出的。进一步的"不浪费"人类学的新实验总结,对戏剧、电影、歌谣、诗作、小说等多种手法并置意义的研究过去很少见,这是因为传统重视对纵深而非并置的研究,而并置无疑具有不可多得的触类旁通的意义,尽管兼收并蓄增大了学问的难度。

因此,我们"没有理由再把诗学的研究仅仅限于文学。诗学不仅是文学的文本,而且是所有学科的文本,不仅是语言的创作,而且是所有领域的象征"[1]。人类学诗学可以在多种民族志手法中展现,其广义上包括"使个体内在的生命被他人体验的艺术"[2]。只不过我们的民族志和论文受到科学逻辑实证主义的长久影响,于是我们在写作时放不开,或完全没有空间将社会结构及关系里的美学、哲学与情感的成分包含进去。对于当今很多人类学家来说,他们越来越像政治家了,"诗学的根基已经不复存在。很多人类学研究已经失去了民族志和生活中诗学的互文性根基"[3]。虽说田野人类学家可能比比较文学和文学批评专业的学生们更为注意研究对象主位表达的内部观点,但他们在处理材料和撰写论文时却很少在哲学、美学意义上思考自我与他者的流

---

[1] [美]茨维坦·托多洛夫(Tzvetan Todorov), *Introduction to Poetics*, University of Minnesota Press, 转引自[美]伊万·布莱迪编《人类学诗学》,扉页,徐鲁亚译,中国人民大学出版社 2010 年版。

[2] Rita Dove, *What does Poetry Do News for Us?* Virginia University Alumni, January / February, 1994, pp. 22 – 27.

[3] Ibid., p. 21.

畅互动。① 人类学诗学和文学诗学的差别在于前者必须在田野参与观察中呈现，而文学诗学却不一定这样，尽管文学采风与体验颇有人类学田野工作的意味。三十年前笔者发现了这一点，努力将《银翅》这一学术论著容纳多种混生的论说与文学笔法，特别是力图捕捉在田野工作时的"文化的直觉"。然而，笔者发现还不够，于是开始邀集志同道合者尝试在金翼山谷内外继续调研并创作人类学诗集、随笔、散文、小说、绘画、戏剧、摄影和纪录片作品，它们均是基于艺术、哲学和美学的人类学诗学思考。

金翼山谷内外民间唱本《闽都别记》的陈靖姑女神传播圈②及方言歌谣分布，已经从口传的方言地理，女神神性和妇女生命历程，禁忌、信仰与科学的关系，隐喻与文本再造的多元角度扩充了社会生活的诗学关联；而如《搓圆》的农人歌谣和调查者的系列人类学节令诗的对照（见上文），实际上属于所谓"民族诗学"的分析范畴，这种汉文化和区域家族主义的憧憬借用了来自歌谣诗学的重复性、节日民俗的重复性和年年家家在厨房里搓圆的场景的重复性。配合冬至歌谣唱诵的场景，我们还可以看到诗学人类学的比拟、谐音、节奏、重复、隐喻和直觉呼应的不可言状的动力所在。而我们团队成员从田野现场启发和推敲冬至诗的翻译，同诗人庞德在多种语言文字之间徜徉，找寻对译中的共同意象，其实都是为了深刻理解诗歌的真意，因为翻译是语言的诗性归属（黄运特语），以及体现意象上的民俗归属与文化归属。

而人类学家创作的人类学诗作，则总是如戴蒙德的诗歌一样，诗人把本文化与他文化的感受融为一体，并且把自我和他者并置地思考。③ 如果我们把金翼山谷冬至的闽谣和人类学诗作也

---

① Rita Dove, *What does Poetry Do News for Us*? Virginia University Alumni, January / February, 1994, p.230.

② 庄孔韶：《银翅：中国的地方社会与文化变迁：1920~1990》第13、14章，生活·读书·新知三联书店2000年版。

③ [美] 伊万·布莱迪编：《人类学诗学》，徐鲁亚译，中国人民大学出版社2010年版，第228—233页。

加以对应性考察，我们会发现这实现了主客位的诗学"并置"（juxtaposition），其诗作的节奏、重叠、谐音、隐喻、象征、意象都获得了直觉的沟通，数十年来调查者和调查对象最终达成了非此非彼、亦此亦彼的交融状态。显然，来自田野基底和书斋的人类学诗学，超越了各种实证性（如科学、结构和关系之类）的层级和壁垒，超越了"地方化中的地方性知识与全球结构中的全球性概念"①，呈现了在一个体验多元文化世界中的"后等级"（post-hierarchical）方式②，达成了笔者乐于将其称作"流动的诗学人类学"的互趣状态。田野人类学诗作不仅要提供不同层次的直觉与隐喻起情起兴，还要尝试重拟被观察者的情感并临摹入诗，于是参与观察所提供的主客位的双重感触或分或合地流进诗中。因为有文化临摹、比较民俗和交叉文化情感交替的多元体验，诗作变换手法与形式便有了基础。

可见，以田野工作为基础的人类学诗学可以为我们提供新知的意境。这是指它扩展了他者和自身互动的物质与精神层次，也能展现人类学常规作品"轮不上"安排或根本忽略的哲学与美学的思维与行为的动感所在，因此我们当然需要随时把握住人际交往的"流动的诗学人类学"。

上述因在闽东田野采集冬至搓圆的歌谣和猿母与孝子的神话传说，我们组织师生讨论了语言人类学、闽东丘陵非人灵长类种群的生存环境，以及冬至农家搓圆场景下的孝道与朱熹《家礼》"过化"的先在理念影响。这是在田野工作基础上抒发家族主义人伦情感和守望相助精神的人类学诗学体验活动。

让我们再次强调金翼山谷冬至歌谣的人类学诗学的如下特征。

---

① Clifford Geertz, "From the Native's Point of View: On the Nature of Anthropological Understanding", in Clifford Geertz (ed.), *Local Knowledge: Further Essays on Interpretive Anthropology*, New York: Basic Books, p. 69.

② Ibid., p. 233.

大自然的韵律和节令生活的美感，在冬至期间连接着大小传统贯通的习俗与歌谣节奏。恰好是在共同的韵律中，憧憬和推动饱满的家族主义，歌颂家族理想的整体性与延续性。总之，这种对家族主义的推动借用了来自歌谣诗学的重复性、节日民俗的重复性和年年家家在厨房里搓圆的场景的重复性。

　　诗学人类学总是聚焦田野直觉、精神与情感的互动瞬间。挖掘中国美学和文学理论（如公安派的性灵、真和趣），重新思考歌谣、戏剧和电影等不同类别互动的灵感深邃境界，不是人类学田野工作中的实证与一般文化诠释的努力可以完成的。

　　田野人类学诗歌是文化互动瞬间与灵感触发的产物，而地方长久流行的歌谣则是民俗群体性真情感知之精粹。人类学诗歌获得了他者—自我，以及族群之间、文化之间和田野场景之间的灵感并置状态，而诗歌、戏剧、绘画、电影等跨学科与跨专业的实验与并置状态，无疑可以对人类学形成潜在的重要补充。多样化的文艺形式与专业并置状态（不同的诗学表达）同变动中的科技、哲学、美学和直觉一旦相遇（科技人文场合与条件），触类旁通的田野人类学诗学（别论与通释）才会形成。

金翼山谷冬至的传说、戏剧与电影的合璧生成研究*

——一个跨学科实验的人类学诗学

一 从金翼山谷的端午节到冬至

在 1987 年，耳闻华东水口电站水位提升后，福建省闽江沿线乡镇大都会被淹没，大水还将波及著名人类学家林耀华《金翼：一个中国家族的史记》①（以下简称《金翼》）书中东林姐夫张芬洲家。果然，不久张芬洲家屋被拆了。呜呼！"谷口春风花落去，莪洋秋水浪滔天"。这是当年风水先生林世兴（1986年）临（闽）江对我的亲口预言。你看，《金翼》小说里的谷口和莪洋镇如今真的被淹了，何况下面多少乡村没了踪影。而那当年没觅到比芬洲家"龙吐珠"更好的风水地，不得已在金翼山谷一侧的无名台地上盖房的金翼之家，却未料用了 20 年就在乡里异军突起，发家致富，而且因金翼之家地势高，70 年后也不用担心搬迁。

林家曾经在"坏风水"和逆境中励志，人类学的平衡论点明了古田金翼之家的好运缘由；不过谁能掐算到他家再一次沉沦，在笔者的《银翅》里重又"鹰飞鱼跃"（朱熹古田魁龙书院

---

* 本文原载于《民族文学研究》2019 年第 4 期。

① 林耀华：《金翼：一个中国家族的史记》，庄孔韶、方静文译，生活·读书·新知三联书店 2015 年版。

题字)！接下来谁能继续参与命运的解释呢？不知道。眼下风水的综观诗学意象好像又躲了起来，隐喻和直觉都还没有迹象呈现。

1989年的端午，是这里人民在水淹前在莪洋的最后一次龙舟竞渡。节日前夕笔者看到家家像往年一样包粽子、祭泰山庙和为龙舟点睛，感叹民俗与文化在面临社会变迁时的无比沉着。于是我萌生了移民前拍摄最后一次端午节的想法。当时我在古田县的田野调查已经是第四个年头（从1986年起），我熟悉节日过程的每一个环节，所以《端午节》[①]很快拍摄完成。

人类学纪录片《端午节》片长不过30分钟，分家庭生活、龙舟竞渡和游神三个部分。农家包粽子的美感基于家族融乐，女主人换衣箱是节气转换的象征，龙舟上的三角旗展示的是宗族力量，祭祀和游神追求的是英雄气质与合境平安！此后二三十年，中英文版《端午节》在中外得到广泛传播，还因它是中国著名人类学田野著作《金翼》的配合性影视作品，影片中的民俗、风物和美感都和这本书紧密联系，你无论如何都会从新的视觉语言中重新理解用文字描写过的农民节日。

当我结束了对这里半个世纪社会文化变迁的书写与诠释（主要是《金翼》的续本《银翅》）后，还关注和安排了金翼山谷内外的歌谣、绘画、戏剧、电影、新媒体的多元研究与创作，此次拍摄冬至之前也早已关注了当地的民俗与传说研究。

这里我尤对闽东丘陵地带汉畲民族的冬至习俗感兴趣。冬至搓汤圆习俗在中国南方很流行（北方饺子，南方搓圆），这倒罢了，你知道还有一个吸引人的孝子和母猿的美好传说与歌谣，于是笔者特别想挑选金翼山谷的冬至再拍一部纪录片，作为"不浪费的人类学"多元作品的新品种。不过我们团队此次的拍摄

[①] 人类学纪录片《端午节》在1992年入围米德电影节，同年在华盛顿大学出版社出版英文版，随后在生活·读书·新知三联书店出版中文版（2000年）并进入人类学教科书《人类学概论》影视部分。

还混合了地方戏和新电影实验,然而其落点已经不是大的政经变迁主题,而是人类学的诗学。

在2017年的冬至,笔者在经过两三年准备之后,邀一些同行朋友完成了《金翼山谷的冬至》人类学纪录片摄制。三十年前,《银翅》中东林的后辈荣昌及其家人、他的邻里老吴几位银耳生计的先锋(如今均已垂垂老矣!),绕过重农主义的藩篱开创了银耳食用菌培植和销售之路,在改革开放之际,再次获得家业成功和金翼山谷的富裕。笔者的初衷是看看这些已经步入老年的银耳英雄如何参与山谷熟人社会的冬至节庆生活的。

二 冬至节令的生态意象与文化解读

在《金翼》与《银翅》的大的社会政治经济跌宕变换之诠释以外,我们发现民俗生活总是显出它的平静与沉着。

早在周秦之时古人就明白这一道理,把冬至看作新年的开端。周礼的正月和汉武帝采纳的夏历十一月相仿,日后正月和冬至节虽分开［公历的12月22日（左右）］,但作为"亚岁"的冬至节的"贺冬"和"拜岁"仪式（迎新、敬老、尊师）依然礼乐并行,一直延续到清朝。因为冬至节是要迎接太阳回归,所以各地过冬节的时辰总是选在漫漫黑夜一过,所谓天空泛鱼肚白时分。林耀华的《金翼》就写道,冬至前一天,东林和小哥回家和家人在厨房集合,这是所有家庭成员都必须参加的。大家一起做一种冬至特别的食品汤团。汤团揉得越圆,就预示家就越幸福美满。挨到夜半再到节日一大早,大嫂就开始煮汤团,祭祖宗和灶神,然后才上供人吃。他们还在大宅门和房间门黏上几个汤团。[①]

中国人把天象浓缩成食物元宵的造型如此奇妙!不过人们因

---

① 林耀华:《金翼:一个中国家族的史记》,庄孔韶、方静译,生活·读书·新知三联书店2015年版,第63—64页。

化民成俗太久而熟视无睹，其实他们围坐一团搓圆，寓意家族团团圆圆，并用来告慰祖先和神明，因此搓圆成了这个特定节气的圆满美好的统摄意象。

天人合一是中国人具有长久传统的基本宇宙观，所谓"天人之际，合而为一"（《春秋繁露·深察名号》）。《易经》认为天之道在于"始万物"，地之道在于"生万物"，而人之道就在于"成万物"。而三者各具其道，其间则相应相协，或者说，天地之道和人之道的关系是生成与实现的转换关系，而"卦具天地而爻具人位"（《释系辞上》），说明人尤为凸显了转换的能力。

对于农业社会一年四季轮转的节令习俗和生活实践，首先反映的是天人相应相协的特点，即顺应节令的生活方式，包括大宇宙天地和人自身的"小宇宙天地"之间顺应与和谐，包括民俗节令的农事、歌谣、传说、仪式、戏剧和养生活动。而人和天地相协的理念也反映在儒学文化实践的历史过程中，延伸到生态邻居的灵长类和动植物种群中。

福建三面多山，那里畲汉杂居，以及巨大起伏丘陵分布极似三峡两岸，同样猿猴种群繁盛。宋淳熙梁克家《三山志》描写那里"穹林巨涧，茂林深翳，小离人迹，皆虎豹猿猱之墟"。[①] 明代谢肇淛从浙江进入福建，也写道"四山猿声哀啸云外，凄切如紧弦急管"[②]。这悲凄也反映在明初散文家宋濂关于闽地武平的《猿说》："武平产猿，猿毛若金丝，闪闪可观。猿子犹奇，性可驯，然不离母。"宋濂并举所见猿类情深之状后，进一步感慨说："猿子且知有母，不爱其身。况人也耶？"并抨击"世之不孝子孙，其于猿子下矣"。作者之人伦悲情和仁爱呼之欲出！

其实古代中国人不只看到猿猴"比德"，看到"慈乌夜

---

① （宋）梁克家：《三山志》"寺观类一"卷三十三，海风出版社2000年版，第584页。

② （明）谢肇淛：《五杂俎》卷九，中华书局1959年版。

啼"① 和鸟类反哺现象时，也是从动物的感恩推及尽孝报本的儒家伦理上去。② 因此，中国文学上的意象少不了要思考区域文化寓意上的自然生态意象。

这就回到了我们讨论的古田冬至母猿/猿母和孝子的传说和戏剧上来。清人杨澜关于闽地多有考察，他的《临汀汇考》就记录了唐大历年间，"有猴数百，集古田杉林中"。正是如同古田这个丘陵山林多猿猴的环境下，冷冬时节闽地农夫林中作业，人猿交集的机会颇多，又上文提及的"慈乌""比德"与人猿意象融合，若有传奇经历定会不胫而走，奇遇中的丰富的生活想象从而进入农人的"意识流"和他们的宇宙观寄托中。

例如《金翼》中以及闽东古今流传的"猿母和孝子"就是一桩有趣的传说。是说一位农夫在山林里劳作生病又迷了路，幸而遇到一只母猿搭救，后来两人情好日密生了一个孩子，但农夫不得不带孩子离开树林回家。日后男孩努力耕读考中状元，功成名就。父子两人思念林中猿母，想方设法接回母亲一起生活。于是他们脑洞大开，先用糯米粉搓圆，再召集族人走进森林，把汤团黏在树上，丢在从森林回到家的小路上，再黏在大宅门上。饥饿的母猿按照汤团的记号，历尽艰辛最终找到了大宅门。父子俩和族人亲戚邻居都来迎接，全家终于大团圆。

为了纪念这个孝顺的儿子，闽东汉畲居地冬至搓圆和黏汤圆的习俗一直保留到今天。显然，这是一个和人猿共居的生态环境相关的传奇佳话，森林、农作、邂逅、思念、智慧、汤圆、孝顺、坚韧，直至合家大团圆，借南方湿寒的冬至节气，这里从汤圆统摄意象和寻猿母传说的惜别哀婉自然地转换到人伦与孝道的理念之中。

---

① 白居易诗句，以及潘兰香、姚立江《慈乌反哺与鸱鸺食母——兼论中国古代的兽德观》，《求是学刊》1998年第3期。

② 庄孔韶：《早期儒学过程检视》，载《人类学研究》，知识产权出版社2012年版，第2—3页。

还有，闽东一直是儒学和朱熹的重要过化之地，有此传说的文化濡化过程更不足为奇。这些传奇故事耳濡目染，古今延续，成为中国人仁爱与尽孝的精神食粮。我们甚至可以这样设问，是古人早已因动物"感恩"习性"比德"人类，还是儒家的大面积人群"过化"①，甚至要扩展到非人灵长类，实在是宇宙生态圈"亲情"中所包含的生物性与文化伦理何以转换的有趣的学术问题，同时也是人类学诗学的基本观察点。即儒家仁爱的扩展，如古田冬至孝道传说对"母猿"到"猿母"之转型与收编，以及久远以来儒家孝道对动物世界"亲亲性"（nepotism②）和伦理直觉主义③的生物—文化整体性观察与"比德"④的理念归纳，甚至古人已经把这类比德的乌鸟和乌哺当作固定的语言喻象，用来指代奉养父母的情怀⑤，是天地人和谐的人类学诗学韵律。

三 帝国宫廷戏和民间闽戏的人类学研究

《礼记·月令》是古典儒家精粹之篇，记录了月令的自然变化规律。人事、政令、生产等，同样要受到太阳、四时、月、神、五行的约束，为此帝王的仪典一定融合了天人合一、祭天祭祖、酬神娱人、天子臣民普天同庆的多种意义，而宫廷戏剧早已进入了宫廷节令的仪式之中。

演戏或许是为典礼营造气氛，而当时戏剧演出已经成为宫廷

---

① 庄孔韶：《早期儒学过程检视》，载《人类学研究》，知识产权出版社2012年版，第2—3页。

② Pierre L. van den Berghe, *The Ethnic Phenomenon*, New York: Elsevier, 1981, pp. 5–8, 17–27.

③ [美]爱德华·O. 威尔逊：《社会生物学——新的综合》，北京理工大学出版社2008年版，第528页。

④ 如白居易把慈乌比作"鸟中之曾参"（按：《史记·仲尼弟子列传》云曾参"通孝道，做《孝经》"）。

⑤ 潘兰香、姚立江：《慈乌反哺与鸱鸮食母——兼论中国古代的兽德观》，《求是学刊》1998年第3期。

典礼的重要组成部分。康熙以后，各种仪典演剧已经渐成定制。①如宫廷冬至祭祀首先是思考天人和国民的关系，冬至时令的清帝来到巨大的圜丘祭天，仪式地点在都城的天坛。祭祀之后，宫廷节令戏《太仆陈仪》是表现宋天子太庙祭祖之后，上南郊祭天，太仆卿宋绶受命为仪仗使，率众准备仪仗，百官和外藩都要参加隆重的朝会。其仪式如元旦一般隆重。②那一天，冬至的北斗星柄初昏时北指子位，古代的这一坐标还决定了宫廷推算历年和由此颁布新历，公告周知。

冬至时节有历代传承的隆重祭祖和尽孝仪式。在小孩子添岁的同时，一定要为老人延寿祝福，女人们为尊长献鞋袜。三国时，曹植就在冬至日献白纹履七双并罗袜若干于父亲曹操，以表达孝心忠心。他的《冬至献鞋袜表》有"伏见旧仪，国家冬至，献履贡袜，所以迎福践长。"③而唐马缟《中华古今注》载："汉有绣鸳鸯履，昭帝令冬至日上舅姑。"说明在更早的汉昭帝时就有"荐履于舅姑"的习俗。令人惊奇的是，金翼山谷的冬至节至今沉着而按部就班，在电影里，你可以看到他们认真挑选又细又长的线面（延寿面）来到祖厅敬祖先、敬长者，为金翼老人试穿新鞋袜等。要知道这习俗近乎两千年了！

笔者多年在古田县调查，不知为什么这样一个和当地民俗息息相关的冬至节令戏剧好题材被埋没多年，似乎唯一可能的原因是，以往的忠孝题材即使是跨越了等级或贫富都没有关系，但《猿母与孝子》多出了一个人与猿猴结合的伦理定位问题，并且是需要正面接纳的生活面貌而呈现。民间口传则已，登上大雅之堂或略难接受。不过时过境迁，迫于当代生态环境和森林动植物种群保护呼声，以及非物质文化遗产中的年节时令文化传续问

---

① 丁汝芹：《清宫戏事》，中国国际广播出版社2013年版，第3—4页。
② 见《太仆陈仪 金吾堪箭》（总本），清昇平署朱墨抄本。转引自薛晓金、丁汝琴《清宫节令戏》，新华出版社2015年版，第610页。
③ 周博琪主编：《古今图书集成》，中国戏剧出版社2008年版，第2605页。

题，进一步关注《猿母与孝子》的主题戏剧/电影创作便顺理成章了。

历史而今的地方闽剧是以福州方言区（含古田）不同凡响的"儒林""平讲""江湖"戏为基础，吸收本地盛行一时的外来昆腔、弋阳腔、徽班等多种戏曲声腔，历经发展变化而渐趋成形的。①那么，闽剧《猿母与孝子》舞台编剧和设计寻着何种依据呢？显然，闽东丘陵和森林环境、人猿分野及认同表达，以及戏剧与记录电影何以结合的探索是地方剧作者的思考所在。可以设想，假如舞台上出现硕大的母猩猩形象并不妥当，而母猿和向猿母转化也不适于前后出现双重形象。

于是地方戏林导演是以传统花旦的服饰加以改良，例如长发束上了鲜艳飘逸的黄色野花，蓝绿色戏服的下摆是尖尖的野生树叶。②而且她了解，古田民间描述这一传说一概是使用拟人化的猿母称谓。因剧情的特点，母猿/猿母想象中的做派决然不同于大家闺秀的青衣类型，舞台上或冬至电影中的女一号演员兼顾人/猿拟态，灵动优美，除了戏服整体黄绿色调不同寻常，其样态极如宋人晏殊的《木兰花》句"重头歌韵响琤琮，入破舞腰红乱旋"。这分明是从"母猿"到"猿母"转变于一身的聪慧设计，展示了机警、热情、敢作敢为的闽戏花旦风格，而表演动作间或异常的细腻，又要雅俗兼顾，这正好应了闽剧传统的雅俗分野与合流。

历史上闽戏的传承有案可查，曾在洪塘普渡演出的儒林戏《女运骸》唱腔婉转动听，"用大量传统身段、眼神的程式动作，来表现姜姬英二人在途中过溪、遇雨、迎风、越岭等场景"③，大受欢迎，并成为今日闽剧新人的必修样板戏。此次林导演执导的女演员尽显闽剧式花旦的表演特征。森林生态是母猿的生存所

---

① 王耀华：《闽剧唱腔风格的形成》，《福建师范大学学报》1983年第2期。
② 见庄孔韶导演人类学纪录片《金翼山谷的冬至》中新媒体插播片断。
③ 王晓珊：《再论闽剧儒林戏的文人戏曲特征》，《福建艺术》2015年第2期。

依，当母猿在林中发现摔倒在地的农夫，她用舞台动作表现惊奇、拂去农夫身上的"雪"和"落叶"、唤醒和平复惊恐，更用眼神交流和旋转表达情好日密；以及用更为细腻的舞蹈语言，表现林中摘果和弃果，饮溪水，山野行走转换步态，发现树上黏的汤圆和拨开草根找汤圆等。

当农夫和母猿结姻缘之后，黑幕里的不同追光已经发生改变，即闽剧猿母脸上也改为暖光，显示同一个生态圈里人猿两界融合之象征，以及凸显儒家文化意象的强大涵摄力。这不仅使戏剧观众能理会其象征意义，也为电影艺术与戏剧的成功结合找到了合理的诗学协商空间。

金翼山谷乡土戏台本来背景和舞台顶部都直接面对空旷的黑色天幕和村背后天然的稀疏树林。黄蜀芹导演的《人鬼情》电影运用的黑屏方法，把主人公母女二人的崎岖戏剧生活之路，不时地利用黑色做舞台切换。黑色可以把人/鬼、过去/现在自然地衔接，剧中人物也是经常在这黑幕背景中投射的不同光柱得以展现人物性格与情感。于是笔者的戏剧与电影合璧的导演思路便逐步具体化了。笔者和闽剧导演、演员协商，在林中相遇、中状元的戏中，仍然使用传统戏剧表演，中状元后，寻找猿母的搓圆、抛圆用传统舞台做派；然而从抛撒汤圆动作开始后，出现了从未有过的实体抛撒和采撷汤圆动作。

四 冬至闽剧和电影合璧的思路与实践

这里涉及较为重要的戏剧和电影的衔接问题。电影的直观写实需要我们寻找戏剧里的特定做派和电影实景的自然切换，这在仔细分析之后认为是可以做到的。上述舞台的意象汤圆（做派）和食物汤圆（实物）衔接的转换设计借助了上述戏剧专家的黑屏方法提示，在纪录片拍摄时通过舞台天然背景黑屏将戏剧同生活连接、舞台做派同实景森林穿行连接。具体表现的戏剧创新和影视专业跨界：借助夜幕黑屏，猿母的戏份转入真实的闽东丘陵地带，他的戏剧做派混合着常人森林行走动作。它忍住湿冷饥渴、溪边饮水、发现和取下树上黏的汤圆，它顺着汤圆指引的路径，穿黑夜、森林、铁路、公路（数字时空穿越），最终找到黏着汤圆的大宅门，实现了家族、邻里大团圆。其间，舞台和实景转换、抛撒汤圆的做派和实物转换，使戏剧和电影的跨学科设计找到了自然而然的过渡；而林中母猿饮水的舞台动作则巧妙地转换成溪水边的电影实景。而这一切都是在乡村舞台与森林的天然黑幕前实现的，正规剧场里绚丽的声光电背景幕似乎并不需要。

我们借助闽戏表现闽东的冬至传说，从天人关系、母猿/猿母转换（冷暖光）和祭祖孝行越界"过化"，均归于地方人民宇宙观和世界观的诗学表达，实现了戏剧和电影的合璧设计与实践。这样产生了一种结果：即这部纪录片中的农人冬至的生活进程反而成了戏剧及所彰显的孝道理念的（扩充性）投射。因此，大比重的戏剧表演内容构成了整个纪录片进程的重心，何况剧团成员、冬至电影团队和山谷农民本来就是互动一体的。这里实现的戏剧革新和电影新手法属于跨学科尝试，而现代数字影视技术则有利于戏剧与电影的合璧与融合实验。

这一点很明确，我们起初思考冬至人类学电影如何拍摄神话传说的苦衷是以一出《猿母与孝子》的闽戏化解。余下我们就需要讨论这个神话传说何以借戏剧和电影的跨类衔接"运动"演绎。德勒兹对电影非时序性的"梦幻—影像"与歌舞剧（大多展现梦幻世界）的研究论道："音乐喜剧本身就是一个神奇梦幻，但它是一个梦中梦，它本身包含假定真实性转化为梦境的过程。"[①] 而我们的冬至闽剧舞台的舞蹈、做派与数字电影实景转换，"人物直接由叙述性走入戏剧性、由感知—运动转化为舞蹈表演、由现实情境变为纯视听情境，也就是由现实影像走入梦幻影像，两者处于不断地渐变与转化中，真实和想象的循环让它们

---

① ［法］吉尔·德勒兹：《电影2：时间—影像》，谢强等译，湖南美术出版社2004年版，第95页。

变得不可辨识。"①

电影里的猿母跨越西路（《金翼》里连接外在世界最重要的商路）发现大宅门上黏的汤圆，当它走进推开门时，表明这出戏已从乡村舞台（地方戏、本地人戏班和金翼村民互动）转场到丘陵林地（如同梦幻），又最后转移（穿越）到大宅门厅堂院内（回归戏剧村民融合实景）。顺便说，戏剧的结局大舞台的最终选择还刚好利用了林耀华金翼之家的大宅院。那里有供奉着祖宗牌位的厅堂，以及古田民居建筑文化中常见的、带有两排花盆的天井，好似我们又借此重现了明清时期深宅大院演出儒林戏的场景。这里有大段的表现猿母和农夫/公子相会的戏份。父子两人迎到天井处，和猿母一同走上祖先厅堂，象征了历尽千辛，终获团圆，如愿以偿。这个宅院最大的空间成了这出闽剧《猿母与孝子》的大团圆舞台，而观众就是金翼之家的后辈主人公（《银翅》里的银耳生计创新的英雄主人公们）和山谷邻里的男人和女人们。他们和乡里伴奏者分别坐在大厅两侧观赏和演奏，而这出盛大的家族团圆戏最后是以演员和村民互邀大联欢告终。

这一团圆的结局表达了民间戏剧导演对闽剧的娴熟把握，使笔者明白了闽剧历史发展的不同来源何以合流，以及完成了地方冬至神话闽剧的"梦境"、当下农人节令生活与戏剧互构，并均被人类学纪录片收拢的综合艺术思想，又不失为跨时空的天人、仁爱理念及其民俗长久分享与共享的生活实践。德勒兹作为哲学家偏爱电影，使之电影论也成为其哲学思考的转换表达。显然我们可以在哲学中思考电影，也能"在影像的运动中发现思维的创造"。②然而，如今人类学家是直接加入了田野中的电影与戏剧实践，哲学以外又增加了同人类学田野视角关联的通道，于是不

---

① 周冬莹：《影像与时间——德勒兹的影像理论与柏格森、尼采的时间哲学》，中国电影出版社2012年版，第149页。

② 周冬莹：《影像与时间——德勒兹的影像理论与柏格森、尼采的时间哲学》，第4页。

只是思维因电影（还有戏剧）获得了创作的形式，而且戏剧和电影还因哲学和人类学双重视角而卷入实验。于是从哲学普世的与人类学多样的、故事的与叙事的"表现时间上的不同特点为改变时间顺序达到某种美学目的开创了多种可能"①，尤其我们今日又添加了"无所不能"的数字和新媒体技术，显然是获得了戏剧与电影艺术、哲学、人类学与技术整合观察的新实践。

我们可以直接看到和感受到，宅院园林式的儒林戏舞台，观众和演员近在咫尺，因此唱念做打要求细致入微，优雅的唱段和优美的舞姿出神入化。而乡野舞台上的平讲戏，演的是福寿喜庆、悲欢离合，台上、台下融为一体，特别是洋歌源于闽东北民间歌谣，是平讲戏的主体唱腔，又吸收了"弋阳腔"一人唱、众人和的演唱形式，旋律与方言结合，村民和演员（也是农民或邻里）打成一片。此次母猿／猿母在整个闽剧树林中和祖厅的不同场景的出色演技值得提及，以此体验了闽剧特定的花旦的儒林之文雅、江湖之豪放、平讲之亲和之特征，以及其身体美学气质，"媚而不冶，艳而不妖，泼而不露，平民化甚至有时市井气却又不失其美丽（可惜我们还有一些优美镜头因片长的关系难以收入）"②。细心的观众还可以在《金翼山谷的冬至》结尾的厅堂闽戏中领略到"一唱众和"的乡村闽剧唱腔特色，滚唱和帮腔的艺术结合，增强了声腔音乐的戏剧性、亲和力和表现力。这里完全可以感受到闽剧质朴、动人、激情和直白的戏剧与民风特色。于是我们已经把地方闽剧的源流、形成和新的实验梳理清楚，其中地方文化的儒学与人类学体验的田野诗学已经呈现。

说到地方性的合作特点，其戏剧导演、演员都是本地人，而且戏剧演出得到了县镇村民、金翼之家和山谷的邻居们的积极参

---

① ［法］热拉尔·热奈特：《叙事话语、新叙事话语》，王文融译，中国社会科学出版社1991年版，第5页。

② 马俊强：《〈香扇春情〉与闽剧素材舞蹈的创作》，《北京舞蹈学院学报》2016年第6期。

与，我们的摄制组则用现代数字技术无缝地展现了村民戏里戏外的冬至节日生活，展现了演员和村民如何参与演戏和拍片的积极互动，以及外在戏剧、电影理论家和人类学家之间的知识与情感参与。汤圆和猿母的统摄文化意象，以及闽剧对神话传说的艺术美学表达，重拟了家族主义和守望相助的中国文化基本原理。金翼山谷的历史演绎了这里民俗之稳定性（以"不变"应万变）与百年社会巨变（政治、经济、通信、交通等）之并置的意义，多学科联手也在共同学术实验中理解了互补与并置的意义，而且这也是冬至戏剧展演与电影拍摄之前，哲学（国学）与人类学先行的重要性所在。

五　冬至戏剧、电影关联的人类学诗学

人类学纪录片《金翼山谷的冬至》并不是孤立的作品，《金翼》《银翅》中金翼之家后辈家长荣昌及以下三房、邻居老吴都出现在这部电影里。我们不在电影里再次展现20世纪80年代银耳业英雄们的创业艰辛故事，而是介绍他们在平静的年节的生活意义，也不再侧重人类学家文本著作热衷的权力与结构论述，而是展示他们参与民俗生活、戏剧与电影摄制的静静的喜悦，以及寻获我们参与其间的人类学诗学呈现。"在人类学中，电影永远无法取代文字，但人类学家了解到文字表达田野经验的限制，而我们已经开始挖掘影片如何弥补这个盲点。"[①] 因此，可以说电影和文字专著的互补性是毫无疑义的，问题在于如何恰当地搭配和互释，也不一定就是同类主题的对应性考虑。

千百年来，面对周而复始的相似的而执着的冬至节令民俗活动，究竟其群体与个体的共同感知来源于何处？人类学和诗学共同面对其主体性感知的问题时，这一学科并置获得了沟通的机

---

① 大卫·马杜格：《迈向跨文化电影》，李惠芳、黄燕祺译，麦田出版社2006年版，第260页。

会，于是我们可以将主体性自我和内在感知问题，引向大的天人、中层区位/地域和小的心灵的关联上去，那是一个人类感应的基础。冬至迎接太阳回归，所以这也是宇宙、季节与生态变换的重要节气。金翼山谷每年一度的冬至节令所大体重现的信仰、民俗和娱乐活动，均是基于天人关系的地理、生态与文化。

冬至北斗祭是最重要的天人贯通仪式，古今宫廷民间如一。这里有闽东雄伟的千年临水宫，冬至时间山派道教慈祥的陈靖姑女神坐轿隆重巡游。那一天晚上，方德道士指点弟子们在山谷平地上搭起高高的祭坛，电影完整地记录了仪式开始后，身着红头师公装束的方德在北斗星照之时，完成建坛和随后的存身拜斗仪式，而这个仪式的米斗（内嵌长寿灯）上下交接（电影中金翼之家兄弟代表接受），展示了转达天神降福的伟大中转，此时四围多位黑头道士手擎火炬，冒雨绕坛游行，整个向天神祈福的仪式都是以古老的道教科仪的动感美学实现的。

中国人的风水观聚焦阴阳宅内外"得水藏风"的堪舆实践，而这里现代意义上的地理选择也伴随着文化诠释。我们借助航拍展现了以往很少能俯瞰的机会，一展古老金翼之家聚落的风水格局与民居在丘陵山谷中的镶嵌艺术，然而这不寻常的民居不仅留下了社会动荡与事业成功的痕迹，好似那既圆润又巨大起伏的防火墙，携带着家族几度沉浮的人类学诗学意象。

古田丘陵林地造就了地方人和猿猴种群古今共居的历史与传奇。"猿母与孝子"的故事与戏剧正是植根于这里人猿奇遇与交集的可能性。这一传奇没有发生古诗中的借助于猿啼表达外在旅人的伤感情绪，而是人猿拥抱实现超越的仁爱结局。这是一个和人猿共居的生态环境相关的传奇佳话，因闽东湿寒的冬至节气，这里从冬至汤圆的统摄意象（孝子圆、送米粿/孝道回报、《搓圆》歌谣等）和历尽千辛寻猿母的模拟孝行的戏剧艺术（花旦的黄花头饰和青草下摆，拟态舞姿），一方面延续了"脚动手动、手动身动"的闽剧身段美学的传统，另一方面则超越了天地人联系的一般表达，以"一人唱、众人和"的帮腔来显示家族和邻里的积极认同，将儒学仁爱与孝道的宽厚承载与涵摄力量扩大到灵长类，从而透过戏剧培育人民仁爱的内心世界。

我们的实验是《猿母与孝子》的戏剧叙事生成包含在人类学纪录片《金翼山谷的冬至》中，因此戏剧和电影的思维生成在时间与空间上是一致的。当这出传奇闽剧被无缝衔接的数字电影技术"引诱"出舞台到森林、溪水、道路和庭院，延长和扩大了戏剧生成的时间与空间，并使我们的冬至神话能以戏剧的形式作为整个纪录片的重心，而人民的冬至活动反倒成了戏剧所携带的礼仪、孝道与仁爱的社会文化实践。

当电影聚焦于金翼之家冬至节日生活的时候，他们代代人静静地参与冬至的每一个仪式与活动环节，尽管不像《银翅》里他们经历过轰轰烈烈的生产与销售闯荡。金翼家族从始至终虔诚地参与地方民俗活动的每一个环节，体现了金翼之家家风（无言）和家训（朱熹家礼）"以善为美"，代代如一，以及冬至礼仪程序中"内化于心，外化于行"的电影实况。

《金翼山谷的冬至》以戏剧的形式演绎神话传说，运用了数字与新媒体技术，使得传统戏剧的生成过程交叉着电影思维，戏剧从乡间舞台走下来，到树林中去，到农家民居里去。于是，戏剧和电影的学科并置分别改变了彼此，如乡村露天戏剧"抛撒汤圆"的做派和电影实景抛撒紧紧结合起来；特别为族类认同使用的数字戏剧灯光和电影灯光混生并置，而且以戏剧和电影的共同黑屏手法完成了戏剧向电影的无缝转移；金翼家人和《银翅》作者都因三十年的交情而深入地卷入节令协商与研究实验，于是整个戏班、电影摄制组、人类学家和三十年来熟识的金翼村人、邻里共同参与了戏剧与社会戏剧、电影摄制的协商与深度互动。

六　结　语

（1）在金翼山谷内外，一直由天地人三界的神性、哲理与意义的表达通过传说、民俗、戏剧和歌谣等艺术形式分衍出来，以及展现北斗、汤圆、火之㚵、风水等系列的人类学美学意象群。而伴随冬至可以想到的各种优美和隐喻的意象群,则基本上源于古老的"三官"、朱子家理和生态与区位人类学意义。乡村闽戏《猿母与孝子》与人类学纪录片《金翼山谷的冬至》合璧生成演绎了一个和人猿共居的生态环境相关的传奇佳话。闽东冬至搓圆和黏汤圆的习俗一直保留到今天,借南方湿寒的冬至节气,从汤圆统摄意象和寻猿母传说的惜别哀婉自然地转换到人伦与孝道的理念之中,展现了天地人和谐的人类学诗学韵律。

(2)历朝节令、诞辰的仪式庆典都离不开戏剧演出,已成传统。金翼百姓冬至的献袜敬老仪式也是古今不变的生活的演出戏剧。这已经证明了"社会戏剧的阶段性及结构并不是本能的产物,而是行为者头脑中所带有的模式和隐喻"①。也是庄泽宣早已说过的看戏和听戏"作为大众的娱乐",可以获得"历史的知识"和"获得道德观念的判断力"②。仪式的庄严程序和戏剧的艺术表达形成随时呈现的家族主义的人伦韵律之象征,甚至是仪式包含戏曲,或演戏便是生活的仪式。那些来源于神话传说的《猿母与孝子》所内含的失去母亲的家族焦虑,其"不协调一致的过程其单位就是社会戏剧,它产生于冲突的背景之下"③,因此寻找猿母的传说与戏剧演出过程,实际也是重获扩大了的家族主义的仁爱的"矫正行为"④,因而其戏剧与社会戏剧的演出始终充满了上下一以贯之的道德与人伦关系的民俗协奏。

(3)我们的冬至电影捕捉了这种乡村戏剧参与者与农民观众的共聚性,当然我们也知道俄国城市戏剧群体的共聚性(соборность)(英语词 sobornost 显然是俄文外来语),是指人群

---

① [美]维克多·特纳:《戏剧、场景及隐喻——人类社会的象征性行为》,刘珩、石毅译,民族出版社2007年版,第28页。
② 庄泽宣、陈学恂:《民族性与教育》,商务印书馆1937年版,第368页。
③ [美]维克多·特纳:《戏剧、场景及隐喻——人类社会的象征性行为》,刘珩、石毅译,民族出版社2007年版,第29页。
④ [美]维克多·特纳:《戏剧、场景及隐喻——人类社会的象征性行为》,第31页。

自觉的聚合现象，后者表现为俄国东正教的宗教情结和友情聚会，是"用东正教和传统的民间道德使人民团结起来"[①]的哲学与生活实践。这似乎是一神教国度可见的神性人群共聚性，但不止于此。这个表达特定"人群"共聚性术语的价值在于英语学术圈广泛使用的"族群认同"（ethnic identity）的范畴涵盖过于宽泛，而特指地方人群的共聚性术语使得比较研究更易聚焦。如果我们稍稍扩展一下这一概念，可以认为这种共聚性既可以来自宗教信仰之神性，也可以来自成熟的区域文化理念（如天人合一的宇宙观等）。如中国的一些大城市，并无类似一些俄国城市的一元宗教信仰，城市人民中散见的依阶层、职业、宗教、同乡、同行、兴趣与偏好等各种亚文化群体，很难达成城市人民的总体信仰共识，特别是缺少城市的神性共聚性。然而，我们在中国乡间（也包括"金翼之家"所在的闽东乡间）的迎神赛会和社戏演出之时，村民自发前往，总是座无虚席，那是地方神性和共同的宇宙观使然；朱熹过化之地的冬至孝行剧目，古今推崇，那是中国精英和大众长久锤炼和共享的古老儒学理念使然。这实际上和俄国城市戏剧共聚性的差别在于中国乡村守望相助的古老思想和地方神性补充促成了金翼山谷内外的共聚性地方戏剧。

（4）此次闽剧《猿母与孝子》从台上演到台下，以及演到树林和大宅门祖厅，可见从"母猿"到"猿母"转变于一身的聪慧设计（从服饰到做派），展示了它机警、细腻、热情、敢作敢为的闽戏花旦风格，正好应了闽剧传统的雅俗分野与合流特征。细心的观众还可以在纪录片《金翼山谷的冬至》结尾的祖厅闽戏中领略到"一唱众和"的乡村闽剧唱腔特色、滚唱和帮腔的艺术结合，一并增强了唱念做的戏剧性、亲和力和表现力。

[①] Прохоров А. М., Большой энциклопедический словарь. 2-е изд., перераб. и доп. М.: Научное издательство, Большая Российская энциклопедия, СПБ.: ? Норинт, 2002 г., стр. 1117. 陈世雄教授率先使用这一俄文的中文译文"共聚性"。陈世雄：《都市戏剧与民众的"共聚性"》，《中国戏剧》2004年第8期；陈世雄：《戏剧人类学》，上海古籍出版社2013年版，第96—97页。

于是我们已经把地方闽剧的源流、形成和新的实验梳理清楚，内中地方文化的儒学与艺术人类学体验的田野诗学已经呈现。

（5）人类学家和金翼村民三十年深度互动，渐渐出现协商共创与制作文化的可能性。实验性闽剧《猿母与孝子》的故事与叙事生成包含在人类学纪录片《金翼山谷的冬至》中，因此戏剧和这部电影的思维生成在时间与空间上是一致的。不只是思维因电影（还有戏剧）获得了创作的形式，而且戏剧和电影还因哲学和人类学双重视角而卷入实验。当这出传奇闽剧被无缝衔接的数字电影技术"引诱"出舞台并来到森林、溪水、道路和庭院，延长和扩大了戏剧生成的时间与空间，并使我们的冬至神话能以戏剧的形式作为整个纪录片的重心，而人民的冬至活动反倒成了戏剧所携带的礼仪、孝道与仁爱的社会文化实践。

此次闽戏与纪录电影的合璧实验来源于古老的冬至传说，也可以说是在昔日人类学小说《金翼》发生地的实景中演绎。唱念做的生活与社会隐喻，冷暖光转变、黑屏过渡等手法同新的数字技术与哲理整合，是一次在戏剧和电影合璧过程中的新的艺术与人类学诗学展示。

静水流深，君子不器
——庄孔韶教授采访[*]

一 早期学术研究：教育与生态人类学

范晓君：您曾提到写作博士学位论文有两个题目，《教育人类学》和《金翼》的续本《银翅》，这里的关系和背景何在？

庄孔韶：这的确是一次兼顾写作的尝试。我从1986年开始在福建古田金翼之家的调查持续两年多以后已经有了基本的续本腹稿，只不过很多角度的片断笔记与分析需要贯穿起来，是继续林耀华老师的《金翼》小说笔法（我已经写了七章小说）。而且不少片断的人类学素材与论说如何组织在一起，也是一个问题；还有，按历史顺序的学术陈述和按问题导向的横向讨论，如何编排，涉及整个论文的结构和写法（其实这是长时段研究作品的普遍问题），因此有一个短暂的时间耽搁用于思考；而同时并举的《教育人类学》在结构上显得容易把握，又有多年的中学教育与大学教学经验，所以《教育人类学》先完成，最后我是以《教育人类学》参加的博士学位论文答辩，起初就是想哪个先完成就拿哪个答辩。

---

[*] 这篇采访是2016—2019年庄孔韶教授接受四次采访的合成作品。参与采访的有宋雷鸣、许金晶和范晓君等，并做了部分增删。

范晓君：《教育人类学》是中国著作类的第一本，您自认为它的创意基点在哪里？

庄孔韶：人类学也要看大面积的比较教育，少不了要看欧陆和北美不同凡响的教育传统，也要回看中国的教育传统。这里有一个可资比较的历史与情境。欧陆重人本哲理，北美重教育实践，但二者归根结底都离不开对教育的本质、人的本质、教育的观念与行为做广泛而深入的观察与论辩。

我很早关注教育人类学，是因庄泽宣的比较教育的家学成果，其影响至深的是《民族性与教育》。美国的教育人类学是重实际的，偏于印第安文化、移民文化，关注多元文化；欧洲的教育人类学强调哲学与人本。那时外文资料难找，加州的姑姑也辗转带来我想找的书，就把欧美英文和繁体字中文书籍看了不少，开始思考。中国既有国学理念贯穿古今，又有多民族国家多元文化背景，所以欧美两种风格的教育人类学的特点都有。中国古代文人的著述，最娴熟的是关于人性与仁爱的内容，这和德国人的哲学教育人类学的人本问题焦点很相似；再者，数千年的多民族文化之间借助文字、技术、迁徙等得以交往，其中各种文化濡化的传统与古今教育交流相互影响，丰富多彩；所以中国要发展教育人类学就值得把这两个研究向度：人本的和经验的都容纳进来，然后讨论我国的教育人类学特点。

我的《教育人类学》因此得出了人类学观察中国教育的两大原理和指向，可以非常简练地概括为：（1）人性的转换；（2）文化的传递。这两个研究向度，基本涵盖了中国教育的人类学观察范畴。前者是关注人性转换的教育动力所在，后者是关注多元文化之间的互动。人性的转化和文化的传递就是这篇博士学位论文的关键词，来源于我的书斋和田野双重观察与研究的结论。这个原理的前身相关于国学与后来的比较教育，于是跟庄泽宣的研究连上了。现在大学教科书《人类学通论》的教育人类学章节，以及后来立志于教育人类学的弟子团队，也都是在这一基本思路上做新的探索。

范晓君：教育人类学的课程和田野工作如何进行？

庄孔韶：1985年，我在国内尝试开设了《社区研究引论》和《教育人类学》专题课（在三届大学生和研究生中），开设社区课是因为这一直是人类学社会学的必修课，几十年前吴文藻先生最先开设过这门课，几十年后我觉得重要，恢复这门课，谢冰心老师给我写了亲笔信鼓励。而教育人类学是一门新课，就是尝试一下"人性的转换"和"文化的传递"的新课创意，而且我的社区课和教育人类学课有时打通，很方便把教育的问题在社区的框架下加以比较。特别使我感兴趣的是，我的学生班里多时有20多个民族成分，在这些大学生和研究生中做过多次内容广博的"席敏纳"，假期让学生回到各自的家乡绘制不同类型的社区图和书写各民族教育的哲学与生活实践的作业，至今我还留着一些学生有趣的多民族教育案例作业。教育要改革，必须对中国教育历史、教育哲学、教育文化、教育观念与教育行为做出多学科、多视角的剖析，不能只做校园的工作，而是应把中国的教育放在深厚的人本哲学与文化底色上去探索。

范晓君：听说博士学位论文答辩那天杨堃先生手里的《教育人类学》油印本现在在赵旭东教授手里？

庄孔韶：现在回到我的手里了。那是一件很巧的事。20世纪80年代的博士学位论文还是油印或铅字打印本。估计可能是杨先生去世后，这份带有他的阅读笔记和答辩会议日程的《教育人类学》打印本辗转到了地坛旧书市场，刚好赵旭东去那里淘旧书，是他的意外收获，高价回收。承蒙他的好意，获得了他的签字本。想来从答辩会算起，一晃三十年有余，物是人非，参加那场答辩会的老前辈多已作古，所以说著作是最重要的，每一代人的收获都得益于老师、前辈，是代际心血的传递呀！

范晓君：您的博士学位论文认为庄泽宣的教育思想与实践影响至深，主要表现在哪里？

庄孔韶：庄泽宣是一代中西兼修的学者，既是书斋大学者，又是中国教育实践的先驱。1927年庄泽宣转任中山大学教育学系主任，最先成立了中国的教育学研究所。他的教育观是宽泛的，不限于校园文化，他一直就有民俗教化的研究思路，所以他当时邀杨成志、钟敬文等人发起成立中国民俗学会，傅斯年、顾颉刚、罗香林、董作宾、容肇祖等学术名流都在里面。

庄泽宣在哥伦比亚大学的博士学位论文是《中国教育民治的趋势》。他不是洋务派的教育家，他的侧重点是"如何使新教育中国化"。你看，这一年12月他写道："现在中国的新教育不是中国固有的，是从西洋日本贩来的，所以不免有不合于中国的国情与需要的地方。如何能使新教育中国化，这是一件很大的问题。"他认为，由于军事外交的失利，中国人要重建自信心，不能把中国的文化完全消灭于西洋文化中。在先生看来"中国人最大的毛病便是依赖性和惰性，最缺乏的便是创造力和组织力"，因此，教育要注意培养学生的自制力、创造力和组织能力。先生提出新教育中国化的四个要点：一、合于中国的国民经济力；二、合于中国的社会状况；三、能发扬中国民族的优点；四、能改良中国人的劣根性。只有符合了这四个条件才称得上"中国化"了的新教育。他还认为要改造中国人过于重文字、重名而不求实和重仿效而轻创造的劣根性，就必须脚踏实地，尤其注重创造力及组织力的养成。他说："创造重在精神，而不在于形式"，还体现在他的著作《民族性与教育》之中。

2000年以后，江苏常州祖籍的庄氏族谱修订完成，庄泽宣的篇幅不小。那时由武进族人庄小虎主持编纂族谱，好不容易找到我的下落，还网上发文希望我能发现他们，认祖归宗，把庄泽宣的谱系下线连上。后来我去了一趟常州，补充了一些庄泽宣的资料。

范晓君：您的早期研究还涉及生计方式、建筑空间和家族制度的关系研究，例如很早调查的游耕与干栏长屋的研究，这和后来的汉人家族社会研究有什么关联？

庄孔韶：在1978年考上林耀华、黄淑娉教授的硕士研究生后，我致力于中缅边境游耕社会生计方式与家庭/世系群结构的调研，以及针对游猎、农耕社会的比较研究；起因是摩尔根的北美印第安人大房子建筑空间研究，中国东南部宗族与家族大房子（住房群和聚落），以及东南亚干栏长屋在世界民族志有案可查，但云南山地民族和中缅边境的干栏长屋，无论是中国文献和英语学术圈的干栏民族志书都有缺漏，所以我的兴趣很大。那时人类学资料太难找，幸好我在加州的姑姑每次回国，就带来最新的人类学中英文著作。其中来自新几内亚的游耕生计文化适应理论对我的影响最大，所以才有可能早在1981年就和Rappaport做自然生态与文化相关性的对话，并在中缅边境多次田野调查后，发表生态人类学论文《父系家族公社的平行与序列比较——以近现代欧亚大陆的三个地理区域为例》，较早对云南游耕生态系统的特征、游耕生态系统与文化的关系进行阐述。特别是多次到中缅边境，亲历发现了两种游耕类型：前进型和螺旋型的成因，以及家族（含干栏）与世系群构成的生态与文化基础[①]。你知道，汉人社会的大家族住房和聚落群和这些少数民族居地构成很有一比呀，风习的差异和人类学结构观的一致性。

[①] 庄孔韶：《父系家族公社的平行与序列比较——以近现代欧亚大陆的三个地理区域为例》（林耀华、黄淑娉指导），中央民族大学民族研究所，1981年3月；庄孔韶：《基诺族"大房子"诸类型剖析》，《中央民族学院学报》1981年第2期；后收入林耀华、庄孔韶《父系家族公社形态研究》，青海人民出版社1984年版；庄孔韶：《云南山地民族（游耕社会）人类生态学初探》，见中国人类学会编《人类学研究续集》，中国社会科学出版社1987年版，第98—108页；庄孔韶、张小军：《留民营——中国北方一个汉族村落的社会文化变迁》，中央民族学院民族研究所，1984年。

范晓君：两种游耕类型的特点现代命运会怎样？

庄孔韶：前进游耕型是在人口稀少、地域广袤的环境下，人们顺山脊从北到南寻找新的处女林（不走回头路）实施砍烧农业，有时获取一两年的最佳作物产量，不等地力耗竭，随即迁移，所弃山林不久即重新复生。如20世纪50年代的苦聪人（拉祜西）即是，搬到泰国的哈尼（阿卡）也是顺着山脊砍烧过去的。

螺旋游耕型是在多数交叉居住的山地民族地区，人们已经难觅到广袤无主的林地，而是在一个个被限定的族群居地中形成由集体智慧创造出的、有序的循环烧荒法，常常呈螺旋状或相似的、逐一排定的砍烧顺序作业。这种方法保证了不会毁林，林木亦可周而复生。例如，我和硕士班同学亲历的西双版纳基诺族曼雅寨的游耕周期为13年，龙帕寨为7年。基诺族居地的生物多样性和文化信仰原则相互整合起来，构成了当地人传承已久的生活方式。

实际上，毁林烧荒式的"刀耕火种"发生在20世纪50年代以后。因为在不和少数民族协商的前提下硬性划分国有林范围，虽保护了部分林木，却切碎了山地民族的螺旋游耕序列，结果林木难于复生。其后内地的重农主义政策之推行，加之人口递增导致无奈的地方族群开始无序地毁林烧荒，终使从古而今的传统游耕生态系统失序，酿成生计与生活之苦果。例如逐渐累积了水土流失之隐患（包括由此引起的背井离乡的"生态难民"现象），以及出现生活急剧变动导致的族群心理障碍与各种文化生存问题。

范晓君：就是说失去了族群生境生态系统的自救机会？

庄孔韶：在地方族群生态系统失序的过程中，需要优先解决该系统中社会文化控制部分的良性运转，这是地方族群生态系统重建的必要基础。由新技术支持的生态系统之修补（如和地方人民讨论国有林划分的前提下，多日照地区引进居住社区沼气系统）只要因地制宜，可以使地方人民顺利渡过文化与生计的适应期，新的生活方式的推广是可以奏效的。

不仅在少数民族地区，在北京郊区也同样有生态学的问题，当时我也有机会参加了。20世纪80年代初有一项在北京大兴县由联合国的德国专家设计的太阳能房推广给当地村民，我妹妹是学德语的，所以她参加这个项目时翻译了德国人的文献和新书《生态学》（科学出版社2003年版），是为了讨论和实验新能源改造传统农业村庄的现代化转换问题。这时我阅读了不少他们的生态学资料，还发现大兴的太阳能村项目点一旦确定，如何思考杜绝外来村民拉关系卷入，所以知道还有社会学家、人类学家参与。由于这是新型的生态人类学实验，背景资料丰富，于是我在1983年邀刚刚进入社会学、人类学圈子的张小军一起到大兴县调查，写了一篇论文，利用了联合国生态村项目的资料，小军还做了不少问卷，重点则转为了生态人类学/社会学。

二　《金翼》《端午节》和《银翅》

宋雷鸣：回访"金翼"黄村当年是一种什么样的学术背景情况？

庄孔韶：我们就学的1978年，是"文化大革命"后第一次招考硕士研究生，我和其他两位同学以原始社会史学为名目被招考而来，因为那时民族学、人类学的名称还没有摆脱污名。教学上林耀华先生要求我们去北京大学修两门课：旧石器考古和新石器考古。这两门课的内容都和原始社会史的进程相联系。例如一些早期考古遗址被认为是大家族公社的判定，于是我的初始兴趣是将考古学和人类学田野知识关联，看看云南的干栏"长屋"的家族构成有何可比之处。我看当时英文、俄文的民族志缺少云南境内的长屋记载，于是那些年我主要跑中缅边境，寻找仅存的一些大家族生活实况加以研究。田野一直到1984年，我和林先生合写了《父系家族公社形态研究》，专门的云南山地游耕和家族公社研究作品（包括一些少数民族的长屋结构图与分析）后来发表在我的《行旅悟道》里面。你看，起初干栏"大房子"、家族结构是我在云南的兴趣。那一年我阅读了林先生的小说体《金翼》，他以平衡论解释福建汉人社会两个大族的兴衰，引人入胜。先前对大家族形态的研究兴趣，促使我从西南转向东南，从而一部分精力转入汉人社会的宗族家族研究。多少年以后思考一下，文化的比较观是西南和东南中国家族社会研究的基本出发点，理解文化的异同很有意义，所以说人类学的益处是它能加深对文化多样性的理解。世界要和谐，先要相互尊重，进而参与观察，然后找到相处之道。

宋雷鸣：那时来福建古田黄村的研究准备如何进行？

庄孔韶：林先生家里有一本墨绿皮的英文原版《金翼》，我是爱不释手。后来才知道这不是林先生的博士学位论文，他告诉我这是在哈佛毕业后，陪伴生病的太太时的写作。不过，你能查阅到林先生在赴美之前曾做过调研，所以无论是考证式的贵州少数民族研究（博士学位）论文，还是福建家乡的人类学小说，都是林先生有备而来的。

我多少次找导师谈学术，这对林先生而言是多年没有过的。每次我是在他的客厅木扶手沙发上谈话，有时我能进入他的卧房，他的大床边有一个书桌，林先生坐正位，我坐一旁。我把从《金翼》书中摘录的大小地名和众多人名排列好，请林先生"指正"。所谓指正是指解放前后新旧地名的关系，比如小说中的湖口是否就是谷口。老古田县城因1958年修水库而沉入水底，谷口淹没，让位于莪阳了。所以风水先生总是说"谷口落、莪阳兴"。岭尾、黄村，后来是墓亭，你看现在又是凤亭了，变化很多。如果我不能弄清从福州到谷口的路线，而谷口地名不少年轻人不知道，那路上我会遇到困难。过去福州到古田6个多小时车程，我很惊讶，一直的印象是福建比云南交通发达，可一旦坐上福古公路汽车，才知山地路况并不比云南好。林先生把《金翼》

书里的大姓林氏改为了黄姓，其他很多人，包括可能尚健在的人的名字都变了。如果只带着《金翼》书本来，恐难以找到金翼之家的后裔。所以几次会晤，林先生才和我核对完新旧地名人名，那张纸很薄，上面涂涂改改，还有不同颜色的笔迹，这两年找出来，捐给了古田林先生老家的林耀华纪念馆。20世纪80年代初我找到云南山地的布朗、基诺、崩龙（现在叫德昂）、独龙、景颇、哈尼等族的干栏大房子、大家族，1986年在福建又一次面对文字历史更久的汉人大家族社会，而且的确福建也存在干栏建筑！

回到《金翼》，它是使用平衡论的作品，我查到了林先生同班同学的作品都是平衡论，他比较得意的是，他说我比费孝通回国晚，我带来了从早期功能主义延伸下来的新的平衡论，学生很感兴趣。

我要追寻林先生用平衡论解释金翼之家兴衰的原委。当时哈佛大学同班的查普尔研究工业社会，阿伦斯伯格研究爱尔兰农业社会，不同的领域，但他们都使用平衡论。林先生那辈人，包括费先生，他们在学术上适应功能主义和平衡论，适应英语学术圈的流行理论。有个日本学者到北京大学找材料，发现了林先生的早年论文《义序的宗族研究》手稿，全是蝇头小楷（我们的杂志《人类学研究》和教科书《人类学通论》封面的几个繁体字就是从中挑拣组成的），他找来送林先生，我先拿到了。林先生在《燕京学报》上发表的《义序的宗族研究》完全是功能主义的。但是你会发现，他的早年未刊本文字量大很多，有大量文献注释，特别是有非常多的古典国学的注释，能够看出来他表面上是运用功能主义，骨子里并不脱离国学的人伦解释。所以，中国学者的研究，特别是关于中国的研究，如何在"欧风美雨"的理论群里进进出出呢？似乎完全是个人的选择。

《金翼》核对完了我就开始调查。论文怎么写，大一点的题目如何处理，这也是所有文科博士面临的问题。一个长时段的研究，落点是在当下，因为这不是别的，这是人类学。我论文前一半是按照时间顺序，后一半是按照类别，这样才能兼顾，否则不好做。各学科长时段研究应该都有这种情况，提到论文就应该有问题意识，其实这不够。你知道我的《人类学概论》的教科书吗？这是一本畅销的教材，能够占八成以上的教学市场。里面我就清楚地写了两个研究要点：问题意识和过程研究，二者缺一不可。但现在常常忽略过程研究。硕士学位论文有一两个问题，三万字就差不多了，但博士学位论文部头大，常常有一个时空过程。过程研究怎么分配，怎么找学术点，这是一个博士要钻研的，在过程研究中如何挑选学术的问题，有的学生找不到学术点，一大片，提炼不出来。过程研究还需要思考跨越时空的关联性与差异的解释，所以点状的问题意识需要附加上时空的过程解说。你看，《金翼》里金翼之家成功的原因被林先生解释了；如果单看《银翅》里20世纪80年代时段金翼之家的成功，或许也可以解释出一些理由；然而，100年的过程研究，跨越金翼之家三四代人，你才有可能提出只有长时段研究才能提出的问题：为什么百年间金翼山谷只有林先生家再次成功？

南加州大学的系主任，他说我喜欢你在《银翅》里写的导言，我知道那里特别强调了这本论著里穿插了好几种写法，而且使用了古典中国文人喜欢的引子写法。当然西蒙教授的确知道《金翼》在中国人类学所处的地位。

因为我去美国，看到美国博士学位论文指导手册，是笛卡尔的思想，清晰的、逻辑的，结论要清楚。那人间不清晰的事怎么办？中国文人有中国文人的办法。引子的写法就是如此，我的第一章就是一个引子，会点到几件事，在陈述的时候是随意的，而且对一些问题的解释顺序也不会刻板，而是油然呈现，最后达成一个清晰的抑或婉转的收笔。古代《论语》就没有什么定义之类的结论，而是善用比喻和隐喻，好像没有那么清楚，但大体明白了。显然，这不同于今日受科学主义影响的论文规矩。我的写作变通是，有的章节完全是清晰论文的写法，不过我加一过渡段就变成随笔了，一会儿又变成小说笔法等，杂然前陈，我这个书就是这么写的。应该说，我的老师憋不住写小说，我不能马上写小说，但也不想写"规矩"的论文，还找机会拍了电影。电影和论文，哪个重要？似乎谁也不敢论断。

我初到华盛顿大学的时候，那个教授好几天没理我，有一天我主动约他第二天上午十点去伯克咖啡馆，他答应了。他问我你这次博士后能完成什么？他说一些中国人走的时候也不打招呼，什么作品都没有留下。我说我这次带了四个作品，有的已经成形了，有的需要你帮助。我拿着尺寸很大的电影专业母带递给他说，这是我在1989年拍的《端午节》，是在林耀华家乡拍的。他当然熟知《金翼》了，一听很高兴，他说我马上安排两个女研究生配英文，在华大电影中心很快就完成了，并在1992年由UW Press出版。他说这是中国"文化大革命"之后第一部在西方出版的人类学纪录片，后来又主动推荐到纽约玛格瑞特·米德电影节，而且入围了，那也是1992年。快喝完咖啡，他说我该走了，后来知道当日十二点半就是他们年度弗里茨博士后选择委员会开会和投票。你知道，在美国获得博士学位，再在美国做博士后，几乎是五十比一二的比率，很难。我博士学位是在大陆获得的，拿到这个博士后当时就更不容易了。我当时获得了首届香港霍英东教育研究基金，再加上又得到的华盛顿大学弗里茨博士后研究基金，大大有助于我专心进修和写作，主要是《银翅》写作。后来那个教授年年讲中国民间信仰都使用英文版的《端午节》，到今天，这个电影一直用在欧美和中国的教学上。

我又听了一些别的课之后，觉得还是要写论文式的续本，但我又不想写美国式标准论文。我导演的英文电影《端午节》出版了，可是《银翅》却不给我出版，华大的一位编辑说我这个写法得大改，我说各国人的文化思维是有差别的，何况人类学又强调写文化。那编辑却说我们不能不考虑主要是美国的读者。我无言以对。我本想说那就不是人类学了，她大概不愿意听。这样的话，大改我只好不出了。你看不容易吧，现在英文版《银翅》用了二十年才出来。

宋雷鸣：这就是英文版《银翅》出版耽搁的故事吧!？

庄孔韶：就是这本。我有一个好朋友谢钟浩，中国人，在美国教英文写作，但他不是人类学专业。他看了《银翅》有浓厚的翻译冲动，我想这40万字要翻多久呀。想来我们两人很早就如此热爱学术，蚂蚁啃骨头，非常不容易。第一稿要准确，我们住得近，周末经常讨论，有一章节有很多古文，很难翻译，翻译了很久。之后又隔了一些年，我在长江三峡调查的时候遇到《远东经济评论》的专题撰稿人郝也麟，他很喜欢，他是英文极好的瑞典人，又润色一遍（最近他出版了茶的历史的英文书），后经过两个出版社，不过还是夭折了。最后就是南加州大学人类学系主任西蒙教授，他研究台湾的乡村生活，非常了解《金翼》的学术价值，他说同意保持你的写法，可以出，于是又请人类学家再润色一遍，费时两年多，样书才出来。我和谢钟浩教授都很欣慰。

我阅读《金翼》，在20世纪80年代还有幸见过小说后面家谱里最年幼的少阳，他帮我很多，我也留有我为他拍的照片；还有《银翅》里的林家邻居老吴，早就出现在《端午节》里，所以你看电影有多好，他能留下现场记忆。我在几年前一直酝酿拍摄《金翼山谷的冬至》，也是因为电影《端午节》对理解《金翼》《银翅》的好处实在是难以言说的。文字和图像作品合璧就成了我多年的学术愿望。我希望《银翅》的主人公都能在纪录片《金翼山谷的冬至》里出现。《端午节》电影里很多人也是金翼之家的后辈，《金翼》里有些人又再次出现在《金翼山谷的冬至》里，这就是说两部电影、两本书，中英文，形成一个中国研究图文并茂的作品系列。现在坎特伯雷大学和南加州大学已经开始使用《金翼》后续的系列作品了，我很欣慰。

三 重谈家族传承

许金晶：让我们回到家族传承的问题，讨论起来有近有远，好在金翼之家刚好是讨论成功和再度成功的解说；同样，包括庄家的传承从庄存与到庄泽宣至今保持了家学的明显传承，也是令人感兴趣的。那么，您家在改革开放前是如何安排家学的？

庄孔韶："文化大革命"中我们家人都被发配了，黑龙江、山西忻县、广西，还有北京密云，当时的远郊区密云要乘慢吞吞的绿皮火车，很不方便，和今日无法相比。我小妹小学被外语学校选走了，学德语，住校，家里就只剩我和我妈俩人。老师还挺喜欢我，他说有两个中学教师的名额你想不想试试，我说好啊。我去学校应聘，我毕业在25中，前身是育英学校，而应聘的是北京61中，以足球运动著称，在那里一下子当了十几年中学老师。

许金晶："文化大革命"初到1978年，差不多吧。

庄孔韶：差不多正好是"文化大革命"期间。运动初期学校动荡异常，我瞧这个不对头，正好有串联，就去了。我当时年轻，看不出是学生还是老师，就串联到了云南，未料成了我后来的人类学田野发祥地，而且云南多民族，中国人类学也很喜欢把云南作为人类学调研基地。

许金晶：就开始对人类学有兴趣了。

庄孔韶：不，那时完全没听过什么是人类学。那时很少有人读书，后来出了离奇的张铁生事件。

我父亲庄之模是辅仁大学生物系的，研究生物进化论，一生致力于生物教学和写作，也是中国电化教育和北京植物园的奠基人之一，曾导演用显微胶片拍摄了解放后最早的生物教学影片《细胞》和《草履虫》等。"文化大革命"期间他也受到了冲击，但我们父子情深，共渡难关，关系极好。张铁生事件后，他对我说，这太奇怪了，他说总有一天得恢复考试，所以我的家学就开始了。他辅导我生物进化论和人类早期社会的知识，同时辅导我妹妹细胞生物学（她是中学少有的小语种德文教师），这两门知识刚好是我父亲通晓的生物进化论的两个端点。他的书架上有一本林耀华的《从猿到人的研究》，我们当时都不知道林耀华后来的身份在何处，这本书是1951年出版的，这是他书架上的书，我父亲就让我看。

后来果然就恢复考试了，我小妹考到北师大生物系的研究生，她喜欢细胞学和生态学。我父亲查到招生目录上有林耀华，相信是书架上写"从猿到人"的那个人，因为考试专业是原始社会历史学，中央民族学院的，于是我就考了他的研究生。

许金晶：看来您父亲在家做的指导对子女很重要。

庄孔韶：我也经常看他的文章。我父亲从20世纪50年代后期起一直是京津冀一些晚报的副刊主笔，特别是在当时很畅销的晚报，他喜欢把生物学的动植物知识和古诗词结合起来写文章，很有趣，每周我都会看几篇。

许金晶：小品？

庄孔韶：是的。父亲对我说，有人总说小品字少写不明白问题，但实际上，1500字能写的话，1000字、500字应该都能写。关键要学会炼句。于是我就跟他学写小品，高中时就协助他。他在晚报副刊发的所有动植物小品全是我插画，后来我也学会了硫酸纸的特别钢笔绘图。

《燕山夜话》对我的影响非常大。过去批判说"发端于苍蝇臭虫之微，而归结于政局"，实际上这不就是"微言大义"吗？本质不就是文学和人类学的隐喻吗？破隐常常不就是直觉吗？我们的哲学的直觉落到田野之中，可以打通学科壁垒，而且中国的书斋和田野本身就是贯通的，于是也产生了我在《银翅》中的文化的破隐——"文化的直觉"的发现要点。

我曾尝试写律诗一直不成功，平仄让父亲来改，却更喜欢填词，觉得不拘束。我觉得现代诗如果和古代的词的形态变通结合会很好，在美国时写了一些，出了几本诗集，都和当时炼句和填词的训练有关，也和隐喻之关联觉解有关。古代文人说要立论，如果不是直接破题，婉转的话，就得用好隐喻，同时文笔也要好。所以现在一本论文拿来读两页，看一看句子就知道作者的文学底子了。我早期看像《燕山夜话》之类和我爸的小品，都是来回推敲和炼句的短小文章，自己也练习写，对日后写作是非常好的。

许金晶：还有您提到林老师的《从猿到人的研究》。

庄孔韶：从猿到人的研究，由于历史的积累和考古发现，这一研究总在不停地改变解释，进化的理解也不断发生变化。林先生讲原始社会笔记很详尽，他也不断地补充新材料。他的课上静静的，少有激昂，但你很难想象，他的小说体《金翼》，家族命运描写跌宕起伏，却又"如竹叶般简朴"。顺便提及，三联书店出版的《金翼》中译本多年来一直是一本不间断重印的畅销书。

许金晶：写得很漂亮。

庄孔韶：说明他实际是思想活跃的人。如果提费孝通先生的著作，首推《乡土中国》，文笔也好，一瞧就是讲究炼句的。我们上学首先受益于《金翼》。我是大弟子，近水楼台，英文版我也是先拿到。我考试的专业叫原始社会历史学，很奇怪的名字，那时还回避民族学、人类学的称谓。实际上后来我一听课，这不就是民族学吗？这不就是人类学吗？

在中学教书的时候，我爸跟我说，中学老师什么都教，需要你教什么就得教什么，长此以往是不行的。我俄文还可以，就想办法争取，慢慢改为教俄文，"文化大革命"中仍每周在一位父亲世交的俄人后裔家学，保持最后6年教高中俄文。1978年第一次恢复研究生考试时英文、俄文任选，我的俄文已经够应付了，才能一下子考上。说明我爸的判断是正确的，他认为考试总有一天会恢复，他都算好了。何况那时学校也学不着什么，就跟着他学，一下子十多年，这也可以说是"文化大革命"中还微弱延续的中国传统家学。

许金晶：我看过一篇文章，是说北京景山公园前面街道形成的历史，您家住在这里多久了？

庄孔韶：是的，我写过一篇《中国大教育家庄泽宣先生行止——故居、学术与大族传承》。我本来是写四合院和街区形成的。辛亥革命后，庄家开始在今北京景山公园东门对面设计和建造三套院（前、中、后）的四合院。民初，景山对面的琉璃瓦皇墙西边还没有民居，民国之前是不能在皇城内建造民居的。庄氏四合院是景山东街形成的重要历史证据。

许金晶：这种老房子总会有不多见的故事吧。

庄孔韶：我们家的大宅门斜对着景山公园东门，整个院落居于街道中央。过去叫景山东大街，写有正楷"庄宅"两个字的木牌我弟弟还收着。这条街就是我们家盖完院子以后，其他人往南往北再盖四合院衔接而成。过去这个街都是硬土路，还有小土地庙占路，没有什么便道不便道的。我考证了一下，庄氏四合院是1918年建造的，到今年刚好是100周年。20世纪60年代，房管部门迁来一些市内搬迁住户，就把我家的大宅门楼（这条街最大的）拆除，并将整个前院、车房铲平，改造成南北向的三个排子房，老宅格局完全损毁，幸好中院未变，却也面目全非。现在我弟弟还住在中院临街那间最大的房间，别的屋都是方砖地，唯独那间屋是水泥地。水泥地有一个高标号的水泥围棱，父亲告诉我，曾经是早年赵元任家折叠屏风的痕迹，这一间屋就是当年赵元任太太杨步伟的诊所，屏风后是候诊的位置，临街特为开了一间小门。我爸说是诊所，原来以为是给穷人看病的，胡同里有很多穷人。其实不然，赵太太学的是计划生育，大概当时是生育咨询的诊所，所以这个院子和这间屋应是中国计划生育思想的发源地，很少有人知道这个。这个院子还是他的语言学的沙龙所在地。

许金晶：赵家怎么住在这个院子？

庄孔韶：清华筹建的时候把赵元任、庄泽宣等人从国外请回来。我家和赵家都是武进人（现在常州）。我有一次找到一本书，杨步伟女士写的《杂记赵家》，说在景山东大街找到一个三进的院子。后来我在商务印书馆看到《赵元任年谱》，翻了下，跟《杂记赵家》核对，的确是在这儿住过，中院是他的语言学沙龙，后院他们住着。那就是说有一段时间我们家是空着的，他们来住了，都是同事。

许金晶：听说您的太爷爷是驻日本的外交官。庄兆铭是驻日公使。

庄孔韶：这一点我没有核实过。庄泽宣有六兄弟（成活三个），他是最小的一个，1895年生于湖北武昌。1910年，庄泽宣随三兄泽容（我爷爷）入京，进入顺天高等学堂（今北京地安门中学前身）读书。1911年，泽容从京师大学堂毕业，泽宣随之离京，进入上海南洋中学（今南洋中学前身）学习。未成年人异地求学需要有监护人，监护人是民国著名教育理论刊物《教育杂志》的首任主编，后创立中华书局的陆费逵先生。1916年，泽宣回北京，到工业专科学校读书，考入清华学校。1917年毕业时考取"庚款"公费留学，在美国迈阿密大学获得教育学学士学位。后来转到哥伦比亚大学，1922年以论文《中国教育民治的趋势》获得教育学博士学位。官费还有一年，他又到普利斯顿大学和密歇根大学继续学习和研究。

大爷爷振声是清朝官派第一批明治大学留学生，后来在早稻田大学学法律。我自己的爷爷泽容，是皇墙背后的京师大学堂采矿系的，这座房子就是他设计的。他在保持传统四合院基本结构的同时做了诸多改变。中院堂屋依旧，但三套院的正房（北房）不是按照传统大家族房间打通的设计，而是安排了两间和一间半为单元的分割居住配置，每个单元可以单独走门。这是为了便于分割出租给京师大学堂师生,那时景山街区皇墙背后就是京师大学堂,周边马神庙一带的胡同院落常有师生入住。爷爷就是按照一组一组都能出租给师生来设计的,很有经济头脑。

庄泽宣的书对我影响最大的一本是《民族性与教育》(1938),读了很多遍。这本书既涉及比较教育又涉及教育心理学,把各民族的优缺点都说了,跨文化的比较这些内容很有意思,我没读人类学的时候也这样认为。等到我学人类学,发现他是书斋里的比较研究,当然他接触世界和到处考察,有宽阔的眼界。我的人类学则特别关注田野的比较观察,这是不一样的地方。而且有文字的国度,光田野是不够的,还有文字的传承,因古今关联,故书斋和田野必须结合。

许金晶:那么前世或后世家族的影响存在吗?

庄孔韶:你是说庄存与还是父辈呢?庄氏世代潜在的影响应该有,但从没有仔细推敲过。我父亲在生物教学中开始显微摄影作品的努力,以及把动植物知识和古典花草诗词结合,他给孩子们写《生物万花筒》普及生物学知识,算经世致用;当然六爷庄泽宣的《教育与民族性》等十数本著作体现了实现他"新教育中国化"的理想,也是经世致用的大手笔。大概历史上正直的学者都具备创新的取向,只不过家族思想传承的脉络有时是有案可查的,而至于跨越整整十世代的庄存与先祖,那个时代的文人如何创新呢?世道不同,做法也不同罢了。

其实过去文人的作品什么都有,西洋社会的学科分立,造成了学科壁垒,影响了做学问的方式。实际上古代中国文人的作品都是通的,如庄存与、洪亮吉的作品什么都有,洪小时候是在庄家的家塾里读书的。艾尔曼(Benjamin A. Elman)说庄家是"进士生产工厂""中国第一科举家族",明清有一百多个,包括状元一名、榜眼一名、传胪一名、进士三十五名、举人八十二名、贡生五十四名。庄家的女人也有很多有才的,清代庄家女人中诗人、词人有20多个,最棒的是庄盘珠,我读过一些,比他人的确略胜一筹。庄家与很多家族互相联姻，女人受家族文化氛围熏陶，知识好，但不能出面，只能待在家里，但一代代的状元、榜眼都是这些智慧的母亲辅导的，非常重要。

庄存与是今文经学派（常州学派）的首创者。他官至礼部左侍郎，他发挥《公羊传》，宣扬《春秋》中的"微言大义"，这和应用有关。他认为如果误导了经学研究，会使儒学丧失生命力，培养不出优秀的文人。这是一代正直的读书人，经世致用之学，庄存与开一代今文学风气，后辈不断发扬光大，不仅对经学、数学、天文、地理都有研究，而且做学问的影响之大还在于有好的学风，例如不介意学人的门派和师承，他们风节自持，痛恨奸邪之徒，具有历史使命的文化家族担当。庄存与的后辈、女婿都不满和珅，和珅当政，他们不肯出来做官，体现正直家风。他们乱世归隐，重视母系教育。这种家族文化的担当还展现在大族具有的地域性文化内涵上，例如园林雅集，书画诗词，江南文人雅趣是主要特征。

庄存与的常州今文学派，文学、戏剧等都有，互相之间是相通的。《燕山夜话》有一篇《欢迎"杂家"》，我特别喜欢。我爸无党派，他的小品写得好，邓拓也知道，邓拓是共产党，实际上他骨子里是传统文人，他在党的会议上就说，你们应该向庄之模学，他又是专家又是杂家，那时候我就知道杂家这个词了。杂的好处是触类旁通，人类学又不比别的，研究的范围无尽，上哪调查都行，都是田野。我也不是完全有意识地编织未来，渐进和兴趣随机搭配是重要的。

所以你问的寻找代际家风秉性的传承的确是一个引人入胜的题目，可以慢慢做吧。不过你说到前不久我在《开放时代》上发表的《何谓足球的人类学研究——一个中德足球哲学实践的对比观察》，其实说的虽然是德国足球哲学落实的细部，而实际归结的问题是中国宋代以来重文轻武，背离儒家"文武之道，一也"主旨的巨大失策，乃至这种影响在近现代延续下来，实际是借足球之事归结到对中国教育和体育疏于他律与自律的批评，也属于古今关联的"微言大义"呼声吧！

四　自我与他者

许金晶：如果说人类学是研究他者的学问的话，为什么我们中国最好的人类学研究，很多还是在熟悉的汉人社会中展开的呢？

庄孔韶：这里有一个相对性的认识。但从一般人的民族而言，林先生不是，他还有《凉山彝家》。我的《家族与人生》和"虎日"盟誓仪式的调研，也都是关于外国家族和彝族家支的作品。

许金晶：我看到资料了。您之前拍过彝族的片子。

庄孔韶：我拍过。对他者的学术敏感是很重要的。1997年林先生最后一次远行到昆明，我陪他去的。一个小凉山的彝族小伙子（嘉日姆几），帽子上插一根羽毛，听说林先生来了，就进来了。他说林先生过去就去过我们彝族地区，来看望林老师，他也知道我。他是小凉山彝族第一个读英语系的，硕士又读了彝族方言，他就想考人类学。见了林先生高兴，合影聊天，就建立联系了。

1999年的一天，他又见到我，我说你那儿有什么好玩的事吗？跟我讲讲。他说他们最近有问题了，有吸毒的了，不好好生产了，甚至犯罪都有了。他说他们的老头人就开会了，认定这个海洛因（白粉）就是他们的敌人，要向敌人宣战，就要请宗教师毕摩选一个日子，就是"虎日"。虎日是彝族的宣战日，要向敌人宣战，老头人认为海洛因就是敌人，要盟誓宣战海洛因。彝族的男人有良好的品德，一般不食言，起誓后就要按照誓言去做。他们就把整个家支安排在神山面前起誓，再到每一个吸毒者家里做家庭仪式。要是一般的非物质遗产的仪式，记录完了就完了，但这里增加了一个应用的转向。其学术的关键点是以地方文化的力量战胜人类生物性的成瘾性，这是最抢眼的一个学术点，很难碰到的。动手术或是用美沙酮替代戒毒是科学主义的办法，以此尝试战胜人类生物性的成瘾性，而我们不同的是使用民间文化的力量战胜人类生物性的成瘾性，简直是一方法论级别的差异与成果，异曲同工，所以太重要了。于是我就开始布置了。嘉日姆几是当地的年轻头人，他就开始做调研，做铺垫，试拍的好处是使当地人习惯于镜头，慢慢对镜头不太敏感，要不然会紧张。

2002年年初，他告诉我另一个家支马上会有一个新的虎日仪式，我说好，那正是我需要的。整个摄制组都去了，把集体的盟誓戒毒仪式和吸毒者家庭仪式都拍了，片子很短，19分钟，但影响非常好，在丽江电视台播了七天，很多地方的头人说他们能做我们也会做。于是这部人类学纪录电影一下子具有了应用的意义。所以，我主要是研究两方面，一是《金翼》这种汉人社会的，二是这个虎日，小凉山彝族的，我现在正回访他们，准备写一本新书。有趣的是，两代人的调研点的选择刚好相同和相近。

最重要的就是刚才我说的，必须寻获创新点，方法论级别的创新当然不可多得。从1999年那十年，我们做医学人类学，哈佛、贝尔法斯特等很多地方都请去讲，大家都说太好了。

《纽约时报》北京办事处主任，她说教授你这个盟誓戒毒太好了，美国吸毒很多，虽然不能直接套用，但方法论是可以借鉴的。以地方文化的力量战胜人类生物性的成瘾性，这是一个非常重要的文化实践成果。

许金晶：您前面提到《金翼》、电影《端午节》和《银翅》的关系，和您这次拍摄《金翼山谷的冬至》有何新意？

庄孔韶：《银翅》是一个过程研究，它的研究问题没有这么单一，在时间顺序的过程研究里有几个问题点。你现在问，我只是临时想几个问题。

比如过去的中国社会研究，人类学偏于基层社会制度，包括历史的、人类学的研究，但很少涉及军人，除非单独研究军阀的。在时间进程的中国基层社会研究里,有军人卷入。过去不是义务兵役制,是抓丁的,有军人卷入的地方会是什么情况?我有一个有军人参与的基层社会"汉堡包"结构,就是有军人和没军人是两种状态需要关注,应该算是人类学的一个新的观察与分别。闾山派道教是这本书宗教人类学观察的一个要点,多类型道士同宫观和民众的关系都有特点,它的红头、黑头道士的差异,在电影里得以呈现,还有《金翼》《银翅》里的陈靖姑女神的民间传奇,电影也展示了"她"坐在轿里浩荡游神的情景。

中国家族主义的问题,是一个主旨问题。在电影里可以看到我把大家族的连体厨房、福建大户人家建筑格局和多子空间的对应,实际是为了启发学生回过头阅读《银翅》里的中国家族特征。当然,书里最重要的不同是,西洋学术中通行的各种切割式的家庭类型,在中国大约三分之一的家庭实行父母在诸子家轮吃住的扩大家庭中不适用。《银翅》以实例和统计质疑中国家庭人口结构与分类统计,2000年前汉朝以来业已大量存在的"轮值家庭",因其具有定期变化的动态特征,所以《银翅》有机会以金翼山谷的家庭结构为例,一层层批驳分割式家庭分类计算和统计的谬误。为了修改适应中国的动态的家庭结构,于是加以解说并得到了"中国式准-组合家庭"新术语以下的不同形态。可以说目前以西方家庭分类术语完成的中国家庭结构与人口统计结果已名不副实。

再有一个是关于本土文化的解释,原来早有"富不过三代"的说法,反过来的金翼之家的百年历史,反映的是相反的情境,即成功的世家为何在社会变故之后能再次异军突起,所谓如何解释沉沦大族何以再次"鹰飞鱼跃"。学生的论文里经常引证集体记忆、社会记忆之类。我跟学生讲,结合中国国情,最重要的集体记忆是家族记忆,不仅是记忆,中国家族主义具有主动的教育文化理念与实践经验,其中儒家耕读传统的知识与智慧的逢时转换最为重要。这次英文版《银翅》没有什么大的修改空间,但增加了一段《易经》的解说。《易经》有两个卦,需卦和革卦,需就是需要的需，革就是皮革的革、革命的革。这两个卦搭在一起有丰富的意思，基本上解释了金翼家族传承为什么能再度成功。《易经》展示了天人六十四种情境（卦），并包含的诸多种征象与启示，以及人生应该如何调整和应对方法。尤其其中需卦和革卦之结合有助于解释金翼之家"察机识变"能力之获得，至今不失其意义。

林家房前有一条小路叫西路，是通向湖口镇码头和外地唯一的一条路。湖口镇商道上有酒馆茶馆，东林说我在里面卖点花生吧，给人家下酒，人家就挤了一小块柜台给他，于是获得了第一桶金。后来他打通了西路和通向福州的闽江船运，越做越大，从福州把咸鱼运进来，然后把湖口的稻米运出去，非常厉害。金翼家是农民，别的农民可能也想到了，但只有他行动了，把想法付诸实施，成功了。

简单说这两卦，需卦就是准备和观察，革卦就是发生质变。这两个卦放在一起就是聪明的家庭在积累知识，粗通易经的风水先生曾经对我说，这个乡里聪明的人老学习，而木讷的家庭则对一切熟视无睹。家族记忆和聪明才智传承好的家庭，他总在积累知识，而且在伺机而动。《易经》里有一个叫察机，《银翅》提到的金翼家族的后人，有一次到药店里发现收购银耳非常贵，就动心思，立刻行动了。银耳从湿漉漉的树林里成长出来，一代一代人用新方法模拟自然，到了金翼之家这一代人，1986年，已经创造了像火腿肠一样的塑料薄膜培养基，里边变成河南运来的低成本棉籽壳，上面弄四五个洞，产量一下子就扩大了。他们走南闯北赚很多钱，买了拖拉机等。《端午节》这部电影里的老吴，他是和金翼之家联姻的，遇到这个机会和林家邻里们联手，在沉沦半个世纪以后再度获得了成功。遇到机会果断行动，这样的家庭就能把知识转化成智慧，察机并立即实现变革，而其他人还在观望。

这就是中国家族文化的力量。八十年间，金翼之家历经政经变故，遇到多少次挫折，怎么还是他们家能异军突起，这套解释是很有意思的。这就是中国家族主义的文化实践与智慧传承的意义所在。当然用一两个学科理论解说是不够的,所以我增加了把《易经》的两个卦提取出来,卷入人类学的思考与解说。我相信广义的中国国学文献,是人类学本土解释获得转换的巨大源泉,英语学术圈子还需要挖掘这类本土的解释,尽管不会是顺手拈来。

新电影《金翼山谷的冬至》是反映古今孝道实践的,纵横孝悌的延伸,还携带着知识与智慧的传承,以及熟人社会守望相助的生活方式。然而智慧的人总是少数,《银翅》里的主人公们抗争、奔波、积累知识和伺机转换智慧获得成功,我拍冬至,就是让观众和读者对比一下农民思想、行动与成功的归宿何在?

因此,我们可以说,现代学术仅仅靠论文的文字诠释是不够的,多元研究手段已经提到日程。我的研究团队也是多元的,是跨校的,仅仅一个学校的"梯队"是不够的,跨学科跨校可以形成不同知识聚合起来的团队,人人处于互补的地位而各得其所。例如我们仅仅这次冬至拍摄活动就包括多学科团队人员的多类论文、歌谣、诗作、绘画(画展)、戏剧、电影和新媒体等的交流,在同一个主题上面各显其能,这就是1995年我提倡"不浪费的人类学"做法的一个案例,是持续了二十多年的一揽子的文化实践与展示。我想,我们每个人一辈子做不了几件事,但是盘算和搭配好了,可以事半功倍。

五　触类旁通

许金晶: 您的"不浪费的人类学"早有所闻,这一理念的实行是需要不断策划的吧?

庄孔韶: 是的,这本来发端于弥补点状田野研究后只有论文表达的缺陷,尤其是现代学问的分类切割,使得不同学科的文化理解偏窄,横向的多学科综观难以达成,因此诞生了"不浪费的人类学"的行动理念,也是一项需要策划和多年培育的人类学实践活动。

笔者在 1980 年开始做文字与照片（1988 年开始电影实践）的人类学双向作品，并在 1995 年北京大学人类学高级研讨班上提出跨学科与多元方法的"不浪费的人类学"的理念。所谓"不浪费的人类学"实际是人类学文化展示的新方法实践，是指"人类学家个人或群体在一个田野调查点上将其学习、调研、阐释和理解的知识、经验、体悟以及情感用多种手段展示出来。著书立说以外，尚借助多种形式，如小说，随笔，散文和诗，现代影视影像手段创作；邀集地方人士的参与，展示同一个田野点相关的跨学科作品，以求从该族群社区获得多元信息和有益于文化理解与综观"。笔者对"不浪费的人类学"含义的比喻是："人类学者对文化及衬在文化底色上的人性之发掘充满热忱，我们有点不满足本学科论著论文的单项收获，好像农田上功能欠缺的'康拜因'过后，还需要男女老幼打捆、脱粒、扬场，乃至用各种家什跟在后面捡麦穗一样，尽使颗粒归仓。"三十年来，我们的师生团队继续这种做法，并将交叉使用的田野作品形式扩大，积累和增加了绘画、戏剧和新媒体的不同形态，并且在后续师生中继续推动文化表现的多元方法综合实践。形成了来自不同学校、学科和专业，但有着共同旨趣的学者学生群。他们随所聚焦的问题及其时段性移动，而不断扩充围绕若干中心议题的多元与系列成果，包含下面我们团队近年来积累和新创的一些实验性研究工作。

许金晶：这么多的兴趣、爱好之间内在的线索，或者您是怎么把这些串起来的呢？

庄孔韶：二十年前中央民族大学有个学油画的小伙子，画得非常好。他父亲出海没回来。绘画人类学的构想是从这时开始的。便宜颜料不长久，我支持他最好的颜料和画室。我们讨论了绘画人类学的原理，早在 2000 年年初，已经完成了好几幅画，有的还得了奖。

中国的画家因学校提供的课程不足，成为画匠的多，多数缺少思想和创意。过去我跟学生说，弗洛伊德的影响这么大，人类学的学生只读弗洛伊德对人类学的影响，而弗洛伊德对绘画的影响他不读，对电影的影响他不读，对戏剧的不读，对教育的不读，那感觉就不好了。假如都读了呢，你会加深对人类学的理解，以及获得横向比对之通达。

许金晶： 肯定的。

庄孔韶：人文学科穷其一生的纵向研究体现了深度，而横向知识之通达在某种意义上说需要涉猎的范围更广，要广又要深，的确不容易。但如果加以选择，以一生为单位，策划好了，仍有可能。所谓触类旁通的成语就是今日所说跨学科研究的最佳境界。如果以《金翼》的后续作品系列为例，跨学科研究会带来许多未知的感触与观察。有一次在金翼山谷调查，村姑不生儿子，红头师公做家庭科仪，去了一些人。现场人家说不许拍照，摄影师拿着摄影器材没法用，人类学家没关系，观察后回去能写。当时我担心画家，不能展开画板，他说庄老师放心，我们像人类学家一样，也是凭记忆。比如请一桌饭，总有几个新朋友，画家的职业习惯就是瞄那几个新人，倒不一定是选模特，而是他们有惊人的人物记忆能力。所以说跨学科的体验是不同的。而如果那个场合允许拍电影，例如我们这次拍冬至，我们的电影作品肯定和论文有不同的作品效果。当我们把一个神话传说拍成闽戏的时候，我们也会看到戏剧和电影的表现差异，因为每一个学科一定有其存在的意义，这就是最终达成触类旁通境界的多学科知识基础。还有，当我研究地方闽戏的时候，发现宫廷节令戏的冬至祭祀和演出，同乡间闽戏的孝道伦常古今贯通，冬至中的尊老爱幼习俗其实也是古代儒学伦理的早期定位及其生活的投射。所以横向的多学科合作还会引申出纵向的研究追索，只不过这种原本可能是单一的学问追索已经受益于横向的多元知识了，所以说触类旁通是做学问的佳境。

总而言之，一个人、一个老师、一个团队，如果想好了、探讨好了，必须执行。我比较愿意跟年轻人在一起。前年我去法国参加数字人类学活动，做了一个九分钟的诗学沙龙的小电影，为《金翼山谷的冬至》这个大的做铺垫，今年这电影可能到法国、新西兰、英国和中国台北去展映。有些东西是一闪而过的，比如拍一个节日，就把这个过程记录下来，节日都是这么一个过程，很容易乏味。《金翼山谷的冬至》不一样，有一个挑战。当地有一个神话传说，一个农民到树林里，生病了，被一只母猩猩救了，他们俩生了一个孩子。后来这个农民把孩子带走了，中了状元，住进大宅门父子俩就想起了作为猩猩的母亲。怎么找母亲呢？闽东和有这习俗，他们冬至包汤圆，黏在大宅门的门钮上，丢在通向树林的路上，黏在树干上。后来母猩猩饿了发现汤圆，顺着汤圆的路就找到了大宅门，全家终于团圆了。显然这是孝道的主题。

然而电影没法拍神话，我们就用戏剧的手法，戏剧要和观众互动，以及戏剧还要和电影二者无缝衔接。你知道，法国数字电影节的宗旨是，如果没有新技法就不要来，我就是奔着这个去的。我这次用的数字技术，借鉴了黑屏方法实现无缝衔接。我们把丢汤圆的戏剧做派转换成丢真的汤圆，戏剧导演头天把汤圆在冰箱里冻着，舞台上能弹起来，然后再把汤圆丢到闽东真的森林里，于是就把戏剧演到树林里了。这对戏剧界的老师、学者是创新，有戏剧的做派，同时又有写实的场景。当他喝水的时候就变成真的了。还有猿母穿越高铁和《金翼》小说里的西路，以及迈台阶进入金翼之家的大宅门。而最后戏剧和电影的共同一幕，实现了戏剧、演员、金翼之家后辈、《银翅》的主人公、电影导演和观众等，在金翼之家的祖厅实现大团圆。不仅如此，我们的拍摄首次实现数字网上直播，人类学家和全世界的网友参与戏剧和纪录电影直播，在本质上超越了以往任何单独学科讨论互动理论的基础。我们的数字技术演示设计还率先实践了戈夫曼提倡的"自我表现"的理论，实现了全息的立体互动，这也刚好能够记录和书写在我们团队的不同学科视角的论文里。瓦努努教授看了之后，说欧洲的学者还在讨论自我表现的时候，中国的学者已经率先做"自我表现"的数字电影实验了。景军教授则把这部片子定位于超后现代主义和超魔幻主义的作品。

许金晶：可见有跨学科实践才有跨学科的体验。

庄孔韶：《银翅》里边的农民主人公们都在抗争，打通这个世界不容易，但《金翼山谷的冬至》完全变成平静的节日生活，没有什么凸显的矛盾冲突。电影里冬至北斗祭的时候，村里道士和老百姓之间娴熟的祈福传递仪式，是天人贯通的展示，和戏剧的表演如出一辙。这半年读了宫廷戏剧的书，清宫皇帝在冬至天坛祭祀回来累了也要听折子戏，折子戏里演给长者延寿献袜，还要给老师献。其实早在三国时，曹植就在冬至日献鞋袜给父亲曹操，以表达孝心忠心，可见这一冬至习俗源远流长，国家级别的冬至祭祀仪式和地方戏剧是不可分的。同样这些习俗从古到今在福建乡间也没断过。所以电影里的展示是和历史与人类学研究一致的，从电影中就能直观看出中国上下文化贯通的持久性。《银翅》里写了很多冲突，电影里看不到这个，只能看到天人关系是怎么表达和实践的，孝道的持久性这些，可以对照着更好地理解中国人。为什么电影对学术很重要呢？因为它能配合历史性的和理念的理解，在直观的场景中思考和体验。

刚才说的横向的触类旁通的电影、戏剧、绘画，我大概还有三四篇论文，基本上是为了实现跨学科的系列表达。徐鲁亚教授是英语比较文学的，我们一起作诗学人类学。1993年我从美国书店买回来两本书，现在都翻译出版了，一本是《人类学的哲学之根》，是黄剑波、李文建翻译的；另一本《人类学诗学》是徐鲁亚翻译的。我主编的《人类学研究》正在编《人类学诗学》的一卷；这又是一个团队，全是玩诗的，诗学、美学。我主持宗教人类学专业委员会，去年年会在常州，把让·鲁什的两个大弟子（范华和瓦努努）请过来，让徐老师他们外语系的一个法语年轻老师参加。这次法国人带来了让·鲁什的电影，之前从未在法国之外放过，让·鲁什也是人类学家，电影里边人类学的诗学表现在哪？我请这位年轻老师做这个题目，查法国原著和作品，写出电影诗学的人类学论文。

我们团队随时吸收一些年轻人，有人类学、诗学的，有南开、民大的一些外语教师，还有中国文学的，戏剧电影理论家等。他们翻译了美国一位人类学诗学作者的诗集，也有评论，如果你观看冬至电影，你会思考林耀华先生20世纪30年代收集的闽东歌谣，至今还原封不变地留在今天的乡间，也呈现在冬至的电影里，很不容易。十几年前我们的《祈男》等大幅人类学油画获奖，去年在厦门举行了片断的人类学绘画展，其中也有不少在金翼山谷的写生作品。我们还别出心裁地策展，请油画里做家庭科仪的红头师公来到油画展厅，和观众见面，并同时开放全球直播，效果很好。有时我们的团队行动之后发现有共同的体验，横向的知识组合与分享别有一番快乐。

许金晶：一方面是应用性的传统，另一方面是多元展示性的努力，实干很重要吧。

庄孔韶：是的，外出学术旅行团队需要聪明的、学术敏感的师生，还要具有行动力的，出差最怕睡懒觉的。

要做一件事，做一个团队，要有兴趣的人、雷厉风行的人，说七点半就是七点半，七点就是七点，行动力是很重要的。过去说要有阶级觉悟，这里说学术觉悟。人类学不是追着画家家里一直到画廊这个过程，而是要全身心卷入。我们的绘画团队自己也做模特，很多角色内外就不分了。发现新的思想也重要。这次拍冬至，拍完了传统方法的记录作品，这没问题。但作为三十年在金翼山谷调查的本人没有出现在当中，倒也不是一定要出现，而是丢失了不少可以和村民互动和怀旧的场合。为了弥补这一点，我们采纳了一个年轻人的新媒体插入法构想。拍中国节日日志的不少了，如何把人类学的学术点突出呢？我想，整个冬至过程是我在拍别人，可是我跟他们互动三十年了，我的主体性如何显现呢？一位年轻人说庄老师，你来做"网红"，借用这种新媒体方法插播你想要表现的。于是我们的摄制团队一致同意再做一个不同的带"网红"冬至电影版本。

不过这可不是随意的网红表现手法，而是国内外10所大学人类学学生卷入，又同时在全球网上开放。我在全过程中找了7个人类学的学术（知识）点或主体性表达缺口，我自然就以三十年金翼之家老友/网红的身份出现了。比如传说中有猩猩猕猴，福建丘陵的生态人类学解说就出来了；金翼之家今日的几兄弟厨房连体互助，人类学的居址建筑格局和家庭结构的关系就得到了解释；还有一个"冬至补、吃番鸭"，说冬至的时候要补身子，吃番鸭。"番"不是老外吗？这是300年前从中南美洲传来的既不是鸭也不是鹅的品种，从东南亚辗转过来的，巧妙地借此考证了这个民间谚语不超过300年，既是人类学的，又是民俗学的知识点。

此外还有其他一些人类学要点得到表现。这样我们就用了新媒体的办法，既没有把这个电影切碎，又很及时诠释。我说现在我到了黄村，三十年前我就住在这儿，老太太出来了，我说当时你给我做好吃的。跟着就有网友提问，说庄老师当时你住哪个屋啊？我立刻就在网上直播和老照片上的同一个屋。这样就是人类学家兼导演和当年的金翼山谷农民之间直接互动。不仅如此，透过《金翼山谷的冬至》这部电影，用新媒体的办法直接互动，是全球立体互动，谁都可以参与，这部电影大概新就新在这儿。这也是触类旁通，跨学科的合作附加了新数字技术的运用，这一新意是不可预见的，不做就不会呈现，做了就会有新意。

六　教育与项目

许金晶： 您这么多年培养硕士、博士的情况，能不能大致介绍一下？

庄孔韶： 这个跟教育人类学关系非常大。在一些学校我们会遇到这种情况，这个研究用什么理论？师生脑子里很多理论，怎么知道就一定用这个理论呢？有时候是可以预设的，有时候是不可的，我还没调查呢，怎么都能知道。像这样的问题我们就想了，如果要确定一个理论来指导论文的话，就是套用了，不会产生新质，文章没啥意思。我的教育人类学有文章，有这么几点：第一，重复性的研究不能产生新质，因此是不可取的。第二，仿效性的研究，创新仍然有限，也是不可取的。因此必须给做研究的学生、新人，要以独立思考的机会，寻找新知呈现新质，才有希望，才有第三世界学者的希望。

我主要跟他们讲，做这个研究，可能会想到若干理论，但要想如何做到和别人不一样。我举的例子最多的就是女生特爱听的，在排队等车的时候，你穿了一件红色连衣裙，忽然来个跟你穿的一样，什么感觉啊？撞衫了，所以必须思考避免重复，时装和学术都要创新。创新的一个出发点就是我如何和你不一样，我如何和这些有名的大家不一样，必须给自己机会。否则不管有没有关系，都要征引福柯和格尔兹，这很没意思。第三世界的学者和学生的机会就是，我和你不一样，我如何寻找到我优先发现的东西。我出国很多次的体会，创新总是会受欢迎，跟人家一样人家理都不理你。培养学生就是这样，仿效的、重复的研究不能产生新质，是不可取的，要让学生有跟别人不一样的创见。

另外，现在钱多了，项目多了，如果随着老师做项目为了提升自己的学养是必要的，但学生自己要有独立的兴趣场地，要给他们提供机会。人类学有着广泛丰富的研究领域，那些无趣无关的一些行政下放课题，那些应景拼凑的急就章课题，如果有可能的话应该避免。当然我这样说也不算数。我只是说要做心胸开阔的导师，让学生的兴趣和经世致用的学问结合起来。还有，如果思考跨学科的研究趋势，我演讲时经常说，不一定是人类学出身的才让他做研究生，哲学的、文学的、科学背景的都行，一个人身上如果有几种不同的专业知识，是多么好的素质基础呀。到时应该据此和学生讨论知识的搭配，因材施教。

我有学生是做对外汉语教学的，学完人类学之后他们的教科书写得非常好，教日本学生和法国学生的教科书是不一样的，要识别他们的文化差异才能做出这个教科书。日本人跟中国人一样，不爱发言，用游戏跟舞蹈去学单字，在东亚并不好用，而在法国就可以。我还有一个学生是彝族的头人（嘉日姆儿），学问做得不错，聪明、敏感和有新意，成果也好。总而言之，要善于发现学生的智慧，循循善诱。

《教育过程》对我影响很大，这本书是结构主义的作品，很薄，但它最重要的一点就是教学生不是教答案，而是教他如何实现转换。有读书会比没有读书会好，但是怎么主持读书会呢？提前读过的书，不一定要咬文嚼字了，是要教学生怎么把书里的思想转换到新的场景加以判断，以及何以面对不同的场景与问题。并不是所有的理论都可以应用，但在恰当的时机可以转换到经世致用的方向上。所以教育的本质不是别的，是转换和发现新质。

另外，我也编教科书，有时候会很感动，到边远的地方学校演讲完了，好多人拿着教科书让我签字。因为教科书有广泛的传播，所以做教科书是值得的。因此教科书不是随意编的，没有一定的教学经验最好不要编，现在一些硬编的教科书一定经不住时间的考验。教科书最重要的是教学生学习转换而不是提供答案，这也是《教育过程》的主要思想。

许金晶：这么多年您对于国家发展和时代变迁有哪些感受？以及这样的变迁跟您的学术之间有哪些关联？

庄孔韶：像《银翅》里就有，改革开放了，金翼之家借银耳业再度成功，都是大的变化。人类学如何在自己的研究领域发挥作用呢？刚才提到虎日盟誓戒毒一事，本质上的以文化的力量战胜人类生物性的成瘾性的成果，应该属于既是学术的，又是应用成功的研究案例，本身就对社会良性运转有益。不过也有一些来自行政机构的研究课题存在问题。我做过扶贫的研究，做过公共卫生的研究，是真心投入研究，但是提供项目的行政机构本身并不构成一个学习的系统，它们没有连贯性，新的见解没有一个真正权威的学术委员会的评估和加以选择，行政的思路和学术的思路目前并不总是可以很好地并轨，一个问题搞清楚了还因种种原因不能照做。

比如人类学的学生不一定都要卷入社会治理，人类学也不用这样的研究措辞，因为人类学早批评了权威主义的做法了。如果是评估行政上的社会治理，也用不了人类学那么多人。要容许学生有更多的具有自主性和自我兴趣的研究。有些扶贫和公共卫生的课题，我觉得我们做出的结论已经具有多学科的互补性，很深入了，但是委托单位主持人不具备跨学科的素养，但他说了算，所以学者最好不做那些研究成果不算数的课题。好在学者可以退守，做有兴趣的和能够把握的研究，因为这时候自己说了算。

公共卫生的研究我做了十年，这个团队很有意思，男生、女生都有。男同、女同、艾滋病患者、小姐、嫖客，全进入调研的视野。比如做嫖客的研究，我们在柳州大公园的高处站着，嫖客过来和项目老师搭讪，把她带到旅馆去，惊险吧？其实我们都布置好了，不但嫖客不能成事，还无奈地成为被调查对象。我们也做过四川同性恋俱乐部和云南性服务者的调查。最开始做这个项目的时候，男生、女生全都脸红。在做旅游点上的小姐的时候，都是政府安排培训的人，一对四，一个男生从来没有这方面的知识，让那几个小姐给臊得呀，说的全是最荤的话，大红脸。但时间长了，我们的人类学确实得到了一个非常重要的结论。汉人家族的传统研究看似和应用无关，但实际上关系大了。四川某地的小姐一条街，共七家，我们团队的几篇文章，是把家族主义的研究引申进来，看看红灯区是怎么组织的。有一个学生做的捻军，历史的捻军组织就是类家族主义，起义的时候，你是老大，长兄若父。然后横向的呢，拜把兄弟，家族主义就是一纵一横，孝跟悌。中国人最习惯家族主义，所以他们从事任何事情，从办公司，到农民起义，到农民工进城的装修队，还是小姐的红灯区，全是类家族主义的组织。红灯区这七家，无论老板是男女，全是类家族主义的构成。

汉人家庭是纵向的，家庭关系非常紧密。而海南S族则家族代际之间纵向关系松散，是横向的年龄组同侪团体，他们恋爱交友都不是一男一女，而是三男三女、两男两女、四男四女，传统的习惯就是这样，平常玩也是这样，甚至当了小姐之后，都说你要叫就我们俩都去，一个不走，俩俩、仨仨。没有纵向家庭的反哺和孝的传统，反而横向的紧密，也是在这样的族群中，在卫生防病教育的时候选择横向同伴教育的方式，效果就好。

如果我们已经知道海南岛五指山腹地是S族为主，外围的城镇是汉族为主，那么前者是运用同伴教育，后者是类家族主义的"家长"教育，于是学术的观察结论就因上述差异而采纳不同的医学人类学方法。不过当我们的研究成果发布了，好像上级机构也没有很好地进一步推广这个人类学实践结论。但这样一个学术的研究成果并不容易，如果今后在某一种场合能够转换成应用，对社会无疑是有益的。

现在宏大的政经研究很多，而人类学经常是基层点状的，一个细部的研究，我们得到了结论之后，如果能转换，像"虎日戒毒"推广那样的成果，在学术上何乐而不为！虎日戒毒法，我立刻转成应用了，但也有的研究没有这种机会，那可能就是一个学术问题。而学术是基础，也是应用的基础，但转换的成功与否受行政、知识结构、正直心和操作场合的影响。

七　学术指向

许金晶：您未来有哪些还没有完成，或者想做还没有去做的一些事情，有没有一些规划。

庄孔韶：林先生是我们的导师，他的两本最有名的书《金翼》和《凉山彝家》，刚好也是我两个同类的接续性研究，《金翼》的接续性作品系列重要的已经完成，如今金翼山谷还有了博物馆、图书馆和公园，高铁修到了金翼家门口，一项综合性的金翼山谷新农村建设已经成形。更为欣慰的是，那里的终身教育、乐龄大学、养老社区和电子商务开展得很好，我的学生团队还在继续跟随研究。另外，今年年末我会接着前年开始的"虎日"回访研究和写作。

许金晶：有关"虎日"的论文我知道。

庄孔韶：写过两篇论文，还有一部电影，已经回访了四次，还会有几次，书稿已经有一些了。

许金晶：是准备再做一本书吧？

庄孔韶：是的。我的想法是先前解答盟誓戒毒仪式的方法论意义，解释戒毒为什么这个地方灵，那个地方不灵之类的。现在要从那些直接的答案转换到寻找另一些间接的答案上去。平常做简单的论文，论清楚了，找到一个原因就可以了。但有时在一些清楚的结论背后潜在着很多间接的问题原委，一个潜在的知识基础或文化基础。比如说彝族有黑羊、白羊、花羊，他们的哲学就从这儿来，黑羊是最严重的，白羊是最轻微的，各种的花羊是中间的过渡态，因此这不是二元的，很像咱们中庸有一个轴。知道这个哲理之后，吸毒是黑，怎么减轻呢？要找三个彝族的保人，他的邻居，天天跟他一块儿干活，反正经常在一块儿，把严重的事给他转化，是一个花羊的角色。像这样的东西，直接说戒毒原因的时候说不着黑花白哲学，我在书里会说一点背后的，就是论文里经常被忽略的基础性的文化诠释，即所谓增加我的间接的答案与解释。《虎日》电影会重新制作，看看电影里那些彝族的主人公们有什么新的变化，以及增添那些进一步的发现镜头。

范晓君：那么更深入的系列研究可以引到哪里去呢？

庄孔韶：长时段的系列研究，如《金翼》《银翅》著作和配合性电影《端午节》《金翼山谷的冬至》已经形成了一个著名田野点的互释性作品，对理解这里的历史、社会与文化之原委很有益处。法国让·鲁什在马里多贡人的长时段调研点也同样有八十年以上的历史。这种长时段的团队式研究都有专著和电影，应该说是很好的学术组合形式。例如《金翼》系列都谈了宗族家族，谈了道教，但接续的研究同样可以做同类题目，因为长时段的研究表明社会文化变迁是或快或慢的，因此在此研究是值得的，所以宗族家族和道教同样可以研究。有时觉得宗族家族的力量在有的地方"弱"了，但实际上离开故土的同乡们，仍然采纳了"类家族主义"，如同外迁聚集打工的彝族群体仍然喜欢"类家支主义"。这都是一种古老话题的重新延伸。我的学生再次到金翼山谷，发现古田养生和食材知识没有得到关注，我也会鼓励他在同一个调查点发现新的问题。

例如在20世纪早期，《金翼》一书里的主人公东林率先打通农商系统获得家族事业的成功；同样，在经历了多年政治磨难之后，金翼之家的后辈荣香父子在20世纪80年代再一次冲破了重农主义的藩篱，带领乡亲走上银耳科学培植和推广的致富之路。这种农商结合的智慧和科学接种食用菌的成功，均借助了中国家族主义的依托。然而问题在于，该家族不同代际成员百年间之前瞻性与行动力何以能够跨时空重现？如果我们把《金翼》和《银翅》家族故事联系起来看，望族后人往往更敏感于事发端倪，择机变革。变革就是跳出原有的平衡状态。此时，家族积淀与传承的智慧是实现又一次创新的动力源泉。可以说金翼家族百年间两次重大的"察机适变"行动是事出有因，显然这既是"意义的历史"[1]的跨时空呈现，也明显看到其背后的中国家族主义的重要依托。而平庸的家庭他们的代际传承缺少章法，生活的目的不明确，智慧发掘不出来，而机会当然也就把握不好，甚至毫无感觉；弱势家庭，难有吸收知识的渠道；溺爱家庭，胸无大志或坐吃山空，所谓"家道中落"和"富不过三代"便是必然。

---

[1] 参阅 Goran Aijmer：*Anthropology in History and History in Anthropology*, South China Research Center, Division of Humanities, The Hong Kong University of Science and Technology, 1997。

要数代人不断保持如一的勤勉、认真、吸收知识和智慧，养成察机之敏锐，一般来讲，只是少数家庭可以做到，像金翼之家即是。

范晓君：新的金翼之家、凤亭的新农村和幸福小镇有什么新的愿景，他们如何吸收新的智慧呢？

庄孔韶：这就是和过去的不同。过去农村和周围世界的联系因交通不便。20世纪80年代中从福州到古田道路颠簸，下车时乘客身上满是风尘。想一想更远的过去吧，使用木板车和肩挑叫卖的凤亭人，他们的婚姻大多在5公里半径之内，一点都不奇怪。那时只有少数人有机会外出求学，像金翼之家那样。现在交通便利，通信快捷，有时不用你查找信息，而是信息送上门。所以只要是有作为的年轻人，把握好自己，都能得到很好的发展。和过去不同的还有，现代多学科对社区发展早已有了各具特色的试验与规划，所以知识需要加以选择、因地制宜地发展。例如凤亭的新农村建设和黄田幸福小镇规划，都需要多学科知识良好整合。例如生态、组织、教育、养老问题是基本的社区问题要素，人类学思考环境与人的整合，新旧组织和新旧生活方式如何整合、精神生活与信仰如何重新评价，都是需要研究的问题。

以往陈宜安教授率先推动中国第一个终身与继续教育立法，可以说功不可没。终身教育不立法，连义务教育也得不到保证。有了立法的保证，引进因地制宜的职业教育项目，选择好的教育方法就顺理成章了，如瑞典的学习圈。而且，非遗保护也顺理成章地纳入民俗传承的项目中，认识非遗传承的文化象征意义。然而，只谈古老的文化遗产和文化象征是不够的，新农村、新乡镇需要创立新的文化象征，才有新的动力。如果说800年前的临水宫是道教文化和农民精神文化的传统象征之一，凤亭下的西路则是近现代交通革命的科技象征；那么，此次林耀华先生故乡的新修缮的金翼之家和《金翼》著作纪念碑，就是凤亭，乃至更大乡镇的新的文化的象征物，也是新的励志教育的象征物。

关于养老的问题，商业化的公司养老是选项之一，但不是唯一的。应该说互助养老也是好的选项。孟子的理想是"守望相助",就是农业社会的传统美好思想。扶贫如果理解不好,以为就是贫困救助就错了。如果你做不到对贫困户的判定,出现不公平,仍然问题丛生。所以孟子的思想比我们的好,他要的是整个乡村的"守望相助",安贫乐道是可以的,但遇事无助就问题大了。我们的幸福小镇的愿景一定是要实现守望相助的生活机制,而不仅仅是个体救济。

那么如何把内外好方法引进古田呢?生计协作、组织协作和社区精神认同极为重要。如果说养老问题,外来公司养老成系统的经验落在凤亭,是复制还是更新,这完全看民间养老的习惯和新式商业养老办法如何良性协作,是需要继续研讨的问题。我曾提到福建"轮伙头"的民间养老习惯能和公司养老的经营结合起来吗?这就需要研究,什么叫地方特色和因地制宜,需要人类学的关注人性与地方文化的出发点。新的小镇的发展原理既不是挣钱,也不是单纯扶贫,而是如何实现乡镇的守望相助。你会看到全世界的贫穷问题依然如故,就是因为只关注了扶贫,而没有解决无助的状态。因此,幸福小镇要保持古今延续下来的文化传统,需要研究如何在快速发展的社会还能保持守望相助的协作常态。所以幸福小镇包含了古今线性的良好传统,家族与乡族的文化认同,以及人人卷入的终身教育理想与实践。今日的幸福小镇已经是群策群力,集体智慧里包含的不是一个家族而是多个家族的智慧,这属于中国亲属制度的遗产。家族与集体智慧,是由终身教育来补充的,是由多学科联手提携的,所以是新时代的新型守望相助的理想。古老的思想精华在于社会性的携手胜过个别性的救济,这些原理加上新时代多学科的知识将支撑我们的新农村建设和幸福小镇的无可限量的未来。

现在需要多学科综合知识与智慧在今天环境下得以施展。你看,金翼之家的后辈和村民们联手发展社会企业已经旗开得胜。"金翼"和"银翅"都成了企业的注册商标,这是很可喜的事情。前不久我们西昌的朋友们,为林先生竖了一座铜坐像,纪念他为凉山彝族文化作的贡献。我在揭幕仪式上的讲话，除了表达对此事的敬意以外，主要是在中国西南展示金翼文化的魅力和眼下的成果。建议那里的彝族同胞积极和金翼之家、凤亭村、黄田镇保持联系，探讨双方物资交流和合作电子商务的可能性。会后不少人向我要联系方式，这意味着今日黄村已经从内向的勤勉性的农村，转换成外向型的综合发展社区。因此，今日黄村已经不是一个家族的力量与智慧，而是地方集体性的力量与智慧。还有，新的终身教育和励志教育的实施，将不断巩固我们福建乡村的文化底蕴，超越前人，期待未来。

范晓君：那方法呢？

庄孔韶：方法的更新还包括另一个角度，即跨学科、跨专业和跨方法（手段）的横向研究，所谓并置的研究；它和传统上纵深的研究不同，而是实验以人类学为中心的、各种跨越的手段就加以观察和诠释。例如我们在纪录片冬至的拍摄中，运用了网上直播的切入法，直接方便了人类学学术点的说明，同时网上直播呈现了人类学师生和全球公众的立体互动联系，是意想不到的，只有参与实验创新才能有可能讨论跨学科、跨专业和跨方法的问题。法国人瓦努努教授是让·鲁什的老弟子之一，他喜欢我们的冬至拍摄混合的多种新手法，还特意在《法国人类学家》上写了对冬至拍摄的评论[1]，成为燃起新方法和新技术推动的立体互动理论更新的机会。

范晓君：文字撰写和纪录片相结合由来已久，那么您的绘画人类学算是新手段吗？

庄孔韶：1998年我和画家林建寿开始试探讨论绘画的文化表达特征，在确定了人类学的基本出发点后，绘画人类学和人类

---

[1] Nadine Wanono 教授的论文《从〈金翼〉到〈冬至〉——影视人类学的创新谱系》法语论文刊登在 Journal des Anthropologues，No. 156 – 157，2019。

学绘画成为我们的实验方向。既然一百年来累积的人类学的理论和方法对地方族群的理解很有益处,那么如果我们有深度田野调查就一定会对我们的论述与诠释有好处;既然如此,我们坚信不是走马观花地写生,而是经过人类学田野观察后的写生和创作,一定能使绘画的思想理解更为深化。我们都知道,画家也是愿意画熟人的,而不是陌生人,原因就在于此。所以我们坚信人类学的绘画观不仅会使绘画人物的性灵得到深度表达,而且会使绘画论文和绘画评论远离空玄和学科局限。

范晓君:人类学纪录片、文字的诠释,现在还有人类学绘画,那么并置的学问如何设计和实验呢?

庄孔韶:人生短促,一辈子的规划和机缘并存。四十年前开始学人类学,三十年前开始拍电影,而二十年前开始绘画人类学的探索,新鲜才有兴趣探索。我们的人类学团队正在实践过文字的文化撰写和影视人类学后,才渐渐思考电影镜头语言、文字诠释和绘画语言的异同。我们已有的经验已经证明,当一个田野仪式被禁止拍照的时候,这使摄影师无可奈何,却难不住人类学写手,他们可以凭观察记忆回去写论文;殊不知同样难不倒画家,他们既可以当场写生,也可以凭观察记忆回去创作。那么我们只有参加了跨学科实验,我们才有横向对比的绘画认知;如果我们不禁止拍照,那么我们又会发现镜头语言和绘画语言的差别,难以相互替代。当我们人类学家吸收了有人类学经历的画家和摄影师一同来到田野调查、写生和拍照,电影家留下了虎日戒毒者们十七年后的生活和讲述实况,感人至深;而一位画家的人物肖像——经历过失败挫折再次成功的戒毒者的肖像——携带着希望和内疚的神情,同样感人至深。当然还有绘画隐喻的特有手法,可以说电影和绘画不可替代,这就是不同专业并置观察与研究优势。

范晓君:下一个具体的跨学科并置实践是什么?

庄孔韶:我们的中国第一届绘画人类学国际研讨会暨人类学

绘画展，2019年在云南大学和云南民族博物馆召开，这是一个以"云南宁蒗县彝族虎日盟誓戒毒十七年的故事"为题的绘画人类学研讨，同时展出二十年来中国人类学绘画的成果，也包含德国、英国、刚果（金）等国的作品。不过，虽然我们这次以人类学绘画为主，实际上我们一直兼顾原有的电影和多媒体方法，以及尝试当代多感官展示方法的混生实验，其落点则是人类学。我们知道我们有能力做这样的人类学跨学科实验，而且同时并置的学科、专业和方法很多种交相呈现。所谓触类旁通和实现不断逼近的文化综观目标，就是以人类学为重心的多学科、多专业、多方法并置实现的，因此对研究的创新是可以期待的。

行旅悟道

——和云南大学媒体人类学研究所师生座谈[*]

郭建斌：上两周和何明老师说，最近几期的田野故事人气有点往下走，需要提人气。于是就想请庄老师出马，来给我们提提人气。大家看这次田野故事的题目"行旅悟道"看懂了吗？这四个字应该怎么组合？庄老师发给我的时候，我觉得是个蛮好的题目。事实上，庄老师可能不知道，我们从去年九月开始做这样一个活动，好多次分享人所取的名字都比较特别，或者说至少从名字上并不能推测出在讲什么。这样一方面给大家留下了想象的空间，另一方面也可以含蓄、隐晦地隐藏一些比较敏感的内容。接下来让我们欢迎庄老师。

庄孔韶：谢谢各位。我很少有机会和传媒的师生座谈，其实交流想法是很重要的。传媒学科有很多关于传播和镜头语言的探讨，我们都有兴趣。不过今天顺应郭老师"田野故事"的主题系列，讲讲田野经历的新奇故事中如何聚焦人类学的关切。临时想的题目来自我2009年出版的一本书。但是不加副标题大家可能确实不知道指的什么，说不定还以为是个闾山派道士，到深山里面走小路，并悟出一些道家真谛。人类学家的云游，就是田野工作

---

[*] 2019年5月24日庄孔韶教授应邀在云南大学媒体人类学研究所作《行旅悟道——我的田野故事》的讲座，郭建斌所长主持了这次学术活动。

是有章法的，转来转去后需要从田野里面挑出一些东西来讨论。所以我所指的"悟道"就是悟人类学之道或民族学之道。

关于田野故事这个活动，我觉得很有趣。我也从我助理那里看到了前几期讲座的文字稿。其实，有田野工作才有田野故事。按过去西洋的学科分类，地质学、考古学、人类学或者民族学，这些学科是明文写着要有田野工作的。虽然在不同学科的教科书的表述中，田野工作的方法是很相似的，但是，应该说这些学科侧重的主题是不一样的。

这些年的田野工作和一个世纪前确实有些不一样。一个世纪前的田野工作，像马林诺夫斯基的田野工作，大体上是在没有文字的部落社会。比如像海岛，马林诺夫斯基到了西太平洋的海岛，并力图用科学主义来处理文化的问题，他将其称为"科学的文化"。这个海岛四面都是汪洋大海，非常孤立，就像一个实验室，这样的好处是便于研究者控制。而且这些部落没有文字，都是靠语言和口头的交流。诸位都知道，中国的费孝通、林耀华、许烺光这三个人，他们在20世纪三四十年代开始在中国做田野工作，他们正好是世界性田野工作的转折。转折前后的不同点在于：原来是无文字的部落社会，比较孤立。而自从他们三位回到自己本土，而众所周知中国是农业社会，所以他们是在农业社会做田野工作的第一波人、是先驱，因此马林诺夫斯基时代的田野工作和费、林、许时代的田野工作的差别就是在这里。虽然农业社会有的乡村也比较封闭，但是也有一些沿海、港口或发达城市周边的农村，它们同外界的联系也远远超过了部落社会。此外，农业社会的田野工作和原来部落社会田野工作的另一个不同是农业社会常常是有文字的。而有文字社会的田野工作和过去没有文字的社会的田野工作还有一个差别。像马林诺夫斯基到海岛去，他就学会了当地人的语言，并且和当地人混在一起，最后得出了"功能主义"的结论。因此他完全是从田野工作的参与观察得出的结论。而农业社会的不同在于乡村社会的那些人，比如说汉人社会，它已经有几千年的文字，儒家的思想与制度已经传播并灌输进乡村基层,因此你在这个地方做田野工作,仅凭参与调查,对于国学的知识不甚了解,虽然调查的过程你可能觉得很兴奋,但最后很可能抓不出什么东西来。所以我们一般都鼓励去国外读人类学的中国年轻学者,最好是学一些国学再去。如果你不会繁体字、不会古文,那你出去接受了西洋的理论之后,就和外国人没什么不同。比如有一个回国的年轻人他在汉人乡村社会做研究。他去做一个葬礼,探讨葬礼的人际关系,做得很透彻和仔细,田野工作也很扎实,但是最后发现他不懂"五服",就是说中国儒家的思想制度里面关于葬礼的一些原理如何贯穿在乡村日常生活中,他看不到。所以这个年轻人做葬礼研究却无视五服,这怎么行呢?那我们一看这样的研究就知道他国学不好。我举这个例子就是想表明,在有文字的农业社会做研究,田野工作既依赖于参与观察,又要到书斋里读书。所以从农业社会以后,到现在的工业社会,田野工作一定是要兼顾两者。你知道了文字里的理论,以及文字里蕴含的哲理,那你在观察一个现象的时候你就不会仅仅就事论事地去看问题。而是由于你的脑子里已经有了一些先在的理念,然后你再结合田野工作,再对照外来理论,你就会发现中西理论兼收并蓄是好的选择。因此,我想说的就是,在农业社会以后的田野工作,一定要把书斋和田野两方面结合起来。

回到田野故事的事情。我最早做田野是 1979—1983 年,大约四十年了。那个时候在读硕士研究生。1978 年中国恢复研究生招生,正好赶上,成了林先生的学生。其实有的时候田野工作和田野故事的发生具有偶然性,你在去到村子前并不知道要做什么,需要到了后边做边看。这种方式就需要你人类学的根基,能够在做的过程中随机焕发悟性。这种方式有的时候你能遇到非常漂亮的题目,但有的时候做得很累可能也发现不了什么出色的聚焦问题。当然这也并不吃亏,可以当成是一种历练。

也有另一种做田野的方式。比如我 1979 年读硕士研究生的时候,就和导师商量选题。老师问我喜欢什么?我就说我喜欢建筑,对长江以南的干栏建筑比较感兴趣。干栏建筑就是竹木的构架，像云南就有很多，有两面坡茅草的，也有四面坡的。有的干栏大的牛都可以在下面，像崩龙族（即德昂族），就属于高干栏；而像景颇族，只是小猪、小鸡在下面，就是低干栏。然后我就看了一圈与干栏建筑有关的文章。因为那个时代学者古文都不错，所以他们也会从古文里引用与干栏建筑有关的内容。当然，仅仅阅读文献是不够的，所以就和老师商量。我发现一种叫 long house 的干栏。一个长屋里面住着很多家，很多的 nuclear family（小家庭），当然它整个是一个大家庭，人类学也叫扩大家庭或组合家庭。由于那个时候文献少，于是就去找英文文献和俄文文献。在这些文献里发现，在东方世界，像印度尼西亚和东南亚的海岛上，很多是干栏的长屋社会。但是也发现，只有中缅边境的干栏建筑没人提。于是我就选了中缅边境的干栏建筑与家庭结构的关系作为硕士学位论文的题目。所以这是一个预先就定的题目。预先定的题目的好处是可以预先评估，好好准备。于是就跟着黄淑聘老师，达到基诺族住地攸乐山。基诺族是第 56 个民族，后面等着第 57 个民族识别的是所谓"麦克马洪线"附近的僜人，但不知什么原因到第 56 个民族也就终止了。所以基诺族是最后一个识别的少数民族。

当时和现在不一样，当时没有双肩背包，也没有拉杆行李箱，都是软的手提包。由于出来至少两三个星期，每个人都是两个包，再背一个军用水壶。因为我从小玩摄影，所以我还背了一个照相机。从北京到昆明，铁皮火车坐了三天两夜。下了车再到景洪坐班车又是三天两夜。去到景洪的橄榄坝，当时下雨的时候树上全是蚂蟥，蚂蟥悄然跃下麻痹我们的脖子、手脚。所以一到城市，我们首先就是把鞋脱了，裤腿拉高，相互检查脖子、四肢上是否有蚂蟥。大家有的用鞋底抽，有的用盐，把蚂蟥弄掉。然后我们再到景洪疾控中心去打防止中华疟原虫的针。因为一旦去到基诺族所在地，当地丛林里全是大团的蚊子。有人认为就是古书上所谓的"瘴气"。

进入基诺族的深山后一点路都没有。于是我们就请了个基诺族的老人做向导，用砍刀砍出一条路来，带我们往前。所以有时候我们看见麂子和野鸡就在我们前面不远处，但是因为藤蔓，根本达到不了。我 2000 年出版过一套丛书，一共有五本，有诗集、摄影集、随笔等，其中有一本叫《远山与近土》，就有我沿途的田野故事。

经常有学生问我最刺激的一次田野，我觉得就是这次和老师去基诺族，去一个叫中寨的寨子，就是基诺族最深入的一个寨子。我记得很清楚的就是当天晚上吃饭的时候，我们吃了蚂蚁卵，就是树上蚂蚁的蛋，大的像黄豆，小的像米粒。树上无数的蚂蚁卵黏在一起，然后蚂蚁蛋的包就越来越大，有的能达到十几斤重。猎人打猎的时候如果遇到这种大的蛋包，他们最高兴了。当天晚上的第一道菜就是蚂蚁蛋汤。虽然上面是一层黄豆大小的蚂蚁蛋，但蛋和蚂蚁并无法分开，所以也有蚂蚁在汤里面。外来城里人也许觉得很恶心，但在这种情况下作为一个人类学家就得喝呀，何况人类学家早有心理准备，你要参与观察，和当地人打成一片，也是不得不吃的。另外其他菜也很有趣，除了野菜外，还吃了带小腿的蝌蚪，溪水里的小螃蟹也吃了。试想一下，一个过惯城市生活的人遇到这些情况，应该是很刺激的。所以每次提到觉得这辈子吃过的最刺激的食物，我就会提到这次经历。

然而好玩的事情仅仅是花絮，可能并不是调查的重点——当然由于有趣的旅行过程大家都爱看，同时又可以提供给其他想要去到这个地方的人，所以我们可以把这部分内容单独拿出来写成旅游文学或人类学随笔。但田野中始终要记得我们的目标是悟人类学之道，而并非蚂蚁蛋或小蝌蚪。后来了解到除了基诺族有长屋，瑞丽、芒市一线、铜壁关、三台山、布朗山、中缅边境都有长屋。比如景颇人有低干栏的长屋，崩龙族有高干栏的长屋，还有怒江大峡谷的傈僳族也有长屋。因此，在 1979—1980 年第一次跟着老师去后，第二、第三次都是我自己去。因为那个时候也崇拜摩尔根和马林诺夫斯基，觉得两个人去算什么能耐，应该一个人去。记得当时我住在盈江的一个招待所，当时要入住还需要开北京的证明。我就住在一层的政府招待所，二层是缅共，三层是克钦独立军。我就和他们待在一起。他们的军服和解放军的差不多。

在一个人闯荡田野的过程中，我还跟着猎人一块打猎，主要是麂子和野鸡。然后在赶路的过程中看到哪个地方有长屋就开始测量长宽、内部的空间结构等。因为建筑师会说，建筑是空间的语言，一个建筑就是一个空间的语言。人类学也有同样的观点，只不过各自空间语言的侧重不同。基诺族最大的房子我们也看到了。整个房屋的空间大概是这样的：一个大的火塘摆放在房子一端，这个火塘是这个家族及其信仰的总的象征。而左右两列各依次分布着一些小的家庭，每个家庭都有自己小的火塘，自己煮饭。所以整个长屋就是由8—10个小家庭组成的大家庭。那我们测量完之后就能大致把握其家庭结构。当然前提是你得大致知道人类学有关家庭结构的分类，最小的是 nuclear family，核心家庭，这和现在研究城市社会时所用到的核心家庭是同一个词。然后像我们提到的基诺族的这个家庭是 big family，术语是 extended family，扩大的家庭，或者叫 joint family，组合的家庭。于是通过考察这个家庭的火塘的情况，我们就可以知道这个家庭是一个扩大的家庭，或者叫组合的家庭。也就是说，经过调查，我们就可以定性说基诺族是具有父子连名制的扩大的家庭。

那么，接下来，你还需要去背这个父子联名制，一般有的能背到50多个父子联名，当时我已经能背53代的父子联名。是路上现背的，因为需要不能不背。生育一两代、两三代，就不可能都挤在一个长屋里，就必须另找地方，这样就又分裂出一个长屋。所以如果你到基诺族的住地，或是其他山地民族，比如崩龙族的住地，你就能看到，他们在历史长河的演进中其居住的长屋也是分散的，有的散得还很远。我们根据父子联名制就发现一个很远的叫列车寨的寨子正好是第28代分野。于是我们就知道了基诺族是怎么分化的。也就是根据一定数量的长屋分散在一个不算大也不算小的范围内，我们就知道了基诺族的分布情况。根据这个分布情况又进一步知道了这些依山而居的一个一个大家族代际之间事实上是一个有血缘关系的群体，我们就叫它世系群，就是比家族更大。也就是说，一个一个扩大家庭，一字排开有很多，这个整体叫世系群。就和汉人的宗族一样，也是一家一家慢慢地繁衍开的。像林耀华的金翼山谷，也相当于基诺族的这样一个世系群体。可见，从家庭干栏住房建筑的空间到其分布，我们就基本可以给基诺族的家庭结构、基诺人的生活方式和建筑之间的关系定个性。等我把硕士学位论文写完的时候，结论也就很清晰了。这也就是我所谓的行旅悟道，悟家族结构之道。经历一个如此刺激的过程，你总得抓住什么东西，再写成论文，这样人类学的成果也就有了。如果不知道家庭结构的术语、分类，就不知自己忙些什么。因此需要回到人类学基本的理论或方法中去。

人类学的理论和方法的好处是什么呢？就是一百年来，国内外这么多人类学家创造了各种不同的理论。创造各种理论的目的就是为了更好地认识你调查的社会和文化。后一个理论并不意味着前一个理论过时了——当然，也许会有理论过时了，但多数并不是过时的，而是说后面的理论建立了新的观察角度。如果一百年来有50个理论，也就是指大家建立了不同的视角。这就好像盲人摸象，不同理论是从不同视角看的。这样组合起来你脑子就有了很多理论，到了田野现场，就是你脑子里理论的调动，看是哪个理论和现场联系起来了。如果找了半天连不上了，就可能是你发现新理论的机会。像中国的田野工作的版图这么丰富，外来理论能够适用的，你当然可以学习。但有的时候也会对不上号，和外国理论的描述有不一样的地方。这些不一样的地方就是可以质疑的地方，就是第三世界的学者有自己创建的机会。所以吃了蚂蚁蛋和蝌蚪，那些成为有趣的经历，但最后我们拿回的是一个人类学的学术创新成果。

像我们的干栏建筑这个研究，是预先就想好的。长屋许多地方研究了，如果你发现中缅边境有研究的缺环，这个地方没人动，那我们做这件事本身就有新意。如果你发现特征，你就补充了世界民族志的一个缺环。在你下田野之前，你已经有预设，已经可以预估成果的水准。除了这种事先可以预估的研究，还有的研究是你不知道去做田野调查能够得到什么，这就需要自己学科的理论、方法、水准和灵活度。这就是古老的中国教育所强调的孩子的悟性。什么叫学得好？不是背得好的就是好的，而是说你脑子里那么多的理论、方法都记住了，但是到了现场之后，你脑子里这么多理论和你所遇到的现场怎么对接上？能够马上寻找到对接点吗？

这里我们可以举个例子。1995—1997年，我们做长江三峡文化遗产保护的项目。那个时候项目这种提法在国内都不多见。去的时候刚好是一个学期末临近暑假的时候，同行的几个年轻老师和学生正好把人类学概论的东西学完。因为是一个考察性调研，也没有明确的研究目的，同时又是第一次接触长江三峡文化遗产保护项目，大家都没有经验，也没去过三峡，所以我们就先看材料。然后我们坐火车到宜昌，来到江边，我就对老师和学生说，"大家刚学完，人类学概论的所有东西都在脑子里，现在面对大江。我们的行程每天都不确定，走哪算哪。有船坐船，有山爬山，遇到婚礼就参加婚礼，遇到葬礼就参加葬礼。就是自由地在三峡转一圈，然后来寻找问题"。我还和带队摄影师说："不管什么，你都先记录，走哪就拍到哪。"回来以后我们就编了一部《长江沿岸田野纪行》的电影。在我编的《人类学概论》里有一个配套影碟，这个碟子里面就有这个电影。之所以把这个电影放在配套的教材里，是为了给上人类学的年轻教师看的。就是说，你教学生，学完了人类学，你到现场是怎么和你发现的问题对接的，调动学生的悟性。比如电影里有一个地方文化馆工作人员，是中国音乐学院科班毕业。毕业分配本来是去的大学，但他告诉我兴山秭归出美女，他去到那儿就挪不开步了，娶了当地的一名女子，于是放弃了大学教职，一直就定居在那。他在当地研究民歌和乐器，发现了"兴山三度音体系"。根据地方考古发掘的编钟，和当地人叫"咚咚奎"的一种竹管乐器，还有当地的民歌唱法，他就发现，当地民歌中有三度音，土家族葬礼上也有三度音。如果用钢琴弹的话是弹不出的，三度音有的是在钢琴缝上的音，钢琴没办法弹。应该说他这个发现是非常重要的。我们电影里就有一个片段采访他是如何发现这个三度音体系的。如果喜欢音乐人类学的，就能够从这个例子中看看音乐和人类学是怎么结合的，文化多样性是怎样在音乐上表现出来。

电影里还记录了我们遇到了相当于道教端公的人，还有叫跳丧、转丧和坐丧的当地土家族舞蹈。总而言之，我们遇到一个，就会在电影里用旁白的形式讲到。因为我们这个是教学片，目的是引导师生：遇到这种场合，你会调动你的人类学概论中的哪个理论和它对接。在这个电影中有七八个主题，下次在做田野工作的时候，你就会比较踏实，你就知道研究的思路应该怎样延伸。否则总是理论和实际对不上，会有很多的困惑。

我经常会提到一个有趣的故事，就是英语学术圈已有的评论也不能人云亦云，理论和人物思想的联系要深凿，需要来回地推敲。我有个学生嫁给了波兰人，我得去证婚，就到了古老的都城克拉科夫的教堂。西式婚礼结束后，举行中式婚礼，我是主持人。当时和我同行的还有一个画家，他来创作婚礼的画，他是一个写实派的职业画家。来到波兰，我脑子里就想起马林诺斯基因为在日记里骂黑人是"黑鬼"而被认为是种族主义。我想是这样的吗？既然我们已经到了克拉科夫，到了华沙大学，于是我们就和华沙大学的师生进行交流、去调研。事实上，波兰这个国家很特别，左边是强大的德国，右边是强大的俄国，所以波兰历史上很不容易。波兰的知识分子也像第三世界，他们有很多自由知识分子很想到英语学术圈去发展。所以当年马林诺斯基崇拜一个波兰的文学家康拉德，这个人混到了英语学术圈的文学家排行榜第四、第五名。他的特点就是海岛文学。马林诺夫斯基觉得这个人是榜样，向他学习。他就想办法找他，还要把自己的书送给他。马林诺斯基的成名之作的文笔倒并不出色，但是他的日记文笔很好，日记的文笔就有意识地模仿了康拉德海岛文学的笔法。回到刚才的话题，我想了解的是他骂黑鬼是不是种族主义。所以你要研究一个人物和理论，仅仅凭借一本书，凭借外国的评论，轻易下结论是十分危险的。到了克拉科夫后,我们发现马林诺斯基家在波兰属于贵族阶层,即使是较低一层的贵族,但仍然是贵族。你在研究了波兰贵族对仆人、对下属的态度,你就发现马林诺斯基在海岛上发脾气、不高兴和沮丧之时,是种族主义的反应吗?你调查到当地后就会发现并不准确,它是波兰贵族这个阶层对待下层仆人态度的时空反应。所以你要研究一个人物和他的理论,想深入研究就必须到当地去。你要研究马林诺斯基从年轻到老,多少人影响他、多少书影响他,知道这样的背景才能很好地理解马林诺斯基的某一种态度是和通常的种族,还是阶层的贵族做派有关。所以在田野调查中即使有预设好了的、人人相信的解释,如果在我们脑中有理论方法的灵活度,我们可能遇到一个机会就能够发现更为中肯的解释。

郭建斌: 当时在基诺山调查了多长时间?

庄孔韶: 并不长,前前后后不到一个月,而中缅边界的时间就比较长了,好几次。因为大家都是城里人,还是有很多不习惯。按照基诺族传统,竹楼上面有火塘,火塘旁边围有麻布片,主人(男人)都是围着火塘睡觉。贵客来了,就会把我们男人请到火塘旁边躺下。一会儿,人躺着就会发痒,一些虫子,主要是臭虫和跳蚤就会上身,然后我们就挠,皮肤不好的人就会溃脓。所以我们七天就得下一次山,找一口大铁锅,把衣服放到大锅里面去煮。当然那边晾衣服就平铺在灌木丛上,很快也就干了,我们赤膊等待。下山七天,洗完衣服、处理一下化脓的地方再回去。那个时候没有遇到打摆子已经很幸运了。现在我有朋友到非洲做研究。非洲的疟原虫和中华疟原虫还不太一样,它们咬了之后还是挺严重的。所以现在去非洲做研究就更不容易,然而人类学家总是会问,这是公共卫生的问题吗?还是城里人已经没有了大自然的适应性?因此我们说任何学科的研究都是有代价的。你要做世界上艰苦地域的研究,这就意味着你要付出。像我已经有三四十年没有去过基诺山了,听说现在变化很大,高速公路都修到跟前了，刀耕火种也早就没有。所以时过境迁，世事变化还是大的，或许当代基诺人也适应不了过去了吧。

郭建斌：你们1979年去基诺山的时候，当地人意识到他们是基诺族了吗？

庄孔韶：当地人只是长老们略知一二，地方学者则很清楚，当时已经确定。我们在中央民族大学，我们知道我们去的是第56个民族基诺族。

郭建斌：僜人的文件已经出了吗？

庄孔韶：申报的文件已经出了，但最后也不知道什么原因叫停了。

基诺族的组织学界当时是叫作家族公社。你们现在可以检索"基诺族的家族公社研究"。流行的家族公社一词是从俄语来的，但现在因为英语强势，所以分类都不用俄语的家族公社了。

郭建斌：当时您画的长房子，最多住着几户人家？

庄孔韶：有24米长的房子，11个小家庭火塘。我的《行旅悟道》这本书包含了我的硕士学位论文的片段，里有房屋平面和空间配置图和世系群分布在住房上的体现，很详细。这本书是北大出版社出版的。

【提问与回答】

郭建斌：刚才庄老师其实给我们讲了两类故事。一类是做田野调查的时候，有明确的构想、有明确的目的的故事。另一类又是没有明确目的的故事，像刚刚讲述的三峡。三峡应该是在中国的大工程里第一次让人类学家参与？

庄孔韶：那时候三峡工程应该还在进行中。那时是国务院有个关于长江三峡文物保护的文件，这个文件也是我和潘守永负责起草的，于是我就带着我的团队去三峡。但后来因为某种原因，文保的报告得到了批准，但是仍然是没有经费的。那后来是怎么办的呢？刚好已故的考古学家俞伟超先生，他觉得这个项目很重要，他就把他的考古项目的一部分经费拨给我做研究。当时做出了一些成果，但仍杯水车薪，庞大的文化遗产保护计划就无法完成了。在俞伟超的支持下，我们还拍到了水淹前的三峡。《长江田野纪行》这个电影是水淹前拍摄的，至今弥足珍贵。而且在人类学上说，电影的解说对于年轻的老师和学生去做调研，是具有启发性的。

郭建斌：所以刚才庄老师开了个头。我想接下来今天的田野故事我们还可以以另外一种方式展开。庄老师经历这么丰富，故事这么多，你要让他讲他随便怎么讲都行。那么，接下来就由大家来提问。你们有什么问题，或者说对庄老师曾经做的调查中的哪一段感兴趣或是有不清楚的地方、需要讨论和商榷的地方，都可以提问。

学生一：老师好。我想问一个问题。您刚刚说到了国学的东西。如果我们想去用一些国学的东西或是去弥补相应的知识，应该从哪些、哪几类开始呢？或者说，怎么把国学的相关知识运用到人类学的研究里面？

庄孔韶：国学是中国多类古典文献的泛称，先秦经典及诸子学是要点。可能像儒家"四书五经"之类的，确实对有些同学比较困难。很多同学可能也不认识繁体字。但是近些年有关国学的普及性教材也不少。我的意思就是说，经过我多年的实践发现，英语学术圈的理论需要了解，如果研究中国，例如汉人社会，我们也需要有国学的知识。内外兼修之后，一个还不错的观点就是：寻找和别人不一样的诠释。我知道你的，但是我不套你的。教育的理念反对仿效和重复。在国际学术交往的时候，反对仿效和为别人做注脚。唯有发现新意，第三世界的学者才有出路。

举个例子。有个学生，有一次，他要应征哈佛燕京学社学会的中国研究项目。申请项目时需要和项目官员通电话，项目官员根据电话中的回答，他三言两语就能否定你，或者肯定你。项目官员问她，你想做什么题目？她回答：整容、中国人的整容、中国女生的整容。项目官员一听有兴趣了，美国人的整容有人研究了，但是对中国人的整容还知之甚少。项目官员听她英语不错，而且项目解读很好，在电话里面就决定要她了。因为题目就很吸引人，她比较中美女生整容不一样的地方，也属于中西文化比较的一个部分。然后，我就给她找了整容的各种医院开始研究。最后得出结论，外国人的整容，女性想整成什么样子就整成什么样子，没有人关心，只要你愿意；中国女生的整容则要自然，要让人觉得他/她没有整过容，天生就这样。事实上，得出这样的结论，中西的整容文化差异就已经有了，按照项目要求，这个研究到这里就可以结束了。但是我说，中文的"自然"和英文的"nature"肯定不一样，不能对应且各有含义的差别。所以我建议她去读一读一个叫沟口雄三写过的一篇名为《论自然》的文章。这篇文章讲的是中国国学里面"自然"的含义。查完之后，发现中国的哲学很早之前就已经论述过自然。所以现在中国女生整容要自然、要让人看不出来，其实是文字系统的思想早就影响汉人社会了。最近哈佛研究学会要支持她出版关于这个研究的书，结尾就多了这方面的讨论，即不只是经过了田野工作发现中国女生和西方女生对整容的诉求不一样，而且指出古代的国学知识里就已深刻地论述过自然的思想。思想是古今关联的，所以这个道理即使跨越几千年，依然在影响着今天的中国女生。这样在国际交流的时候，外国学者就会说，你的国学这一部分我不会，这是你的成果。所以第三世界的学者就有了自信和地方知识创新的资本。[1]

学生二：庄老师您好！您刚才讲了农业社会和原始社会与有

---

[1] 方静文：《人造"自然"：整容的人类研究》，中国社会科学出版社 2020 年版。

文字社会的田野工作的区别，现在很多人是在城市之中做田野，甚至是一种虚拟的田野（互联网）。请问您怎么看待这种田野呢？

庄孔韶：城市的研究由于现代科技的发展，有了微信、新媒体等新的渠道。虽然现在有很多人是通过网络收集信息、撰写论文，但我们仍然认为还是需要实地调查。外国学者有时候做问卷，如电话问卷，需要问什么，对方就很直接回答你，除非特别隐私的问题，一般的问题都会回答。但是中国人在电话调查中，首先问你的身份，然后询问你的目的，导致问卷回收率很低，达不到调查的目的。甚至有的人用假答案来回答，说的并不是真实的东西。

我在《银翅》第十一章写道，1986年去做调查的时候，有干部陪着我一起到金翼山谷之中去调研。干部问当地妇女：生几个孩子好？大姐回答：生一个好。后来熟悉之后，她说：庄老师，还是一男一女好。到了1988年、1989年，大家更熟悉之后，她说：庄老师，两男一女比较理想。为什么呢？因为男系继承，万一有一个男孩夭折了呢？所以她把意外都算进去了。在三个时段的不同场景，问同样的问题，她的回答是不一样的。[①] 也就是说最开始她隐瞒了很多，并没有说实话。所以互联网的直接问卷，直接收集信息可能是不足的，你还需要选择一定的范围去深入你要研究的群体之中。尽管人类学的教科书里面从来不提，但是我们的一个原则，就是你和你调查对象熟悉的程度达到他们可以把自己的隐私告诉你的时候，也就是说这群人的生活方式无论是表面上的还是背后的你都了解了，你才能有一个好的判断。这是一个重要的试金石。不说隐私的话，也就说明其他的问题可能也还有保留。因此，互联网研究还是不够的，还需要有真人的配合。所以田野并不容易。

[①] 参见庄孔韶《银翅：中国的地方社会与文化变迁：1920～1990》，生活·读书·新知三联书店2000年版，第303页。

学生三：庄老师，您好！刚才您和我们分享了您是如何在田野里去做到故事和理论的结合。您说的这个田野应该还是有一个明确的空间界限的田野。但是现代社会是一个充满流动性的社会，人群可能没有以往简单、单一，这样的情况下其实是一个多点的田野。那这种多点的田野应该如何做到和理论的结合？同时多点的点的选择是否会在具体实践当中来决定下一步的方向与研究点应该如何选择？

庄孔韶：当理论发展到一个调研点不足的时候，就出现多点调查。我们有一个待出的论文集，就是多点的，叫《"离别"东南：一个汉人社会人类学的分解与组合研究》。① 大意就是说：西洋的人类学家研究北非的努尔人的世系群，但他们觉得那是一个没有政府的地方，而中国是有政府的，那么汉人的宗族（世系群）与努尔人的有什么不一样的地方呢？人类学英语学术圈关于中国宗族的知识，最早是来自林耀华的《金翼》及他的《义序的宗族研究》。有一个有名的英国人类学家弗里德曼，他不懂中文，但是他知道这个事情，所以请一位老奶奶翻译了林耀华在《燕京学报》上刊登的《义序的宗族研究》。林先生这篇论文是功能主义的一篇文章，篇幅也不大。而原来的论文很厚，注释就非常多。所以第三世界学者很不容易，一方面由于当时功能理论最时髦，他必须学习和使用；但另一方面内心又不一定真正认可，于是他就将国学的理论放在注释之中。所以你看第三世界的学者从20世纪40年代起就不容易。林先生把他的真实想法放在注释之中，但面上又是功能主义的。因为这篇无注释的论文，西方的英语学术圈就知道了中国的宗族社会这么强大，这么重要。

那么，中国这么大，东南部的宗族势力又这么强大，其他地方又是怎么样呢？这就可以回到这位同学刚才提的问题。中国汉

---

① 庄孔韶等：《"离别"东南：一个汉人社会人类学的分解与组合研究》，中国社会科学出版社2019年版。

人社会也是一个多样性的组织特点，应该离开东南，到更多的地方去调查，看一看中国各地汉人的基层社会，有没有什么多样性和不同。所以我在1992年有一个北方汉人社会的研究计划，当时在中央民族大学，因为种种原因没有成功。后来这些年有机会，就把一群跨学校、跨学科喜欢研究宗族主题的朋友组织起来做了这样一个研究。所以我们从十多年前就开始"离别"东南，到全国选了十几个点，看一看不同的汉人社会的基层社会是个什么样。而且我们选择的不是两三个点，因为中国这么大版图我们需要选择更多的点才更能够表达汉人基层社会组织起来的不同的特点。现在已经有了很多成果，比如中原的、西北的、中蒙边境的、南方和西南方的，不同的点、不同的样本。这些天正在和三位年轻老师讨论中国基层社会组织，比如有宗族的、没有宗族的，还有很多不一样的地方，我们想要逐条总结出这个地方的特点是什么。所以这就是多点调查的意义，它能够更好地把这多个地理区域汉人社会基层的不同类型归纳出来。由于这是一个很大的工程，所以不可能一个人去做。一个人有时候只能扩大一两个点。比如说我做林先生的金翼山谷，那他早期有一个义序宗族，阮云星教授一直在研究，就在福州的郊区，这样就有两个点了。如果你个人做了这两个点，都是强大的宗族感，你想研究一下有什么不一样的地方，你就越出东南选一两个点试试。如果又是一个强大的宗族，那么你的结论就是：我的这个研究领域全是强大的宗族势力。但是如果你在越出多点发现，有的地方没有宗族，甚至有的地方的组织方式也很特别，有一部分是受儒家的思想制度影响至今的村落组织方式，也有的由于现代社会的变迁、市场经济的影响有了更多的变化。我们能够把多点总结出来，也是这个团队的收获。如果说我再扩大三十个点的话，是否还有新的发现呢？这个是可能的，所以研究是无穷尽的，这就是学术的魅力。

学生四：庄老师，您好！我有三个问题想要请教您。第一个就是刚才说到的隐私的问题。因为在国外的话，人类学有一个伦理审查，国内没有这方面的审查。在您的田野工作中，您个人是如何处理涉及他人隐私的伦理问题？第二个，您怎么看待20世纪七八十年代以来的田野转向或者是民族志转向？现在人类学家用的田野方法或者民族志的方法，已经不是人类家的专属，它可能也被其他学科采纳用来做研究。包括我的导师做文化传播，郭老师也在做媒体人类学，它其实就是这种田野转向之后的跨学科的结合。您是怎么来看待这样的民族志的转向？第三个我很感兴趣的就是，刚才您叙述到了1979年第一次到云南来调研基诺族的经历。我觉得作为人类学家，不管您到哪里去调查，您可能都会遭遇所谓的 culture shock，而且对于人类学家来说他应该会有一种对异域文化的包容性，才可能很好地融入调查的地方中、更好地与当地人沟通。那么，人类学家在这个过程中如何做到自我调适？

庄孔韶：第一个关于伦理和隐私的问题。这个还真是问到点子上了。我们有十年的公共卫生和医学人类学的研究。我们卷入的国际研究也很多，比如和北卡罗来纳大学社会医学系的合作。从2000年开始，全世界都在关注性病、艾滋病，所以基金非常充足。我们也都卷入了，而且卷入得很顺利。当时我的硕士、博士研究生，有十几个人，都在研究这方面的问题。有的研究男同，有的研究女同，还有一个女生专门在红灯区研究男人嫖客。就是和性病、艾滋病有关的选题都涉猎了。比如有一个男生在广西红灯区做小姐的研究。当时这个男生和这些小姐座谈，三个小姐一组围着这个男生，说的话让他非常害羞。我们平常说阶级觉悟，这里就变成了对于性的知识的觉悟。就是你在访谈时你的脸不红了，你就达标了。你要脸红了，这些小姐马上就会看出来，下面的座谈就没法进行。紧跟着就是任何国际项目都要签订知情同意书，就是和伦理有关的。事实上在建立国际合作项目之前，道德伦理问题就已经解决了。中国也有道德伦理委员会。开展项目前也要求签知情同意书。但按照知情同意书道德伦理上来讲，有时候即使签约了，他也同意了，你回来评估也会发现即使他同意了也不行。比如说有一个镇的男医生，中央台采访他对性病、艾滋病的看法。当时他不同意拍摄，记者也答应他不拍，结果后来央视播放出来了，以后镇上的人就都不来找他看病了，都说这个人是看艾滋病的。他就完全没有生意了。所以，田野工作如果做不好的话，就会影响别人的一生。其实我也拍了一部关于云南的三个小姐的小电影，描写她们每天起床、梳头、洗脸、接客、晚上的舞会，她们怎么流动，她们有什么思想问题。旁边还有一个疾控中心的医疗点，如果她们哪里不舒服，就可以去看病。这部电影如果打马赛克，就没有办法看了。所以我很控制电影的碟子，只是在有限的课程中放映，放完就删除。当然，有的时候也没有知情同意的要求，但是作为研究者你要考虑研究对对方未来生活的影响。隐私对别人的影响，研究者自己要事先评估好，这样才能去做。

第二个问题。在我看来，并没有什么固定的时间上的转向。其他学科吸纳了田野调查的方法是好事，但问题是不同的学科有不同的理论与方法的限定。比如纪录片里的制作和影视人类学的制作，它的理论诉求肯定有差别。这样的话，你就不能随意批评其他学科的田野工作，因为你不能拿人类学去评论心理学，因为彼此的诉求不一样。举个例子。应该说和人类学最接近的是社会学。简单地说，社会学研究社会分层比较擅长，而人类学擅长研究的是文化多样性。当然这两个学科各自有很多研究主题，但这两个主题在对比上是最突出的。比如有老师研究泰坦尼克号的沉没。那在社会学家看来，一等舱、二等舱、三等舱就相当于社会分层。然后去关注不同等级舱位的死者人数，发现果然是一等舱的乘客死得最少。但是呢，人们忽略了还有六个中国人在里面——当然我不知道有没有黑人。所以人类学要调查沉没的问题，可能侧重点就是白人死多少人、黄人死多少人、黑人死多少人，也就是用不同的族群来判定死亡的解释。因此，虽然社会学和人类学可以互通，但社会学往往更擅长分层，而人类学更擅长多样性。因此如果能掌握两个学科的知识肯定会更好、更全面。

郭建斌：刚才这个学生说到现在人类学的理论和方法被其他很多学科借用。您在回答的时候我又想到了另一个方面的问题。就是那个转向的问题。我们通常讲西方人类学在20世纪七八十年代实现了"写文化"的转向。我的问题是：在中国的人类学研究中，是否也存在这样一种转向？如果存在的话，具体的转向又是什么？

庄孔韶：我觉得这得首先界定转向的含义是什么。

郭建斌：一般意义上说，就是从科学的民族志转向了后现代的民族志或者是实验民族志。我觉得这是西方人类学在谈转向的时候的具体含义。但我觉得就中国的人类学而言好像也不是这样的。早期的中国人类学研究者，比如费老、林老，尽管他们接受了一套西方的学术训练和知识体系，但我觉得他们回国后所做出的成果还是非常特别的。他们根据中国文化的特殊性形成了自身独特的表达。记得第一次看林耀华先生的《金翼》的时候，我真的很震惊，没想到学术著作还能这样写？这分明是小说吗？我们用现在更时髦的术语来说，那不就是一种自我报告的民族志嘛。但那是在20世纪40年代呀！所以我觉得中国早期的人类学研究可能和西方同时期所谓的科学的民族志的那套话语体系并不是完全一样的。

庄孔韶：我明白您的意思了。应该说，"写文化"的转向除了调查外，它和最后发表的作品是密切相关的。早期像马林诺夫斯基，一直到费、林，那个时代的作品应该大体上还是权威主义的，也就是我看我写我说了算。其实更确切的是西方说了算。像费、林他们觉得，我还是得用功能主义来写。林先生的书用的是平衡论。但实际上他含在内心的东西是躲在注释里的。那个时代基本都是一个模子出来的。像费先生的《江村经济》就是当时功能主义写作的一类套路，那个时候其他老外的功能主义的博士学位论文也这样写，千篇一律而且乏味。而林先生的这种写法也不能说他是最早这样写的，以前就有用小说写的。他不一样之处在于当时他在哈佛，他太太患上了肺结核，他得陪他太太，所以才有时间写了这么一本。那个时候他刚完成博士学位论文，就想写一本小说——这也说明不善言谈的林先生思维很灵活。但是小说写着写着，又有论文式的陈述的句子出来了。所以为什么我把1944年版和1948年版都翻译出版了呢？就是为了有一个对比。到1948年版的中文版，编辑就要把小说里有学术文章的影子的句子单独提炼出来，索性全部放在最后一章小结平衡论的运用。因此，平常人看就是一部小说，但是如果想做学术的人就可以看学术结尾这一章。结尾告诉我们林先生是用平衡论的理论来解释的。这样我们只能说人类学的每一个时期的理论和方法对于解释世界是有建树的，只不过他是用了小说的笔法。后来也有一些国外的学者，比如有一个研究非洲的学者，他刚好得到了林先生这本书的英文版，他就带着这本书去非洲做调查，也写人类学小说。

　　回到转向的问题。应该说，人类学从田野本身来讲没什么转向，但从方法上来说，的确有转向。比如大家都知道，从权威主义一直到新文化时期，也就是后现代，本身也是对权威主义的一个反思。刚才有同学提到的多点的问题，也都是理论方法的发展，以及人类学家个人试图能够改善自己的调查，使得自己的结论更中肯。至于在现代社会的调研里面，是不是有什么一定之规呢？其实现在反而倒放松了，没有什么一定之规或固定的写法，你想怎么玩都可以，关键是你的人类学的创造力是怎么展示出来的。比如我们经常也会说到，通过把照相机交给弱势群体、穷人、矿工，然后让他表现他的主体性，他的观点也能展示出来。这个理论是分享人类学，在20世纪60年代提出的一个非常重要的理论，是在电影的拍摄里，让·鲁什提出来的。过去电影拍完了拍摄者就走了，但他拍完后还把片子给被拍摄者看，相当于拍摄者和被拍摄者之间是有一个互动的。现在新媒体的世界，手段就更多了。所以当今世界，无论是调研、拍电影还是其他研究，它互动的可能性变多了。原来是我对你，是一对一的，那现在出现了新媒体（互联网）。所以我们拍一个纪录片，里面用了一点新媒体，把一个纪录片里面的学术点弄到网上去，然后我们试验看看有多少人进网来讨论这个问题。为了让问题更聚焦，我们有三所外国的大学和七所中国的大学一起参与。然后我们在网上进行跟踪。因为这些参与者是人类学出身，所以他们看到的东西、他们所提的问题可能会比较聚焦。不像一个物理学家或者一个商人，他们可能想到的问题跟我们的研究是不着边际的。当然，并不是说就人类学的学生能提出更好的问题，也许网上忽然有一个人提的问题很不错，那我们就立即给它摘取出来。我想说的是，现代的研究由于媒体的扩张，这个时代是一个可以丰富互动理论的一个时代。互动理论除了单向的、互相的以外，由于媒体网络的开展，使立体性的互动更丰富了。所以这个时候是我们研究互动理论或对现代的互动提出新见解的一个时代。你走在先了，你就提出来了。所以我们运用了新媒体之后，跟让·鲁什的弟子们讨论问题，他们就说我们欧洲还在讨论立体性互动的内容，中国学者都已经在做了。那我们就想，这就是我们第三世界学者的机会呀。要不然都用一些西方已经讨论过的理论，谁会理你呀。最近让·鲁什的弟子写了一篇美言冬至电影的论文，所以我们觉得第三世界的学者如果能创新就有机会。过去都是我们 follow 他们，一旦我们有一点新意，他们也心悦诚服。所以我刚才说的学生整容的研究就是这个问题，要有新意。当你提出国学的问题，在座的老外多数达不到这个程度，那就是你中国学者创新和寻找一个社会现象的思想渊源的机会。所以我们都是鼓励学生首先知己知彼，然后争取做到我如何跟你不一样。

第三个问题。其实我们说一个人研究得好，常指他研究的纵深性强，比别人研究得深入。田野做得比别人深，理论总结得比别人也深，那大家会说这个学者的文章我爱看。你的问题就是说，做学问做得深的各个学科都有。像钱杭老师做宗族，他一辈子就做这个，做得很好，但是像他这么出名的没几个。因为一个是学识的问题，还有一个是机缘的问题。他是做宗族问题做成功了，但如果做别的主题，可能在一百年之内或者是他有生之年刚好是这个问题处于瓶颈的时候，那很可能又苦又累也得不到好成果。所以很多国家的谚语都会说不能只盯着一个。你在做一件事的过程中你眼睛要看着你喜欢的另外的角度，也去大胆尝试。这样如果之前的瓶颈也结束了，那你就能取得两个成果。

多少年前，我们做调研都是一条路。后来忽然发现小时候会玩摄影，大了也有好处啊。所以1989年我就拍了个《端午节》。那这不就是两个学科的内容做成一个内容嘛。这两个手法就是图像系统和文字系统。现代的学者不应该只做一个文字的系统，应该把传媒的影视武器拿起来。因为它是两个系统，一个是镜头的语言，另一个是文字的书写，这两者互相不能取代，两者合璧是最好的一个选择。现在很多人是这样做的，也都做到了。比如说一个眼神的问题，《端午节》里面就有一个眼神的过程。对于眼神来说，镜头的捕捉比文字的描写要好得多。这两个搭配是非常好的，但两个搭配够不够呢？按哲学上来讲，你要研究一个问题，你就在一个学科里，运用这个角度、这个理论、这个方法。但现在作为多学科来讲呢，我还可以用电影、用书写。然而你还会有未知的世界。比如说绘画。二十年前我们开始绘画人类学，跟职业画家合作。比如一幅画画的是彝族一个村姑放羊。如果画得好，功底好，有钱就可以买这幅艺术品。但是，如果把这个画拿到学术研讨会上呢？可能关注的就不是这幅画好不好看，或者村姑好不好看，而看到的是画里面不同的羊：黑羊、白羊和花羊。而黑花白正是彝族的哲学。彝族人认为，黑是严重的，白是轻微的，而花是过渡。比如无辜被人杀死了，就是黑的，严重的；如果是意外受到伤害，就是白的，轻微的。但是刑事案件的过程不可能这么简单，有各种过渡态，这就是花的。所以彝族花羊就是黑与白的转换。在谈彝族的习惯法的时候就都是用转换来化解严重的和轻微之间的矛盾。所以这幅画拿到国际研讨会上，就不仅仅是好看，这里面有彝族的文化隐喻和哲学思维。而这种隐喻到了画家手里，正是画家丰富的想象力的体现。所以绘画的这种长处是电影还比不了的。当然，你拍了一个镜头，你也可以这么说。但画家经过他的创作就把这种思想突出出来了。

还可以再举一个例子。一个仪式，我带着诗人和画家去了。但到了那儿说不许拍照，不许支起画架画画。那一下子摄影师就愣住了。我也担心画家。但画家却对我说，支画架我可以画，不支画架我也可以凭记忆画，因为我们画家和人类学家一样，可以基于田野调查的记忆回去创作。所以在这一点上，画家的有些长处是摄影师无法达到的。如果你不接触横向的、多学科的视角，你可能就不能理解画家特别的地方。如果这个仪式说谁都可以记录，也能拍，也能支画架，那摄影师的镜头语言也有画家比不了的。多学科的好处就是专业、知识、方法互补，建立了一个多学科的知识体系，而不仅仅限于人类学的理论和方法，相反增加了画家的视角、诗人的视角、电影的视角、社会学的视角、心理学的视角……用中国的成语来说，横向研究的意义就是触类旁通，实现对社会文化理解的更好的综观。

学生五：老师，您好！就您刚才说的这个问题，我们现在在很多场合都在借用其他学科的东西，那么最后我们怎么回到人类学呢？

庄孔韶：我说的跨学科的落脚点都是人类学。就是人类学视角的电影，人类学视角的绘画，人类学视角的新媒体。这样的好处是能够汲取其他学科的长处，特别是人类学没有的东西。

学生六：庄老师，您好！我想问的是，我们在去田野的过程中，现象级的东西能看到很多，也能把它们描述出来，但总是描述得不够深入，也不够学术。我就想问问您，以您的经验，怎么才能更好地把这些现象的东西同自己的学术，或是说同学到的理论结合在一起？

庄孔韶：这个问题就是说，你调查回来后怎么写一篇论文，或者怎么制作成一部电影。就像我那本《人类学概论》里有电影部分的内容，那我在选这个电影案例的时候不是看电影是否得奖，也不是电影技术的好坏，而是要看这个电影里人类学的学术点到底在哪儿？这样的电影才能进入教科书。而且我还要写上，这个电影看完后，你可以读这本书的第三章、第五章、第八章的内容。也就是说，这部电影里面含有这三章中说到的人类学的理论的影子。有的电影拍得很热闹，特别是一些在欧美社会得奖的电影都是比较偏阴暗面。比如说前些年有一部得奖的矿工的电影，电影本身也很感人，但我拿到这个电影还是要看它有人类学的学术点吗？如果没有我还是不能选。因为我要告诉学生的是这个电影对你理解第几章的内容有帮助。因此调查是写得细致、深入，还是简练不是最重要的，关键是你是否在调查中抓到了学术点。

杨洪林大家应该都认识吧？是一个彝族的头人，彝族名叫嘉日姆几，就是这样一个典型的例子。1997年林耀华先生最后一次远行到了云南，我们见到了他。当时他戴着一顶头人的帽子，上面还有羽毛，来找林先生拍照。当时他是西南民族大学的学生，想考我的博士。我当时一了解他的背景，就觉得还比较少见：不仅是英语专业毕业的，而且所有的地方方言都会。我有一次让他给我说说他家乡好玩的事，他就说他们当地吸毒和戒毒的事。后来我们拍的一个叫《虎日》的电影讲的就是这个事。当时他说完后，不知道是我自己的悟性还是人类学的悟性，我马上感觉这个事太重要了。我就马上安排盯住田野，看看以后会不会还有虎日盟誓戒毒这样的机会发生。因为在中国人类学的研究中，特别普遍的研究就是仪式，但是多数超不过维克多·特纳在《仪式过程》中的见解，所以这些研究不少是陪玩，做别人的注解。但是我们发现彝族这个仪式不一样。这个仪式主要就是盟誓，而且吸毒的男性经过这个仪式过程戒毒的成功率非常高，这就太有意思了。人类社会只有俄国人发明手术治疗可以戒毒，但这显然涉及伦理问题。而且摧毁神经中枢后，其他的感觉、知觉和性感也就没有了。现在有的家长着急了，就秘密地给孩子做这个手术。因此，俄国人的发明是用科学主义、用手术的办法来解决人类的成瘾性。第二种就是2000年至2010年，全世界都在用的美沙酮替代，也就是用美沙酮来代替海洛因毒品的成瘾性。这种方式只不过是以一种药物来代替另外一种毒品，而且美沙酮对人的身体也有伤害，只不过是毒性比较小一些。因此这个本质仍然是科学主义。所以目前以科学主义的办法来解决人类生物性的成瘾性，或者说人类药物的成瘾性，就只有这两种办法。

但是嘉日姆几说到的这个虎日盟誓仪式办法，是用地方文化的力量战胜人类药物成瘾性，所以这个仪式就不是一般的仪式了，它已经提升到人类战胜药物成瘾性的方法论级别的一个学术要点。以前是科学主义战胜人类的成瘾性，这个仪式是用地方文化的力量战胜人类成瘾性。当然这是很重要的方法论收获，《虎日》发现的意义也就在这里。

前几天我们的团队开始回访。事实上前四年我也回访了四次，戒毒效果仍然很好。个别的有死亡的，但很多都成功了。有的戒毒成功后变成了义务的宣讲员。这次的回访团队里面我们有三个电影的摄制者，三个职业画家，三个论文写手，中文、英文的论文写手都有。之所以带画家，就是我们前面说到的，画家的画所能达成的效果有时候是电影和文字书写都达不到的。比如他画了一个吸毒的人，他经过反复修改最终把这幅画画出来了。他画完了肖像之后，一般人会问，这画像还是不像？但是像与不像并不是最重要的，关键是这个画家和我一起去过两三次后，他理解了这个吸毒者。所以画家最怕画不熟悉的人，他硬着头皮才能画一个生人。比如街头写生，我又不认识你，所以只能凭着感觉画。画家最喜欢画了解的人。最后这幅吸毒者的画，大家都评论说，这个人的眼神里带着希望，同时又有内疚，这就是好的职业画家的作品。这样的作品可能是用摄像机很难捕捉到，也可能是可以捕捉，但画家则是另一种创造。人类学家回来之后的描述是从写作和写文化的角度来表现自己的能力，摄影者是从影片，画家是从画，所以跨学科能够集思广益，能够多元地、更好地去理解被调查的对象。

郭建斌：非常感谢庄老师。其实庄老师今天不但给我们带来了精彩的故事，而且又为我们这样一个活动提供了新的方式。以往我们是主讲人讲得多，来听的人都是被动的。但今天突然转换了一下方式，我觉得蛮好的。大家看，我们从各个方面提出问题，庄老师都能够回到具体的例子来给我们提供具体的田野故事。这个就是人类学家的讲述。而且庄老师的故事从形态上来看是多种多样的，有文字、有影片、有绘画，这些故事或作品是非常立体的。让我们再次感谢庄老师。

生活与学术闲谈[*]

（旁白）庄孔韶先生是一位人类学家，他的学问不只是躲在书斋里，而他的玩，不时越界，游刃有余。他从小爱足球，引以为豪；初中二年级（1959）始痴迷摄影，三十年后拍第一部纪录片《端午节》（1989），入围美国纽约玛格丽特·米德电影节（1992），还有西雅图摄影个展（1994）；出版也分学术与兴趣，先后出版了摄影集（2001）、诗集（1992、2000）、小说（2001）、随笔（2001），不过加上了人类学的视角。知识融入把玩，是他的生活理念，这或许是在传统与现代转型中酿出的一种多元的生活方式。

冬月的一个早晨，我和摄影师约好去庄先生在北京西郊的寓所采访。尽管事先就看过庄先生的照片，但一见本人，超过一米八的身高，步履轻快，大体也是他多年司职足球中后卫练就出来的。

庄孔韶：请进，请进。

（旁白）他家的客厅南北通透，落地窗旁摆着三五盆常绿植物，即便主人不常回来，也是翠绿怡然。客厅和书房陈设古朴，既有得自丝路不同色调与混生文化符号的波斯毯、和田毯，也有明式圈椅搭配祖传的髹漆牛皮大箱（混搭茶几）；甘肃的精雕蛐蛐葫芦和刚果艺术家的人物石雕相伴；美国西雅图丙烯酸画家的《雨中曲》和中国名家朝戈、朱春林所绘肖像油画并排；当然还

---

[*] 庄孔韶口述，"中国文人的历史足迹"《289艺术风尚》杂志蒲鸿采访并摄录。

有清代漆器食盒和保存完好的一对小瓷壶静静地摆放在老红木八仙桌上。

庄孔韶：你的兴趣大，镜头都是对着物件。其实物件背后的故事才是现代博物馆人类学关注的。你看牛皮箱上的托运纸签，20个世纪初，老一辈远道泉州做邮包税局局长的旅行记录。

蒲鸿：庄先生在讲他的故事。它所携带的口传与文字的含义，不是简单文物鉴赏所能替代的。所谓学问家的思绪，的确与常人不同。我们查了您的祖籍……

庄孔韶：人肉搜索！我们填履历表都是浙江嘉兴，而实际上更早是江苏武进（现在归常州）。

蒲鸿：是的，源头是武进（常州）望族毗陵庄氏。我们采访的兴趣正是中国文人的历史足迹。

（旁白）庄孔韶祖上可以追溯到元末至正年间。自明万历至清光绪其间二百八十四年，庄家世代以文采著称，世科第牌坊有功名者达一百零四人。被普林斯顿大学东亚系和历史系教授本杰明·艾尔曼（Benjamin A. Elman）称为"中国第一科举家族"和"进士生产工厂"，足见庄氏宗姓古今人才辈出之盛况。

庄孔韶：很多年前，我在《燕京乡土闻见录》中，匿名提到一位早年向我讲旧事的大伯的话："你太爷爷是洋务派。他出任大清国驻日公使馆外交官，认识了外面的新世界。所以他让老大留日，在早稻田大学学法律，让你六叔公留美学教育，你爷爷在京师大学堂念采矿系。但那时矿是外国人开的，他根本不可能到英国人的开滦煤矿去任职，于是他到处漂泊做官了。"这位大伯说的是爷爷的事。那时候，太爷爷庄兆铭是候选知府，随使日本，保加二品顶戴。他的三个儿子，泽容在京师大学堂留守北京，后来设计了自家老宅景山四合院；振声随父赴日，为官派第一届明治大学留学生；泽宣考取"庚款"远渡重洋，先是在迈阿密大学本科，后来成为哥伦比亚大学教育学博士。归国后，成为中国教育壬戌学制改革的发起者和起草人,创建了中国第一个教育研究所(现中山大学旧址),是一代教育大家,现在还有不少学子研究他的新教育中国化的思想。

(旁白)庄先生的旧宅在北京景山公园东门外、皇墙内,是临街较为工整的院落。皇墙背后是纵横交错的砖瓦小院和大杂院,这些院落、胡同组合为一个个街区。

蒲鸿:我们都知道老北京的四合院和胡同。究竟是如何连接的?

庄孔韶:是街面和胡同纵横连接了老北京的一个个小街区。旧时高高的两面坡大宅和淹没在胡同里并不规整的大小杂院,贫富分明。但街里街坊抬头不见低头见,文人、商人,还有拉车的、做小买卖的,都喝一车水,见面打招呼,和睦相处。那时城里院落、胡同的熟人社会和传统乡村类似,大家总有用得着的时候,所谓守望相助呀。

(旁白)辛亥革命过后,庄孔韶的爷爷,以新思想绘制了有别于传统四合院的三套院,安排了两间和一间半为单位的分隔居住配置,每个单元可以单独走门,以方便京师大学堂的师生租用。景山公园东门前的大街就是从这个院子南北扩张渐渐形成的。

蒲鸿:赵元任做过你家的房客?

庄孔韶:当年赵元任回国找到这里,赵元任年谱有一段清晰的记载。赵家在这里住过一段时间,后院当住房,中院是赵先生的学术沙龙所在。他的太太是医生,又把临街的房间(我弟弟还住在那里)开了一个小门,改造成了一个门诊部。

蒲鸿:给谁看病?

庄孔韶:我父亲说是给周围邻居看。后来我发现赵太太是学生育计划的。景山街面后面的胡同里,低收入的人很多,我想很可能是现代意义上的看病和生育咨询,因为美国的学问是把贫穷和多生育联系在一起的。

蒲鸿：有趣。

庄孔韶：所以我推测，很可能这个院子也是中国人计划生育思想的一个重要策源地。

蒲鸿：贫富的问题在老北京……

庄孔韶：你不如说富裕户和平民是如何相处的。那时没有大超市，以肩挑叫卖和菜摊为主，胡同里有一两家油盐店（杂货店）而已，连接了这里的居民生活，都是见面打招呼，很客气。还有，那时的家庭作业不多，小孩子的学习小组常年选在景山四合院里，冬天胡同里的同学带来窝头馒头在洋炉子上烤；其他季节做完作业，爬枣树，摘桑葚，斗蛐蛐，抖空竹，推铁环；女生跳房子、跳皮筋和夹包（男生也玩），而这些玩头只有在大院子和胡同里容易做。邻里成了同学，交换肉包子和玉米面菜团子，快乐的童年、少年不问来路。

蒲鸿：你们人类学的"四大门"研究很有民俗意味。

庄孔韶：你问着我了。街道和胡同都是孩子们玩耍的好去处。早年刺猬在垃圾堆中蜷缩觅食，黄鼠狼在大白天也敢露头；附近嵩祝寺梁柱上偶见盘蛇，更远一些，要到西直门城外林地，常有多只草蛇缠绕成一团，可谓物种繁盛。有林地便有狐狸不时出没，人们并不以为然。要知道，狐狸、黄鼠狼、刺猬和蛇四大门都是仙儿呀！不过现代世界变得太快了，城（例如西直门）里城外生态环境巨变，动物种群锐减，连老北京人的四大门信仰都好像不全了。尤其内城仅存的旧街区，甚至只剩下"黄大仙"（黄鼠狼，"小脚娘"）了！学界只说了老北京乡村的"四大门"，其实城里四合院、胡同里的"四大门"的下落也很有意思呢！最近几年，黄鼠狼又回来了。"黄大仙"和它的孩子们喜欢嬉闹，夜间它们在天花板上追逐跑动，可午后则在房顶上打呼噜睡午觉。它们几乎闲不住，在几个四合院天花板之间定期流动。前几天我的后院邻居在喊："'黄大仙'来咱们家了！"我马上想，要不了几天，就会转移到我家了。夏天，偶然起夜到院子里，发现月光下的"大仙"竖立端坐，机警地探视四周，眼睛滴溜溜转，吓出我一身冷汗！

蒲鸿：老北京孩子的玩头不少。

庄孔韶：小时候学校的男生都是调皮的，调皮本来就是孩提时的天性。他们自己编铁丝扣笼（北京话"罩子"），到公园里查看蛐蛐窝的几个出口，用小孩儿尿淹（留出一个出口）的方法捕捉。上课时，小伙伴们把装蝈蝈（或蛐蛐）的葫芦放在腋下，虫鸣一呼百应，此起彼伏，教室就炸开了锅。老师刚要转身发脾气，但小屁孩迅速一拍，蝈蝈、蛐蛐就不叫了。提起蛐蛐的品种，什么油葫芦、棺材板、金钟儿，以及如何区别雄雌的二引（雄）三引大扎枪（雌）。

想起年少时，在每一天不长不短的时光里，做作业和玩耍两不误，亦乐在其中！如今，时过境迁，街面上公家车也好，私家车也好，风驰电掣，互不相让，难怪小孩子上街家长一百个不放心，老北京的街巷民俗也烟消云散了，好不可惜！

蒲鸿：踢足球不是一直的爱好吗？

庄孔韶：小时踢不起真正的足球，20世纪50年代胡同里是踢再生胶做的黑足球。院墙连着院墙，一般一脚踢不出胡同——如果不踢高球的话。"中国最早的足球队员张宏根、年维泗这些人，想必都是胡同里踢出来的……现在的孩子，都不玩了，都念书去了。很多男生单薄的身体，女孩子难道都喜欢奶油小生吗，是他保护你，还是你保护他呢？！"

蒲鸿：您在校队不踢黑橡胶球吧？

庄孔韶：当然。干什么就要像什么！护膝、护袜、运动服，记得美术老师为我们每人手工剪了胸饰球徽。在校队踢，也和少年宫的人踢，但踢不过他们。后来，中国人有钱了，踢球也正式了。

蒲鸿：算起来您也踢了几十年了。

庄孔韶：可不是，从九岁就开始踢。三四年前我到南宁讲座，遇到大场子比赛，顺便加入了广西民大教工队，对手是南宁业余队（南宁市的业余足球爱好者组成的）。你信吗？最后一个是我踢进的，我也会用左脚踢，我遇到了一个左脚的机会，3：2，我们赢了！

蒲鸿：足球到了人类学家手里怎么看？

庄孔韶：这是学术问题了。当年踢球，也看球，只知道战术的差别，却不知文化的影响。学了人类学，才开始思考南美球队和德国战车的区别。一位常住秘鲁的人类学家说，南美的穷孩子就是在类似中国胡同的贫民窟小巷里盘带，训练了高超的足球技艺；而德国战车的集体一致性与精准做派，和他们的汽车钟表组装是同一种文化的不同展示。别以为只有瑞士腕表好，德国的师傅，德国的几个表，像朗格、格拉苏蒂的品牌都是非常好的。他的精准和归零专利以外，连不外露的零件背面都同样要求抛光，杜绝任何影响精准的隐情。德国足球的"机器美学"是古老哲学的下放，这样来理解德国战车的群体认同和足球文化韵律表达，就不难了。曾失利过的德国战车也会与时俱进，一旦吸收了南美人的个人技艺，你当然会知道德国队的破竹之势，难以阻挡。

每一个地方族群组织上的文化特征是人类学关心的，比如说家族企业，中国人的组织办法和韩国人、日本人是不一样的。韩国人的长子继承恪守得非常严格，日本人的养子继承也有特色，中国人的组织演变也很有意思，曾经有过长子的，又有平均分配，现在中国的女儿和姻亲家庭也卷入了。每个族群组织上的文化特征诞生了意义，现代管理学、教育学吸收了人类学的文化识别方法，用在企业和教育设计上面，取得了很大成绩。

蒲鸿：如何指导学生的研究呢？

庄孔韶：球队单靠外援是不行的，还需要让那些足球教练组的成员学学国别文化与组织特征，而这种研究需要从幼儿园儿童合作的特征入手。我自己写了两篇足球论文，一直希望物色一名合适的博士人选研究足球运动，最近刚好有一位香港中文大学的博士候选人想研究国安的球迷之类；我还是劝她，并建议她到丽江去。那里有好几支球队常年踢，山地民族的足球运动员开展得很好，他们的粗犷的民风和英雄气质很值得研究。这是一项以个人技艺为基础的群体配合运动项目，然而它成功的合作哲学何以在球场实现，却非常复杂，谁笑到最后，完全在于精神、体魄、意志、组织、技艺、韧性和文化的深度体验与实践。

（旁白）说起庄孔韶别具一格地玩，就不得不提起他的父亲庄之模。老先生早年毕业于辅仁大学，主修生物学，他的德文比英文还好。中华人民共和国成立后，创办了《生物学通报》，是国内生物学电化教育的奠基人，也是北京植物园的奠基人之一。那个时候庄孔韶的父亲做显微摄影，拍摄过显微电影《草履虫》，以及一些哺乳动物的解剖学电影，使用显微胶片，拍成挺不容易。庄孔韶喜欢听父亲回家讲这些事。

蒲鸿：这些影响和您的人类学电影做法上很贴近吧。

庄孔韶：是的。后来发展起来的对于摄影、电影的兴趣，与父亲的影响有很大关系。父亲喜欢把生物学的动物、植物这些知识和古典诗词结合，写出很多有趣的小品集。这一点，在我看来，就是跨学科的作品。如果再转换到电影里，就更跨界了。

（旁白）庄先生在书房里给我们拿出一本2000年出版的摄影集，薄薄的一百多页，但翻开来看，这又不是一本简单的摄影集，它带着浓厚的"百科全书"式的风格，充满了对知识的探索和追溯，让人觉得既是在欣赏摄影，又是在读科普小品，他的摄影不是独奏，而是组曲的形式，带着流动的感觉。

庄孔韶：这是我20世纪90年代初在西雅图时，专门为植物拍摄的一个主题。如果我们简单地用相机拍摄一株艳丽而陌生的静态花卉，这种摄影只是徒有其表；拍摄的构图与技巧需要携带摄影师的思想，才是最重要的。你看，这本摄影集的一个标题叫作"植物的行走"。的确，植物怎能行走？我的摄影集解释了云南的杜鹃如何远渡重洋，散布到北美、欧洲的土地上。19世纪已经记录有探险家到云南，最有名的是19世纪二三十年代为美国《国家地理》工作的约瑟夫·洛克，他当时在美国农业部一个研究动植物品种部门工作。他发现云南的杜鹃品类非常丰富，于是带走了一批，一部分给北美，比如华盛顿大学，一部分运往欧洲的一些皇家植物园。后来，他们又通过嫁接培育新品种。我们在每一幅杜鹃照片旁边，都配上严谨的文字注释，说这个植物是怎么到了那儿的。所以植物的种子不只随风自然传播，也因人类的行为而走向世界各地。

蒲鸿：摄影和收藏总是联系到一起。

庄孔韶：收藏谈不上，几十年两代人玩摄影，新技术更新了摄影器械，所以是亲历了照相机的历史。摄影之余搞收藏，我是专于伊斯曼—柯达系列，多年花心思保存和收集了不少。从100多年前早期外拍机、柯达干板相机，从大到小的室内室外用折盒相机，更早的长方盒子手动曝光相机都有。你以为今天街上的女孩子拿一个苹果手机就了不得了？别忘了现在几乎人手一个，就是长枪短炮的摄影爱好者也满街都是。而那是1910年呀，即便是在纽约的大都市，也没有几个少女能从手袋里掏出比苹果手机还要短（略厚些）的袖珍相机呀！你看看这个，可以很轻巧地放在女士的手袋里。

蒲鸿：看来您的摄影爱好来自不同的渠道。

庄孔韶：是的。父亲的显微摄影是为生物学的学术；而我舅舅的摄影爱好就是把玩。在中学时代，我就常去舅舅家的暗房，专职摄影的舅舅给我不少指点。20世纪30年代前后就有讲究的摄影杂志，记得沈醉也是那时摄影杂志的撰稿人，还有他连载的黄山风景摄影。以前家里有一个放古瓶的紫檀盒，抽拉的侧板镶玻璃面，有槽口。我想自己制作一个曝光箱，一时找不到合适的材料，情急之下就把这个紫檀盒改装了。如今记起损坏一个紫檀盒的事，是老硬木的价值第一呢，还是学会一种摄制技术重要呢？谁都可以评论。

蒲鸿：舅舅是你崇拜的人，是吗？

庄孔韶：是的。只有他能满足我的好奇心，因为新技法是引人入胜的。我的舅舅可以用老相机拍出有站有坐、天衣无缝的"七个舅舅"的合影照，我佩服得五体投地。我试验过多次，总也达不到他的技术水准。你看这张1972年自拍（两次曝光）的照片，拍的是我自己和自己下棋。这张照片的精细之处在于，其成像完全是在老折盒相机的镜头上用黑拷贝纸遮挡，需要不断修剪和暗房比对。这种技法在当时颇有难度，需要仔细地剪好半圆形黑纸，把镜头局部遮掩，一次次地使用二次曝光法试验，其间同一个人左右换位。它难就难在，两次曝光如果做不好，很容易在影像之间留一条纵向或宽或窄的纹影，这对摄影师来说就是败笔。

我试验成功以后，就给家人和朋友拍摄，几乎每个人都对"两个自己"同时出现在一个照片上的技法称道！记得我把这样的双人像送给朋友，他们会悄悄地传阅，在那个严肃的时代寻找少有的愉悦与快乐！当时有同学喜欢写诗，就在我的"自己和自己下棋"照片下沿题了一首诗："二人相对坐，凝神一盘棋，妙处谁知否，苦思进炮车。"大约是在1972年。

（旁白）庄孔韶青少年时期开始钻研摄影技术，给生活带来很多乐趣。在他早年的人类学生涯中，也起到了重要的作用。

蒲鸿：田野从工作哪年开始？那时极少有人玩照相，国产相机出现更晚。

庄孔韶：1980年年初最早人类学田野考察那段时间，我第一次到云南和西南山地，中缅边境的美丽风光和粗犷民风令人驻足。那里雨季多暴雨，我拿着怕水的老折盒相机，密封胶袋也没有，油纸包好几层；幸好还有旧的柯达胶卷铝盒保护了我的作品。在深邃的怒江大峡谷，那里一个叫老姆登的最早的茅草基督教堂只有我拍摄过，景颇族、基诺族和哈尼族的干栏建筑听说现在已经很难找了，我也有。那款我当年二次曝光用的老式奥林帕斯相机和第二次世界大战时的德国三脚架，陪伴了我最初三年的考察。直到1986年，第一次使用彩卷，开始使用135电影胶片和6×4.5的单反新型相机。前两年我去中缅边境寻找当年陪我调查的年轻向导，快四十年了，我找到了！我带去的几张老相机拍下的他们年轻时的影像，他们看了，忍不住了，流泪了！还有云南的三个地方，我还要去，我有他们的老照片！

蒲鸿：怀旧的时光来了！

庄孔韶：是的。应该说，摄影好玩归好玩，有的时候跟知识结合，跟学术结合，和情感结合，才能更显深意。真的仅仅是玩玩吗？向前辈学习，要回到自己的老本行上才有意义。1995年，我提出了一个"不浪费的人类学"的综观实践理念和行动的人类学计划，也是我想对自己几十年人类学多元田野实践的浓缩。所谓不浪费，其实是对于知识的穷究和"不满足"，是作为人类学者对理解文化及人性的热忱，是不满足于狭隘学科或单篇论文带来的缺憾，是把人类学与更为广阔的诗歌、小说、绘画、摄影、电影和戏剧等融合起来。学问并置不是空泛议论，只有参与跨学科实验，才会有触类旁通的收获，实现理解中的文化"综观"的无限情怀。

蒲鸿：看到您有一份PPT的讲座提纲，选了莫奈的一幅著名的印象派画作《拾麦穗》，有几位农妇在捡拾麦穗。你的"不浪费的人类学"就好像秋天捡拾麦穗的过程，先是第一遍手工收割，这个单一行为像是写论文，但只有论文是完全不够的。于是，一个村子的男女老少还得再次走进麦田，打捆、脱粒、扬场，再次捡拾，就像是各种跨学科的知识兼顾，尽使人类的认知颗粒归仓。

（旁白）庄孔韶最近在想些什么玩头？这可是好事！三联书店又要出书了，把他老师著名人类学家林耀华的英文名著《金翼》两个不同版本中译本出版，是他和林公子、学生方静文共同完成的。林耀华故居博物馆修缮落成仪式上要有新书首发式；林耀华"金翼之家"大房子门前一侧，县里做了一个金翼专著放大样的纪念碑。

庄孔韶：为了配合这次纪念活动，我在北京和宋雷鸣、张锐专门做了两块很大的木质牌匾寄到古田。作为林先生的大弟子，我认为朝拜人类学祖师爷的心意都包含在这块牌匾上了。我写的"金鸡别翼"，落款是请新一代金石书法家方建勋篆刻的多字印"庄孔韶率诸弟子敬上"，已高高悬在今日金翼之家的厅堂里，对林老师聊表敬意。

蒲鸿：林先生的《金翼》里有那里冬至年节的详细描述，在您十多年前的一本诗集里，我也找到您的《冬至》诗：
"我看到了那位/衣锦还乡的伟大官人/总是惦记/做猩猩的母亲/他背着竹篮/从阴冷的森林/走回小村/便有无数个粉丸丢下/黏在黄铜的门心/听说是最圆的两个/'搓圆痴搓搓/年年节节高/红红水党菊/排排兄弟哥'/竹箕旁的阿嫂站起来/撒上糖和豆粉/我掏出两个橘子/再推开门/把羽绒服挂在树上"

庄孔韶：这首诗里提到林先生20世纪30年代福建考察时收集的一个民间传说。讲的是一位农夫进树林劳作，和森林里的母猩猩生了一个孩子。后来这个孩子功成名就，想起了自己母亲。他想怎么能找到母亲呢？就捏了很多汤圆，在大宅门的门钮上黏两个汤圆，在通向树林的路上扔汤圆，一路走，一路扔。到了树林里，也把汤圆黏在树上。饥饿的猿母终于发现了树上的汤圆，就顺着这个汤圆标记一路找到儿子的大宅门，母子终于团圆。显然这是体现孝的美德的传奇故事。

遗憾的是，闽北闽东关于冬至和汤圆的这个传说，如今只剩下了在门上、窗上黏汤圆，习俗不完整了。我的想法是，至今还能保留一些已经很不错了，怎么发扬光大呢？于是我把收集传说和歌谣的活动，放在了自己师生的诗学沙龙里，一点点把线索展开。我先用专业数字相机拍师生的人类学诗朗诵活动，得到一个九分钟小电影：《冬至——一个人类学的诗学》。行家都知道，专业相机拍电影，其摄影效果要比一般摄像机还好。他邀请几个学生，用英文、中文还有古田方言朗诵冬至"搓圆"的诗，也有自己写的诗。这样就形成了一个沙龙活动的素材雏形。

蒲鸿：教授，您的冬至拍摄把人类学和影视、戏剧、诗歌、新数字技术都汇合起来。这是一种新的跨学科、跨专业和跨方法的行动实践，意义何在呢？是"不浪费的人类学"的又一个有意义的玩法吧！

庄孔韶：法国社会科学院的瓦努努教授，她是法国大家让·鲁什的女弟子，她认为，中国学者在纪录片和新媒体的实验人类学走在前面，所以有理由在实践中总结和提升高夫曼的互动理论。

蒲鸿：如何评价瓦努努教授和中法影视人类学交流？

庄孔韶：她的数字人类学学会以新手法和提倡原创思维而著称欧洲。她曾邀我在她的学会做首席演讲和放映，我们的交流正是有创新的共同理念才能走到一起。而且她看完我们的冬至电影后，马上写了长篇论文，介绍"不浪费的人类学"，已经发表在《法国人类学家》。她喜欢我们纪录片摄制的理论和方法创新，以及几十年间"不浪费的人类学"的实验性成果。

尾声

（旁白）如果总是把学问当成砖头一点点啃，那是索然无味的。在庄先生身上，我们捕捉到的那种乐趣，一半是由于他广博的爱好，一半是严谨又开明的家学传统。不过追究到底，其触类旁通的知识与情感魅力，还在于他的人生哲学：快乐需要知识，快乐需要学术，于是有了生活的情趣与学术创新。

（采访结束走出寓所）

蒲鸿：您的拳击的照片不会吓人吧！

庄孔韶：不会的。你知道足球练腿，的确，中距离大脚射门就需要大摆腿，只有人老了才发现好处多多。可白领和伏案工作者，天天面对电脑很不好。不要以为拳击是剧烈运动，完全看需求。小型泰式棕榈袋配拳套可快可慢，累了可以停下来。但因为被击打后的棕榈袋会不规则摆动，这样就需要双脚快速移动追击，使僵硬的腿脚灵活起来，何乐而不为！我景山的院子里就有一套，都快打烂了，该换了。最近我的一位白领朋友就接受我的建议，在办公室套房和水泥承重梁上安装棕榈袋，希望他们头脑聪明，四肢也发达！

（旁白）没想到，喜欢意大利鸭舌帽和穿欧版瘦型衬衫文雅的庄先生，他选择的两项体育运动却是"拳打脚踢"。好了，让我们把人生过程做一下总结，庄孔韶的人生就是那种力量、优雅和我行我素的组合，他总是在努力尝新，把知识纺织成智慧，的确值得新生代文人仔细思考。这大概也是我们从他身上找到的最精彩的生活哲学印记，而最难的则是他的多元出击和说干就干的行动力。我们也从此看到玩耍的不寻常的生活意义，因为知识、体魄和智慧总是融为一体的。

（走在世纪城金源五层的"澳门味道"餐馆）

庄孔韶：蒲鸿，尝一尝，这是澳门风味。澳门去过吗？

蒲鸿：实际不就是粤菜吗？

庄孔韶：别着急下结论。当我们研究那里土生葡人的时候，总是先从澳门的饮食开始。

蒲鸿：好呀！

庄孔韶："找个座位，尝尝文化是怎样混合的！"